엄마의 말 공부

필사 노트

엄마의 말 한 마디가 아이의 세상을 키웁니다.
매일 한 장, 엄마의 전문용어를 따라 쓰며
아이의 마음을 사랑으로 가득 채워 주세요.
지금 이 순간에도 아이는 엄마의 따뜻한 말을 기다리고 있습니다.

카시오페아
Cassiopeia

엄마의 말 공부 필사 노트 DAY 1

육아의 진리는 명확합니다.

아이는 잘 자라고 싶습니다.

부모는 크나큰 사랑을 담아 말했지만,
아이는 부모의 말을 귓등으로도 듣지 않고,
오히려 가슴팍에 화살이 되어 아프게 꽂힌다면

부모의 말 공부를 시작하세요.

나와 아이를 위한 첫 번째 말 공부

"많이 힘들었지. 누군가에 대한 원망도 많았고. 그래도 잘 해 왔어. 대견해. 정말 수고 많았어."

엄마의 말 공부 필사 노트 DAY 2

회복탄력성이 높은 아이들의
가장 두드러진 특징은

'어떤 상황에서도 자신을
무조건적으로 이해하고 지지해 준
단 한 명의 어른'이 존재했다는 것입니다.

아이를 전적으로 받아 주고 믿어 주는 존재가
곁에 있었습니다.

이런 긍정적인 관계는 아이들에게
심리적인 '안전 기지' 역할을 하며
든든한 버팀목이 되어 줍니다.

엄마의 말 공부 필사 노트 DAY 3

마음 읽어 주기의 가장 중요한 목적은
문제 해결이 아닙니다.

아이 마음을 진정시키는 것에 있습니다.

아이 마음이 진정되면 그다음에 대화의 전환이 가능합니다.
아이가 지금까지 잘한 점,
이미 그렇게 할 수 있는 능력이 있음을
깨우쳐 주는 말이 필요합니다.

'안 하는 아이'에서 '하는 아이'가 되는 엄마의 말 공부

"숙제가 뭐가 많다고 그래. 오늘따라 왜 그러는 거야?" (×)

"날마다 숙제가 많아서 너무 힘들었구나." (○)

"힘들어도 그냥 한다고 생각했구나. 훌륭해." (○)

엄마의 말 공부 필사 노트 DAY 4

부모가 건넨 한 마디, 소중한 한 번의 경험은
평생 아이 마음에서 떠나지 않습니다.

다양한 상황에서 갈등할 때마다
마음의 이정표가 되고 등불이 되어
올바른 삶으로 이끌어 줄 것입니다.

엄마의 말 공부 필사 노트 DAY 5

아이를 잘 자라게 하는 단 하나의 말은 없습니다.

말 한마디가 아이의 태도를 순식간에
180도 바꾸는 마법을
불러일으키지 않습니다.

하지만, 한마디의 씨앗이 자라
궁극적으로 마법 같은 변화를 일으킵니다.

부모의 말에 아이의 마음 깊은 곳에서
숨어 있던 힘이 발휘됩니다.

엄마의 말 공부 필사 노트 DAY 6

불손한 태도, 짜증 섞인 반응은
모두 아이의 신호입니다.

'지금 내 마음이 힘들어요. 너무 속상하고 괴로워요.'
이런 신호로 해석하는 것이 먼저입니다.

정확히 무슨 일이 있었는지도 모르지만,
가장 먼저 안전하게 마음을 읽어 주는 말을 시작하세요.

'우리 엄마는 어떻게 말을 안 해도
내 마음을 잘 알지?'

꼬이던 대화가 풀릴 거예요.

엄마의 전문용어 1 공감의 말 "힘들었겠다."

"힘들었지. 힘들었겠다. 많이 힘들었을 거야."

"무슨 일인지 모르지만, 많이 힘들었구나. 이리 와. 엄마가 안아 줄게."

엄마의 말 공부 필사 노트 DAY 7

아이는 자신이 잘못된 행동을 할 수밖에 없었던
이유를 알아주길 바랍니다.

아이가 왜 그런 행동을 했는지 먼저 알아주세요.
충분히 듣고 난 다음 충고해도 됩니다.

이유를 듣고 나면
심하게 아이를 혼내거나
아이 마음에 상처 주는 일은 하지 않게 됩니다.

엄마의 전문용어 2 **치유의 말 "이유가 있을 거야."**

"네가 엄마한테 그렇게 말하는 건 이유가 있어서일 거야.
엄마한테 이유를 말해 줄래?"

"그래서 그랬구나. 네가 화가 난 이유가 있었구나.
그래서 그런 말을 했던 거야?"

엄마의 말 공부 필사 노트 DAY 8

아이 마음 깊이 숨어 있던
예쁘게 빛나는 진심이
바로 긍정적 의도입니다.

아이가 간직한 올바른 마음을 칭찬해 주세요.

그런 다음 올바른 의도는
올바른 방법으로 실행할 때만
인정받을 수 있고 의미가 있다는 것을
가르쳐 주어야 합니다.

아이는 엄마가 찾아 준
긍정적 의도대로 성장하기 시작할 거예요.

엄마의 전문용어 3 깨달음의 말 "좋은 뜻이 있었구나."

"잘되기를 바랐구나."

"잘하고 싶었구나."

"나아지려고 노력했구나."

엄마의 말 공부 필사 노트 DAY 9

부모가 아이에게 주는 마음의 선물 가운데
이미 자신은 훌륭한 사람임을 깨닫게 하는 것만큼
중요하고 의미 있는 것이 또 있을까요?

이것이야말로 부모가 아이에게 주는
진정한 사랑의 형태입니다.

엄마의 전문용어 4 강점의 말 "훌륭하구나."

24개 성격 강점					
창의성	호기심	개방성	학구열	통찰	사랑
친절	사회 지능	용감성	끈기	진정성	활력
관대성	겸손	신중성	자기 조절	책임감	공정성
리더십	감상력	감사	낙관성	유머 감각	영성

엄마의 말 공부 필사 노트 DAY 10

아이들은 어른이 이미 잃어버린 꿈과 가능성을 안고
상상력과 창의성의 눈으로 세상을 봅니다.

그래서 어른이 미처 보지 못하는 것을
아주 많이 봅니다.

아이들의 보석처럼 빛나는 생각을 만나는 순간
짜릿할 거예요.

아이에게는 최고의 생각이 있습니다.

엄마의 전문용어 5 사고의 말 "어떻게 하면 좋을까?"

"넌 어떤 게 좋아?"

"넌 어떻게 하고 싶니?"

"어떤 방법을 좋아하니?"

"엄마가 어떻게 도와줄까?"

"아빠랑 새로운 거 한번 해 볼래?"

엄마의 말 공부 필사 노트 DAY 11

문제 행동을 하고 싶은 것도
아이의 마음이지만,
그 속에 참으려 애를 쓰는 좋은 의도 또한
아이의 마음입니다.

지금까지 부정적인 부분을 찾아내서
아이를 걱정하고 다그쳤다면
이제는 좀 다르게 해 볼까요?

아이의 행동에 숨어 있는
긍정적 의도를 먼저 찾아 주세요.

긍정적 의도를 알아주는 5가지 전문용어

① 잘하고 싶었구나.

② 노력했구나.

③ 힘들어도 참으려고 했구나.

④ 도와주려고 그랬구나.

⑤ 기쁘게 해 주고 싶었구나.

엄마의 말 공부 필사 노트 DAY 12

단 한순간도 고민하지 않은 아이는 없습니다.

동생에게 화가 나서 주먹을 쥐고 흔든 아이는
때릴까 말까를 고민했고,

블록을 만들다 마음에 들지 않아 망가뜨린 아이는
잘 만들려 노력했어요.

20분이면 끝낼 숙제를
한 시간씩 붙들고 있는 이유도
힘들어도 끝까지 숙제를 하려고 애쓰기 때문입니다.

그 소중한 마음을 알아주지 않으면
아이 마음은 생명력을 잃어버립니다.

엄마의 말 공부 필사 노트 DAY 13

소풍날 아침에는 누구나
저절로 눈이 일찍 떠지기 마련입니다.

잠들기 전에 내일 할 일 중에
신나거나 기대되는 것이 있는지 물어보세요.

"○○하러 가야지? 오늘은 ○○하는 날!"

아이를 깨울 때
아주 작은 행복이라도 하나쯤 만들어 주세요.

아침잠 많은 아이를 위한 엄마의 말

"일어나고 싶은데 너무 고단하구나.
씩씩하게 일어나서 신나게 가고 싶은데 눈이 안 떠지지."

"10분 더 잘 수 있어. 10분 동안 푹 자."

"5분 더 잘 수 있어. 아침밥 준비하고 있을 테니 5분 더 자고 있어."

"시간이 왜 이렇게 빨리 가니? 벌써 시간이 다 되어 버렸네."

엄마의 말 공부 필사 노트 DAY 14

아이가 약속을 지키지 못했을 경우
어떻게 반응할지 미리 준비해 두어야 합니다.

아이는 아무렇지도 않은데
엄마가 안절부절못하면
아이는 이 모든 과정을 자신의 일로 생각하지 않습니다.

아이의 삶을 부모가 대신 살아 주면 안 됩니다.

느리게 밥 먹는 아이에게 어떻게 말할까?

① 아침 식사 시간은 아이가 정한다.
   "8시에 밥을 먹으면 20분 동안 다 먹어야 해. 지킬 수 있겠어?"

② 시간 약속을 지키지 못한 이유를 아이 스스로 생각해 본다.
   "오늘 지키기 어려웠던 이유가 뭐라고 생각해? 내일은 어떻게 하면 좋을까?"

➡ 이렇게 물어보면 아이는 생각하기 시작합니다. 한 번에 해내지 못해도 점차 스스로 지키려고 노력합니다.

엄마의 말 공부 필사 노트 DAY 15

학교 가기 싫다는 말을 할 때는
친구와 갈등이 생긴 경우가 대부분입니다.

중요한 것은 실제 사건의 경중이 아니라
아이가 어떻게 느끼고 생각하는가의 문제입니다.

먼저 아이 마음에 깊이 공감해 주세요.

그래야 아이는 엄마 아빠를 믿고 마음을 열어
자신이 겪는 어려움을 솔직하게 표현할 수 있습니다.

아이의 말문을 여는 엄마의 말

"학교 가기 싫을 정도로 마음이 힘들구나."

"네가 그렇게 느끼는 데는 이유가 있을 거야."

"엄마 아빠는 무조건 네 편인 거 알지?"

"학교에 가면 무엇이 제일 걱정이 되니?"

"어떤 일 때문에 그런 마음이 들었을까?"

"엄마 아빠에게 말해 줄 수 있겠니?"

엄마의 말 공부 필사 노트 DAY 16

유치원과 학교에서 돌아온 아이를 만나면
눈을 바라보며 꽉 껴안아 주세요.

알림장부터 펼치고, 시험 성적부터 확인하지 마세요.
"선생님 말씀 잘 들었어?"
이런 말로 아이에게 압박감을 주지 마세요.

혹시 시무룩하거나 뾰로통해 있다면
먼저 아이의 신호를 해독해 보세요.

아이가 불편함을 표현할 때 어떻게 말할까?

"어? 힘들어 보이네."
"뭔가 불편한 일이 있었나 보네."

아이가 힘들다고 표현할 때, 혼났다는 말할 때

"수업 내용이 지루했구나."
"다른 걸 먼저 하고 싶었구나."
"혼나서 많이 속상하겠다."

엄마의 말 공부 필사 노트 DAY 17

휴식은 공부를 위한 에너지 충전 시간입니다.

아이의 뇌를 다시 배움을 준비하는 상태로 되돌리는
'재부팅 버튼'인 셈입니다.

바쁜 하루 속에서 '쉬는 시간'은
단순한 여유 이상의 가치를 지녀요.

휴식 뇌의 정보 처리 시스템이 과부하 상태일 때
가장 효과적인 회복법 (30분 ~ 1시간)

🙂 멍 때리기, 산책, 낮잠, 조용히 누워 있기, 음악 듣기, 창밖 바라보기

☹ 게임, 유튜브, 스마트폰 사용, 과도한 운동

엄마의 말 공부 필사 노트 DAY 18

아이에게 무슨 일이 있었는지 알고 싶은 마음이
자꾸 부모의 평정심을 깨뜨린다면
이 말을 덧붙이는 것이 더 좋습니다.

"무슨 일인지 모르지만, 많이 힘들었구나.
이리 와. 엄마가 안아 줄게."

"무슨 일인지 모르지만"
이 말만 해도 조급한 마음을 진정시킬 수 있을 거예요.

엄마의 말 공부 필사 노트 DAY 19

육아의 최종 목적은
아이가 자기 스스로를 잘 돌볼 줄 아는 사람으로
성장하는 것입니다.

사람은 자신을 알고 잘 돌보아야
심리적 여유감이 생겨
타인의 마음에 공감도 잘하고
도움도 줄 수 있습니다.

아이의 감정 신호를 읽는 엄마의 말 공부

"속상한 거 있어?"

"엄마가 갑자기 소리 질러서 많이 놀랐어? 무서웠구나."

"장난감 정리하라고 하니 대답은 했지만, 안 하고 있네. 넌 어떻게 하고 싶어?"

엄마의 말 공부 필사 노트 DAY 20

공부는 살아가면서 평생 필요한 것입니다.
우리 아이에게 진짜 공부의 의미를 살린
공부를 하도록 도와주세요.

아이에게 너무 어려운 수준이거나 버거운 양이라면
힘든 마음이 사라지지도 않고
좌절감이 더 심해질 뿐입니다.

숙제 주도권을 주면
아이가 학습 동기를 발휘하기 시작합니다.

아이에게 숙제 주도권을 주는 엄마의 말 공부

"숙제를 언제 하고 싶어?"

"오늘은 어디서 숙제하면 집중이 잘될까?"

"숙제할 때 도움이 필요하면 언제든 말해."

"네가 쉽게 잘되는 방식으로 하는 게 좋아."

"숙제는 꼭 하는 거라는 생각을 하는구나. 너무 기특해."

엄마의 말 공부 필사 노트 DAY 21

유치원과 초등 시기는
사회적 기술의 기초를 배우는 시기입니다.

친구와 잘 사귀고 친하게 노는 방법,
서로 의견이 다르거나 갈등이 생겼을 때
해결하는 방법을 알려 주세요.

누구랑 놀았는지 묻기보다는
어떤 놀이를 어떤 마음으로 했는지 초점을 두고 질문하세요.

사회성을 키워 주는 엄마의 말 공부

"누구든 함께 잘 노는 게 중요해."

"무슨 놀이 했어?"

"오늘 함께 논 친구들은 몇 명이야?"

"같이 논 친구는 이름이 뭐야?"

"놀면서 제일 기분 좋았던 점은?"

"놀면서 속상했던 일은 뭐야?"

엄마의 말 공부 필사 노트 DAY 22

놀다 보면 늘 갈등과 다툼이 생기기 마련입니다.
그저 재미있게만 놀기를 바라는 건
사실 어른들의 욕심일 뿐이에요.

갈등과 다툼의 상황에서
가장 상황을 잘 파악하고 중재하는 아이는
바로 타인에 대한 공감 능력을 가진 아이입니다.

아이의 공감 능력을 키우는 질문

"그랬구나. 그런 점이 재미가 있었어?"

"네가 져서 속상하진 않았어?"

"그래도 금세 마음을 회복했네. 기특해."

"다른 친구들은 졌을 때 어땠어?"

"그 친구는 왜 그렇게 행동했을까?"

"친구가 울 때 넌 어떤 마음이었어?"

"그 친구는 애들이 어떻게 위로해 줬니?"

"어떤 말이 위로가 되었을까?"

"그 상황에서 너라면 어떻게 했을 것 같아?"

엄마의 말 공부 필사 노트 DAY 23

"오늘 학교에서 딱 한 가지만 배워 와도 잘하는 거야."

주눅 들어 있던 아이가
다시 힘을 얻기 시작합니다.

아이들은 앉아서 머릿속으로 다른 상상을 하며
그 시간을 버틸 때가 많습니다.
수업 시간 내내 집중하라는 말은 실천하기 어렵습니다.

'한 가시만'을 새겨 두면
자기도 모르는 사이, 아이는 수업에 집중합니다.

수업 집중력을 키우는 엄마의 말

"선생님 말씀 잘 들어."

"수업에 잘 집중해."

"수업 시간에 장난치지 마."

↓

"눈, 귀, 손 삼총사가 수업 어벤져스가 되어 줄 거야."

"수업 시간에 집중이 안 될 때는 중요한 어휘 세 가지만 기억해."

엄마의 말 공부 필사 노트 DAY 24

아이가 다쳐서 피가 나면
대뜸 반창고부터 발라 주지 않아요.

피를 닦아 내고 상처를 확인하면서
소독을 한 다음, 약도 바르고 밴드를 붙입니다.
심한 상처라면 병원을 찾아갑니다.

함께 마주 앉아 잠시 숨을 고르는 시간은
바로 이런 역할입니다.

아이의 감정이 진정되지 않는다면
대화를 멈추고 마주 앉아
두 손을 잡고 심호흡을 해 보세요.

아이의 마음을 진정시키는 심호흡법

"자, 지금 엄마와 함께 있어. 여긴 안전해."

"엄마 따라 숨을 크게 들이쉬고 내쉬는 거야. 같이 해 보자."

➡ 숨을 깊게 들이마신 뒤 잠시 멈추고 다시 길게 내뱉는다. (5~10회)

엄마의 말 공부 필사 노트 DAY 25

부모는 늘 아이와의 시간이 부족해서 미안해하지만,
그러지 않아도 괜찮아요.

하루에 아침 30분,
저녁에는 두세 시간 아이와 함께 시간을 보내요.

시간의 양보다 함께 있는 시간의 질이
아이의 성장을 결정합니다.

아이 마음을 가득 채우는 아침 작별법

① 아이가 엄마 아빠와 떨어져 슬프고 그리운 마음을 위로해 주기

② 엄마 아빠도 일하는 동안 아이를 보고 싶고 그리워하고 있다고 말해 주기

③ 엄마 아빠 마음속에 우리 아이가 가장 크게 자리 잡고 있음을 알려 주기

④ 아이 마음속에 엄마 아빠를 충전하듯이 8초 포옹하기

엄마의 말 공부 필사 노트 DAY 26

아이는 상황마다 다양한 감정을 느껴요.

'부끄럽다.', '억울하다.', '창피하다.', '슬프다.', '긴장된다.'
자신의 감정을 인식하고
알아차리는 능력은 매우 중요합니다.

그래야 표현할 수 있고 조절이 가능하기 때문입니다.

유치원과 학교에서 감정을 잘 표현하지 못할 때가 많더라도
집에 와서 엄마 아빠에게는
말할 수 있도록 도와주세요.

아이의 감정 표현력을 키우는 질문

"네가 느끼는 모든 감정은 중요해. 어떤 감정을 느꼈는지 저녁에 얘기해 줘."

➡ 자기 감정을 알아차리기 유독 어려워하는 아이라면 감정 카드, 그림책으로 감정 이야기를 나누기

엄마의 말 공부 필사 노트 DAY 27

아이가 행복해지기 위한 긍정적 사고는
어디서 시작되는 걸까요?

아주 작은 일에서 감사함을 찾는 것이 중요합니다.

연필을 빌려 준 친구에게 감사하고,
오늘도 맛있는 밥을 먹게 해 준 부모님께 감사하고,
잘한다고 칭찬해 준 어른들께 감사합니다.

하나하나 찾아보면
하루 동안 감사한 일이 정말 많습니다.

감사 일기를 쓰기 어려워하는 아이를 도와주는 법

① 엄마가 먼저 아이에게 감사한 일 찾아주기

② 아이가 잘한 점을 세 가지 찾아 들려주기

엄마의 말 공부 필사 노트 DAY 28

아이의 노력과 긍정적 의도를
엄마가 자주 찾아서 말해 주면
어느새 아이가 스스로
자신이 잘한 점을 찾아 말하기도 합니다.

당당한 자존감이 생겨난 증거입니다.

아이 스스로 자신이 잘한 점, 자신의 강점을 찾는 시간은
자존감을 높이고 긍정적으로 자라는 데에
가장 큰 효과가 있습니다.

잠 자기 전 아이와 어떤 대화를 할까?

① 기대되는 일 찾아 주기
  "내일 미술 시간에는 뭐 그리고 싶어?"
  "쉬는 시간에 요즘은 무슨 놀이해?"

② 아이의 강점, 노력한 점 칭찬하기
  "동생이 과자 더 먹으려고 할 때 1개 나눠 줬잖아. 그 모습이 참 보기 좋았어."
  "그림 그리다 망쳤는데도 다시 지우고 더 잘하려고 노력했잖아. 정말 훌륭해."

③ 아이를 사랑하는 100가지 이유 말하기
  "태어나줘서 고맙고, 엄마를 사랑해 줘서 고마워."

엄마의 말 공부 필사 노트 DAY 29

아이는 수없이 실패를 경험합니다.

많은 아이가 작은 실수를 크게 창피해하고,
지거나 실패하면
다시는 그걸 하지 않겠다고 회피하는 모습을 보입니다.

실수를 축하하고
그런 상황을 여유롭게 느낄 수 있도록 도와주세요.

실수를 두려워하는 아이에게 해 주는 말

"오늘 몇 번 실수할 것 같아? 몇 번 질 것 같아?"

"지거나 실수하는 건 축하할 일인 거 알지?"

엄마의 말 공부 필사 노트 DAY 30

스마트폰 사용 시간, 통제가 아닌
조율로 접근해야 합니다.

아이에게는 '○○를 검색해 알아보기',
'게임 한 판', '동영상 1개' 등 구체적 수량으로 표현하고
대략적으로만 시간을 정하는 것이 좋습니다.

이렇게 미리 약속하고 시간을 정해야
아이도 행동 기준이 생깁니다.
바로 그 지점부터 아이에게 조절력이 생겨나기 시작합니다.

아이의 스마트폰 조절력을 키워 주는 엄마의 말 공부

"밥 먹을 때 스마트폰 보면 안 되는데 엄마가 허락을 했어.
미안해. 나쁜 습관이 들기 전에 이제 규칙을 바꿀게."

"못 하게 하는 게 아니야. 약속한 시간에만 사용하도록 하자.
참기 힘들 수 있어. 실컷 울어도 돼. 하지만 아무리 울어도 안 되는 건 안 돼."

"너도 약속 시간 잘 지키려 노력하는 거 알아."

"만약 네가 계속하고 싶은 마음이 들면 그땐 어떻게 하는 게 좋을까?"

엄마의 말 공부 필사 노트 DAY 31

오빠에게 우기고 때리는 동생의 행동도,
화내며 잘 포용하지 못하는 오빠의 행동도
문제로 보일 수 있어요.

하지만 충고나 훈계, 설교가 앞서진 않나요?

우선 긍정적 의도를 읽어 주세요.

그런 다음 제대로 표현하지 못해
복잡한 마음을 읽어 주면 됩니다.

형제자매끼리 다투었을 때 어떻게 말할까?

"오빠랑 재미있게 놀고 싶었구나. 그런데 져서 속상했어."

"가위바위보를 다시 하고 싶었구나. 그런데 오빠한테 말하는 방법을 몰랐어."

"오빠가 양보해 주기 바랐구나."

"동생하고 놀아주려고 했는데 우기기만 해서 속상했겠다."

"동생이 때려도 끝까지 참아 주려고 했구나."

"싸우지 않고 끝내려고 자리를 피하다니 정말 대단하다."

지금 이 순간에도 아이는
사랑하는 엄마로부터 자신을 사랑한다는 확신을 얻고 싶고,
엄마가 자신을 믿어 주기 바라고,
자신에게 어떤 잠재력과 강점이 있는지 알고 싶습니다.
그래서 자신을 잘 키워 주는 엄마의 말을 기다리고 있습니다.
아이들의 마음속에는 '세상에서 제일 좋은 우리 엄마'가 존재합니다.

엄마의 말 공부

50만 부모의 육아 패러다임을 바꾼 엄마 전문용어의 힘

엄마의 말 공부

이임숙 지음

특별개정판

카시오페아
Cassiopeia

추천의 말

《엄마의 말 공부》를 읽으면 추운 겨울에 세상에서 가장 따뜻한 이불 안에 들어가 있는 기분이 듭니다. 읽기만 해도 충분한 사랑을 받는 기분이 들어서 그렇습니다. 다정하지만 분명한 언어로 아이를 좀 더 근사하게 키우고 싶다면 꼭 읽어 보시길 바랍니다.
— 김종원(부모 인문 교육 멘토, 《부모의 어휘력》 저자)

《엄마의 말 공부》는 희망의 빛이 되어 줄 교과서 같은 책입니다. 육아가 힘든 이유는 예측할 수 없는 순간들이 많기 때문입니다. 예쁘게 말하고 싶지만, 막상 상황이 닥치면 적절한 한마디가 떠오르지 않죠. 화부터 터뜨리고, 뒤늦은 후회로 이어지기 일쑤죠. 그런 부모라면 이임숙 소장님의 조언이 꼭 필요합니다. "힘들었겠다.", "이유가 있을 거야." 같은 엄마의 다섯 가지 전문용어로 아이와의 불필요한 입씨름과 감정싸움을 멈추고 마음을 주고받는 편안한 대화를 하는 기적을 맛볼 수 있을 것입니다.
— 윤지영(오뚝이샘, 《엄마의 말 연습》 저자)

저는 지난 10년간 진료실에서, 강연장에서, 독서 모임에서 부모님들께 《엄마의 말 공부》를 권해 왔습니다. "엄마의 말 공부는 결국 엄마의 마음 공부"였다는 어느 어머니의 말처럼 아이와 부모 자신의 마음을 이해하는 데 도움이 되는 책이기 때문입니다. 엄마는 아이의 삶에서 가장 중요한 사람입니다. 또 아이에게 가장 큰 상처를 주는 사람이기도 합니다. 개정판을 통해서 더 많은 부모님들이 아이에게 진솔한 마음을 전하고 관계를 따뜻하게 다지시기를 바랍니다.
— 김효원(서울아산병원 소아청소년정신건강의학과 교수,
《아이에게 딱 하나만 가르친다면, 자기 조절》 저자)

아이는 부모의 눈과 입을 통해 자기 자신을 느낍니다. 부모의 시선은 아이에게 '나는 빛나는 존재'라는 확신을 심어 주고, 부모의 말은 '나는 존중받는 사람'이라는 자존감을 키워 줍니다. 《엄마의 말 공부》는 단순한 말이 아니라, 부모와 아이가 함께 성장하는 대화법을 구체적으로 보여 줍니다. 따뜻하고도 단단한 길잡이가 되어 줄 이 책을 모든 부모에게 진심으로 권합니다.

— 이민주(이민주 육아연구소 소장, 《민주쌤의 육아 코칭 백과》 저자)

이 책은 다정함이란 결코 나약함이 아니라 단단한 마음에서 비롯된다는 사실을 일깨워 줍니다. 부모가 쓰는 말은 아이를 이해하고, 위로하고, 일으켜 세우는 힘을 갖습니다. 그래서 아이의 현재뿐 아니라 미래의 삶을 바꿀 수 있지요. 이 책을 통해 따뜻하고 단단한 애정을 아이에게 전할 수 있길 바랍니다.

— 김보경(의사결정 뇌과학 박사, 《훈육의 정석》 저자)

이 책을 먼저 읽은 독자들의 추천

'내가 뭘 너무 모르는구나' 하는 생각에 육아서를 한 권 두 권 읽기 시작한 것이 어언 10년입니다. 얼마 지나지 않아 '제목만 괜찮은 책', '반찬값 아껴서 샀는데 본전 생각나는 책', '두고두고 꺼내서 읽고 싶은 책' 등으로 자체 분류를 하기 시작했습니다. 그런 나만의 분류 기준으로 볼 때《엄마의 말 공부》는 두고두고 꺼내서 읽고 싶은 책입니다. 특히 아이에게 어떻게 말해야 할지 도통 모르겠는 엄마, 아이를 엄청 혼낸 다음 잠든 아이 얼굴을 보면서 한없이 자책하는 엄마, "숙제 언제 할 거야. 빨리 해야지. 너 그렇게 공부 안 해서 어쩌려고 그래." 등등의 말만 쏟아붓게 된다는 엄마에게 추천합니다. 저자 이임숙 선생님께 큰절이라도 넙죽하고 싶은 심정이었어요.
@pred**

하루하루 아이와 사이가 좋아지는 경험을 하고 있습니다. 하루에 후루룩 읽어 소화하는 책이 아니라 곁에 두고 하나하나 실천해 가면 좋을 책입니다. 사랑하는 아이와 자꾸 틀어지는 경험을 하신다면 이 책을 강력히 추천합니다.
@carro**

출근 준비하랴 아이 등교 준비하랴 매일 아침이 전쟁이었는데 책 속에서 어떻게 우리 아이 하는 행동을 그대로 적어 놨던지요. 왜 그렇게도 화장실에 오래 있고 준비는 안 하고 뒹굴거리기만 했는지……. 잔소리 안 하고 기다려 줬더니 놀랍게도 할 일을 다 할 수 있던 아이더군요. 선생님께 많이 느끼고 배웠습니다.
@비***

엄마뿐 아니라 아빠와 함께 읽었습니다. 소중한 아이에게 정말로 필요한 게 무엇인지……. 참 많은 것을 깨닫게 해 준 훌륭한 도서입니다. 바로 어제 짜증 내는 아이를 다그친 게 떠올라 너무 이입되고 반성했어요. '아, 이럴 때 아이 마음이 이랬겠구나. 그럴 때 나는 그렇게 하지 말고 이렇게 해야겠구나.' 어떠한 육아서보다 실질적인 도움이 많이 되었어요. 고맙습니다.
@remed**

아이의 행동 하나하나를 꾸짖고 나무라기만 했지 아이의 속마음을 알려고 하지 않았어요. 제가 너무 준비하거나 공부하지 않고 아이들 대했던 거죠. 바르지 못한 말로 아이가 상처받고 힘들어 했음을 몰랐네요. 좋은 부모가 되기 위해선 많은 공부 또한 필요합니다. 배움은 누구에게나 어느 자리에 있든지 멈춰서는 안 된다고 생각합니다. 정말 보석 같은 책을 만나 제게는 큰 위로가 되었습니다. @laura**

선생님 말씀 하나하나가 마음을 후벼 파네요. 희미하지만 '어릴 적 내 마음이 이럴 땐 이랬었어······.' 하고 떠올려 보니 더 가슴 깊은 울림이 있네요. @kimme**

줄 긋고 메모지에 메모하고 제대로 공부 모드네요. 읽고, 읽고 자꾸 읽어야 되는 자녀 교육서니까요. 낮에도 메모해 둔 엄마의 전문용어를 몇 번씩 읽고 써먹고 했어요. 초등학생 이상의 아이들과 관련된 내용도 많고 구체적인 상황과 대화법을 제시해 주셨는데, 수많은 연습의 연습을 거쳐 꼭 익혀야겠습니다. @zlvaslli**

같은 상황이어도 워킹맘을 위한 제안도 함께 수록되어 있어 일상생활에서 빠르게 적용하게 돼요. 그래서 더욱더 행복한 엄마와 아이로 거듭나기를 바라는 이임숙 선생님의 마음과 연구의 깊이를 느낄 수 있었어요. 아이의 마음을 어루만질 수 있는 '엄마의 말'이 익숙해졌으면 하는 마음에, 화가 나면 순간 멍해지는 나를 위해서, 가장 잘 보이는 주방 선반에 필사해서 붙여 두었습니다. @loveyoul**

프롤로그

엄마를 전문가로 만들어 주는 말 공부

"밥 먹어.", "씻고 양치해.", "스마트폰 그만해. 숙제해. 책 읽어."

이렇게 말해서 척척 듣기만 한다면 아이 키우는 일이 얼마나 수월할까요? 순한 아이를 보면 "저런 아이라면 10명이라도 키우겠다."라는 말이 저절로 나옵니다. 하지만 정말 내 말대로만 한다고 아이가 잘 자랄 수 있을까요? 시키는 대로만 하는 아이에게 자기 생각을 발전시킬 기회가 있을까요? 우리 아이가 살아갈 인공지능 시대에서 가장 중요한 능력이 창의력, 질문력이라고 하는데, 과연 이 능력들이 잘 발달할 수 있을까요? 선뜻 그렇다는 답이 나오지는 않습니다.

생각해 보면 아이가 말을 잘 듣지 않는 것이 그리 나쁜 것 같지는 않습니다. 어른들의 지시와 명령에 의문을 던지면서 아이의 생각과 마음이 커 가는 건 사실이니까요. 하지만 그렇게 맡겨 두기에 아이는 아직 미숙합니다. 수많은 유혹과 충동에 흔들리다 그만 뿌리까지 떠내려갈 수 있습니다. 그래서 꼭 필요한 건 아이의 감정을 잘 붙잡아 주는 엄마의 말, 생각하고 판단하고 자기다운 새로운 아이디어를 발전해 갈 수 있도록 도와주는 지혜롭고 현명한 엄마의 말입니다.

코로나-19 팬데믹 이후 아이들은 친구들과 어울리고 부대끼면서 발달하는 시간이 턱없이 부족했습니다. 함께 어울리고 자라는 시간이 부족하다보니 감정 기복이 심하고, 감정 표현은 미숙합니다. 친구 사귀는 일이 어렵고, 그저 상처받지 않기에 급급합니다. 게다가 디지털 미디어가 아이들 일상을 침습하고 있습니다. 자극적인 영상에 정신없이 빠져들고, 게임이나 SNS에 몰두해 시간 가는 줄 모릅니다. 어느새 집중력을 도둑맞은 아이는 아무리 노력해도 안 되는 악순환의 고리 속에서 힘겨워하고 있습니다. 훨씬 더 복잡하고 다양해진 어려움들이 아이의 마음을 어지럽힙니다. 아이들은 지금 삶의 방향을 잃고 헤매고 있습니다.

이런 때일수록 엄마의 말이 중요합니다. 단순한 위로를 넘어 아이의 감정을 안정시키고 회복시키는 힘이 있어야 합니다. 아이가 올바른 삶을 살아갈 수 있도록 방향을 잡아 주는 등대가 되고, 나침반이 되어야 합니다.

《엄마의 말 공부》는 10년 전 첫 출간 이후 정말 많은 분들의 사랑을 받아 왔습니다. 감사한 마음을 보답하고자, 요즘 아이들의 마음을 보살핀 경험을 더해 더 오래, 더 깊이 고민하여 글을 보태고 고쳐서 특별개정판을 펴냅니다.《엄마의 말 공부》특별개정판은 요즘 아이들이 겪는 디지털 과몰입, 집중의 어려움, 감정 기복, 충동적인 행동 같은 마음과 발달의 변화들을 어떻게 이해하고, 말로 도울 수 있을지 구체적이고 현실적인 방법을 담았습니다.

엄마가 주 양육자인 경우가 대부분이라 편의상 '엄마의 말 공부'로 칭하였지만, 이는 엄마만 사용하는 언어라는 뜻이 아닙니다. 아이가 치유되고 변화하고 발전하기를 바라는 아빠와 할머니, 할아버지, 교사, 상담자의 언어임을 기억해 주기 바랍니다.

1부에서는 엄마가 '말 공부'를 해야 하는 중요성을 다룹니다. 2부에서는 아이의 행동을 변화시키는 엄마의 전문용어 다섯 가지를 설명합니다. 더욱 쉽게 마음을 읽어 주는 방법, 아이의 모든 행동에 이유가 있음을 믿으며 대화하는 방법, 기적 같은 변화를 위하여 문제 행동 속에 숨어 있는 긍정적 의도를 찾아 주는 방법, 우리 아이의 타고난 기질적 강점을 알아주고 표현하는 방법, 그리고 생각할 줄 아는 아이로 성장시키는 질문으로 구성했습니다. 3부에서는 마음의 변화에서 행동의 변화까지 일으키는 감동적인 한마디와 감정 폭발을 복원하는 3단계 말 연습을 안내합니다. 4부에서는 아침부터 밤까지 엄마의 전문용어를 어떻게 활용할 수 있을지 상세하게 담았습니다.

부모의 걱정보다 아이의 잠재력은 훨씬 더 큽니다. 시대가 아무리 변하고 불안이 우리를 덮쳐 와도 변함없이 아이 마음을 지켜 주는 '엄마의 말'을 잘 활용할 수만 있다면, 빠르게 변하는 세상에서도 아이는 주도적으로 공부하고, 함께 웃는 행복한 가족으로 성장할 수 있습니다. 이 책이 아이가 잘 자라기 바라는 부모의 간절한 마음을 밝히는 작은 빛이 되었으면 좋겠습니다.

좋은 '엄마의 말'로 멋지게 성장하기를 갈망하는 아이들을 대신하여
2025년 여름에, 이임숙 드림

차례

| 추천의 말 | 004
| 이 책을 먼저 읽은 독자들의 추천 | 006
| 프롤로그 | 엄마를 전문가로 만들어 주는 말 공부　008

| 인트로 | 요즘 육아, 왜 이렇게 버거운 걸까?　016

PART 1. 엄마에게 가장 필요한 것, 말 공부

- 이럴 땐 뭐라고 말해야 할지 모르겠어요　029
- 아이의 마음을 움직이는 결정적인 말의 과학　035
- 회복탄력성이 높은 아이는 어떤 말을 듣고 자랐을까?　046
- 마음 읽어 주기가 어렵다면 이렇게 해 보세요　054
- 말 한마디에 알아서 해내는 아이들　063

PART 2. 일상에서 써먹는 엄마 전문용어의 힘

- 엄마라면 꼭 알아야 할 전문용어 다섯 가지　　　　　　　　073
  - ① 공감의 말 - "힘들었겠다"　　　　　　　　　　　　　076
  - ② 치유의 말 - "이유가 있을 거야"　　　　　　　　　　086
  - ③ 깨달음의 말 - "좋은 뜻이 있었구나"　　　　　　　　093
  - ④ 강점의 말 - "훌륭하구나"　　　　　　　　　　　　101
  - ⑤ 사고의 말 - "어떻게 하면 좋을까?"　　　　　　　　109

PART 3. 긍정적 의도를 찾으면 아이의 행동이 달라진다

- 적극적인 아이로 키우는 엄마의 한마디　　　　　　　　　119
- 말의 순서만 바꿔도 아이의 태도가 달라집니다　　　　　　129
- 아이 말 속의 빛나는 진심을 찾아라　　　　　　　　　　141
- 엄마는 왜 이렇게 말 안 해 줘?　　　　　　　　　　　　152
- 감정 폭발을 막는 3단계 말 연습　　　　　　　　　　　159

PART 4. 아이의 하루를 이끄는 부모 대화 루틴

아침: 하루를 망치지 않으려면 아침 감정 조율부터
- 등교 전쟁에는 어떤 말이 필요할까? 171
- 잠 깨며 투정 부리는 아이도 미소 짓는 엄마의 말 174
- 바쁜 아침, 아이와 밥 때문에 싸우지 않는 법 183
- 맞벌이 가정을 위한 아침 작별법 196

매일 말 공부 ① 엄마와 헤어지는 아이의 불안함, 이렇게 다잡아 주세요 201

학교: 작은 감정 신호를 캐치하세요
- 아이가 꼭 채워야 할 마음 준비물 204
  - ① 자기 돌봄의 힘을 키우는 엄마의 말 209
  - ② 사회성을 키우는 엄마의 말 214
  - ③ 수업 집중력을 키우는 얼마이 말 223
- 유치원 가기 싫다는 아이의 감정을 보살피는 법 230

매일 말 공부 ② 친구 때문에 속상한 아이, 어떻게 달래 줘야 할까? 237

방과 후: 아이의 하루를 말로 정돈해 주세요
- 휴식과 놀이는 둘 다 꼭 필요해요 246
- 아이의 영혼을 망가뜨리는 부모의 행동 255
- "숙제가 힘들구나" 아이를 움직이는 마법의 한마디 263
- 억지로 하는 아이에서 스스로 하는 아이 되는 법 270

매일 말 공부 ③ 돌봄의 공백을 채우는 퇴근 후 대화법 275

저녁: 함께하는 저녁이 아이를 단단하게 만듭니다

- 가족 활동 세 가지로 문해력 키우기 … 284
- 내일을 기대하게 만드는 효과적인 부모의 한마디 … 294
- 잠자리에 든 아이의 마음을 조용히 정돈하는 말 … 300
- 바쁜 부모도 충분히 연결되는 잠자리 대화법 … 307

매일 말 공부 ④ 엄마의 하루 언어 점검표 … 312

주말과 방학: 아이 주도적으로 계획하고 실행하는 휴일

- 주말과 방학에만 할 수 있는 일이 따로 있습니다 … 316
- 공부만 하는 주말? 배움이 넘치는 주말! … 325
- 시간 감각을 만들어 주는 엄마의 질문법 … 337
- 스마트폰보다 자기 조절이 먼저입니다 … 352

| 에필로그 | 아이를 바꾸는 엄마표 대화법 … 361

인트로

요즘 육아, 왜 이렇게 버거운 걸까?

"내가 아이를 잘못 키우는 건 아닐까요?"

"우리 아이만 부족하고 뒤처진 것 같아 너무 불안해요."

"도대체 어떤 노력을 더 해야 하나요? 너무 지쳤어요. 아무 것도 안 해 주고 싶어요."

엄마 아빠의 마음에는 걱정과 불안, 자책감과 죄책감, 답답함과 막막함이 드리우고, 때때로 포기하고 싶은 마음이 휘몰아친다. 너무나 소중하고 사랑하는 아이인데, 왜 이런 마음이 생겨났을까?

만약 한 번이라도 이런 감정과 생각이 들기 시작했다면 차분히 부모인 나 자신의 마음을 살펴보아야 한다. 아이가 몇 살일 때 이런 마음이 들기 시작했지? 그때 무슨 일이 있었지? 무엇이 이렇게까지 힘든 마음이 들게 하는 걸까? 정확히 생각나지 않을 수 있다. 가장 핵심 원인이 무엇인지 잘 판단하지 못할 수도 있다. 정확한 사건은 기억나지 않아도 강렬한 감정의 기억만 남아 힘겨운 경우도 무척 많기 때문이다. 그렇다면 요즘 육아를 돌아보자. 아이의 말과 행동, 모습과 태도에서 어떤 감정과 생각이 느껴지는지 살펴보자.

먼저 한 가지 꼭 짚고 싶은 것이 있다. 힘겨운 육아에서 도망치고 싶은 생각이 굴뚝같아도, 아이가 단 한 번이라도 예쁜 행동이나 밝은 웃음을 보인다면 이런 생각들은 순식간에 사라진다. 참 신기한 일이다. 그렇게 뿌리 깊어 보이던 걱정과 불안이 순식간에 자취를 감추니 말이다. 부모의 가장 큰 갈망은 바로 아이가 잘 자라기 바라는 마음이다. 그러니 아이가 잘 자라는 모습을 볼 때 안심되고 희망과 기대를 품게 된다.

안타깝게도 부모 마음은 이렇게 예쁜 모습보다는 걱정스러운 모습으로 더 기운다. 아이를 있는 그대로 수용하고 인정하고 사랑해야 한다고들 하지만, 걱정스러운 마음이 들기 시작하면 마음의 중심을 잡기가 쉽지 않다. 그래서 부모 노릇 하기가 힘들게만 느껴진다. 아이가 이럴 땐 어떻게 해야 하고 저럴 땐 또 어떻게 해야 할지 갈피를 잡기 어렵다.

그래도 너무 답답해하지 않아도 된다. 아이의 기질과 발달 시기에 맞게 마음을 잘 조절하도록 도와주는 엄마의 말이 있기 때문이다. 아이의 발달 시기에 어떤 말을 어떻게 건네고 무엇을 가르치느냐에 따라 아이의 성장 모습은 크게 달라진다. 이는 부모가 느끼는 행복감에도 매우 큰 차이를 만든다.

다른 경우도 있다. 수많은 자녀 교육서와 영상을 통해 아이 잘 키우는 방법을 배우며 공감적이고 민주적인 태도로 아이를 키우려 노력했지만, 이상하게 잘 먹히지 않고 아이의 문제 행동만 더 늘어나는 경우다. 이는 아이의 감정에 공감하다 엉뚱하고 불편한 감정만 증폭시켜 더 매몰되는 부작용을 겪는다. 공감을 허용적 태도로 오인하여 제 나이에 맞는 행동을 하지 못하는데도 마냥 괜찮다며 오냐오냐하는 것은 절대 좋은 육아 태도일 수 없다. 발달 단계에 적절한 교육과 가르침이 이루어지지 않는 것은 방임이나 방치에 속하기도 한다.

부모는 아이에게 사랑을 듬뿍 주면서도 많은 것을 가르쳐야 한다. 아직 조절력이 미성숙해 충동적 욕구대로 움직이려 하는 아이에게는 안 되는 건 절대 안 된다는 행동의 경계를 가르치며 올바른 가치관과 도덕성을 깨닫도록 이끌어 주어야 한다. 아이가 자신의 타고난 기질과 잠재력을 잘 발전시켜 개성 있고 독창적인 아이로 자라게 하는 것이 아이를 잘 키우는 일일 것이다.

현실의 육아는 참 힘겹다. 많은 육아서와 영상들을 열심히 보고 듣고 배우며 아이를 키우는데도, 상담실과 강의에서 만나는 수많은 부모는 아이 키우기가 힘겹고 어렵다고 하소연한다. 그들의 고민과 힘겨움을 들어보면 요즘 육아가 힘들 수밖에 없는 이유가 있음을 알게 된다. 그리고 그 속에서 다섯 가지 뚜렷한 공통점을 발견할 수 있다.

> ① 아이의 기질 특성을 문제 행동으로 인식해 오히려 문제를 악화시킨다.
> ② 잘못한 걸 콕 짚어서 지적하고 훈계해야 한다는 양육 신념이 있다.
> ③ 아이의 행동을 부정적으로 해석하고 긍정적 의미를 잘 찾지 못한다.
> ④ 아이의 문제 행동을 바람직한 행동으로 변화시키는 부모의 말을 모른다.
> ⑤ 부모의 말을 배웠지만, 잘 활용하지 못해 '공감 대화의 후유증'을 겪는다.

영유아기에는 순해서 키우기 수월했던 아이가 초등학생이 되자 자기 주장은 못 하고 친구들에게 휘둘리기만 한다면, 그 이유는 아이의 기질에 대한 이해가 부족해 무엇을 강화하고 더 키워야 하는지 몰랐기 때문이다. 잘못한 걸 콕 짚어 가르치고 훈계해야 한다는 양육 신념을 가진 부모는 아이가 10개 중 9개를 잘해도 칭찬은 3초, 잔소리는 30분을 하며 키운다. 그러니 아이는 상처받고 좌절하다가 결국엔 모두 포기하게 된다. 숙제를 미룬 아이도 사실 마음속으로는 숙제를 잘하고 싶었는데, 엄마는 그저 숙제하기 싫은 아이로 오해하고 혼낸다. 그러니 결국 숙제 따윈 안 하겠다고 아이가 엉뚱한 결심을 하게 되는 것이다.

이런 현상을 이해하고 다시 열심히 다독이고 설득하며 혼내 보지만, 안타깝게도 아이 마음에 변화를 일으키는 말은 아니다. 게다가 열심히 부모 대화를 배우고 적용했던 경우조차 초점이 잘못되거나 과도한 감정 읽기와 공감의 후유증으로 아이가 도리어 감정적인 반응을 보이는 경우도 많다. 아이 기질에 대한 이해 부족, 혼내야 한다는 양육 신념, 아이 행동에 대한 부정적 시각, 아이의 생각을 오해하는 부모의 말, 말실수로 겪는 후유증까지 노력해도 힘겨웠던 이유들은 넘쳐난다.

여러분의 고민은 이 중 어떤 현상에 해당되는가? 그 문제를 해결하기 위해 어떻게 해야 할까? 왠지 무척 어렵게만 느껴진다. 그럴 수밖에 없다. 엄마의 일상은 해야 할 일로 가득 차 있고, 항상 눈앞의 문제를 해결하느라 정신없다. 당연히 그 원인을 찾고 얽힌 실타래를 풀어가려고 생각하기는 어렵다. 과거를 돌아보면 마음 아프고 후회될 것 같아 살펴보고 싶지 않은 마음도 무척 크다.

그런데도 우리 아이에게 문제 행동이 나타나고 있다면, 그 원인을 정확히 알아보는 과정이 매우 중요하다. 그래야 문제의 핵심을 알고, 효과적인 방법으로 아이를 도와줄 수 있다. 지금부터 함께 그 원인을 살펴보자. 원인을 잘 알아볼 수 있는 좋은 방법은, 아이가 태어나고 자라 온 과정을 시간 순서대로 찬찬히 훑어보는 것이다. 다음 질문으로 함께 시작해 보자.

Q: 임신 사실을 처음 알았을 때 어떤 감정을 느꼈나요?
Q: 혹시 걱정과 두려움도 있었나요?

일반적으로는 무척 기쁘고 감사한 마음으로 시작하겠지만, 여러 가지 사정으로 그렇지 않은 경우도 많다. 혹시라도 마음 아픈 기억이 떠올라 기분이 가라앉는다면 자신의 마음을 다독여 주자. 그리고 이렇게 스스로 말해 주자.

"많이 힘들었지. 누군가에 대한 원망도 많았고. 그래도 잘 해 왔어. 대견해. 정말 수고 많았어."

아이가 태어나고 처음 1년 정도는 잘 먹이고, 씻기고, 재우는 일에만 몰두했을 것이다. 제발 잠을 편히 자 보는 게 소원일 정도로 힘겨웠지만, 육아의 기쁨을 가장 많이 느끼는 시기이기도 했다. 아기가 눈 맞추며 활짝 미소 짓는 모습에 세상이 환해지는 듯했고, 첫걸음을 시작할 때는 벅찬 기쁨도 맛보며 세상에서 가장 행복했다. 그렇게 아이의 눈을 바라보며 미소 짓고 말을 건네며 수많은 행복을 누렸다.

Q: 언제부터 육아가 힘겨워지기 시작했나요?

걸음마를 하고부터는 뒤치다꺼리가 많아졌을 것이다. 18개월이 지나 말을 하게 되면, "아니야!", "싫어!", "내가, 내가!" 이런 말을 달고 살고, 예쁜 모습보다 악동같은 느낌이 강해진다. 악을 쓰며 우는 떼쟁이가 버겁게 느껴지면서 육아는 힘겨워진다. 도대체 왜 이렇게 말을 안 듣는지, 훈육은 어떻게 해야 하는지, 답답하고 막막한 마음이 커지기 시작한다. 그래도 종종 아이가 삐뚤빼뚤 엄마 아빠 얼굴을 그려주고, 자기 간식을 입에 쏙 넣어 주는 귀여운 행동을 하면 크게 웃기도 했을 것이다.

Q: 조금 크니 육아가 수월해지기 시작했나요?

3, 4세가 되면 이제 조금 말귀를 알아듣고, 혼자 하는 일도 많아지기 시작한다. 밥도 제 손으로 떠먹기 시작하고, 바지도 제법 추스를 줄 알게 되었다. 겨우 한숨 돌리려나 했더니 이젠 아이의 요구가 많아진다. 자기 마음에 들지 않는 건 전부 거부해서 엄마를 지치고 소진되게 만들 뿐 아니라, "심심해, 재미없어. 장난감 사 줘. 사 달라고!"라고 외치기 시작하는데, 도무지 감당이 안 된다. 다른 사람이 옆에 있을 때 떼를 쓰면 엄마가 어쩔 수 없이 요구를 들어준다는 사실을

알게 된 아이는 더 영악스럽게 떼를 쓰기도 한다. 잠시 숨 돌리려 아이에게 TV나 스마트폰을 보여 주면 계속 보겠다고 매달리는 아이와 한참을 실랑이하게 된다. 그러다 보면 '에라, 모르겠다.'라는 생각이 불쑥불쑥 올라오기도 한다.

　5, 6세가 되면 이제 아기 모습은 완전히 사라지고 어린이가 되어 간다. 자기 주도적으로 의견을 내고 자기 방식의 놀이를 창안해 내기도 한다. 그림을 그리고 만들기를 할 때마다 "나 잘했지?"라고 확인받으려 한다. 하지만 아이의 서툰 결과물을 보고 부모는 "이건 이렇게 해야지, 저건 그렇게 하면 안 돼."라며 가르치는 말을 많이 하게 된다. 순순히 잘 들어주면 고맙겠지만, 의외의 고집과 저항에 당황스럽기도 하다. 그래도 아이가 하루하루 쑥쑥 커 가는 게 보인다. 이제 곧 초등학생이 될 테니 한글, 수학, 영어를 어떻게 가르쳐야 할지 고민하며 주변 정보도 찾아보고, 그야말로 학생이 될 준비를 하기 시작한다.

Q: 초등학생이 되니 아이가 스스로 잘하는 것이 많아졌나요?

　초등학생이 되면 아이가 스스로 할 줄 아는 것이 많아지지만, 해야 할 과제도 늘어나면서 본격적인 육아 전쟁이 시작된다. 주변 아이들과의 경쟁은 엄마 마음을 더 초조하고 불안하게 만든다. 아이는 날마다 빡빡한 일정을 소화하는 일이 벅차고, 엄마는 아침부터 밤늦게까지 아이를 학교와 학원에 보내고 숙제까지 챙기느라 잔소리도, 화내는 일도 더 많아진다. 엄마 역할은 점점 더 힘들어지고 있다.

어떤가? 발달 단계별로 우리 아이는 어떤 모습으로 그 시기를 지나왔는지 기억이 나는가? 이렇게 자라는 동안 아이의 내면에는 타고난 기질과 자라 온 성장 환경의 경험으로 인해 다양한 심리적 특성이 자리 잡는다. 어떤 아이는 사람과 세상, 그리고 자기 자신에 대한 믿음이 굳건해 사람들을 대하는 모습이 자연스럽고 당당하며, 배려와 공감도 잘한다. 그렇지 못한 아이는 괜스레 잘 삐치고, 조금만 마음에 들지 않으면 공격하거나 분노를 터뜨리는 모습을 보인다. 어떤 아이는 스스로 자율적으로 할 일을 잘하고, 또 어떤 아이는 억지로 시켜야 겨우 한다. 늘 새로운 것에 호기심을 가지고 더 배우려는 모습을 가진 아이도 있고, 조금 어렵거나 낯설면 아예 쳐다보지 않으려는 아이도 있다.

아이에게 문제적인 모습이 보인다고 해서 미리 좌절할 필요는 없다. 아이가 커 가는 모습이 갈라지는 가장 큰 이유는 아이의 기질과 발달 시기에 알맞은 부모 역할과 말이 부족했기 때문이다. 혹은 잘 몰라서 오히려 아이에게 상처와 원망을 심어 주었을 수도 있다. 그러나 완벽한 부모는 없다. 원인을 알아보는 과정은 후회가 아니라 변화를 위한 것이다. 주 양육자의 영향을 크게 받는 아이를 위해 지금부터 다르게 하면 된다.

이제부터 여러분은 아이가 어느 시기를 지나고 있든 타고난 기질을 잘 이해하고, 실수나 실패를 해도 격려할 줄 알며, 스스로 열심히 하려는 의욕을 가진 아이로 성장하도록 돕는 엄마의 말을 갖추게 될 것이다.

엄마의 말은 단순한 기술이 아니다. 비슷한 말과 의미인 것 같지만 마음을 움직이는 힘은 하늘과 땅 차이다. 아이의 기질을 이해하고, 긍정적 시각을 키우며, 부정적인 양육 신념을 변화시키는 과정을 거쳐야 아이를 눈부시게 변화시키는 강력한 힘이 발휘된다. 아이의 마음을 움직이고 잘 키워 주는 엄마의 말은 그리 어렵지 않다. 이제 순서대로 힘 있는 엄마의 말을 찾아가 보자. 엄마의 말 한마디로 180도 달라지는 아이를 만날 수 있을 것이다.

Part 1

엄마에게 가장 필요한 것, 말 공부

이럴 땐 뭐라고 말해야 할지 모르겠어요

3세 아이가 엄마에게만 매달려 힘이 듭니다. 아빠가 잘 놀아 주는 편이긴 하지만, 버릇없는 태도를 보이거나, 말을 안 들으면 버럭 소리를 질러서 그런 것 같아요. 점점 더 엄마만 찾고, 아빠가 퇴근해도 인사를 안 하기 시작합니다. 아이가 아빠를 무서워하지 않게 하는 방법이 있을까요? 계속 엄마만 찾을까 봐 걱정되네요.

워킹맘이에요. 4세 딸을 어린이집에 보내고 출근합니다. 엄마가 회사에 다니는 걸 아이도 받아들여야 할 것 같아서 아침에 아이가 울어도 "엄마는 일해야 해. 자꾸 울면 엄마

안 올 거야."라고 말하며 단호하게 떼어놓고 출근합니다. 그런데 아이가 적응하는 게 아니라 점점 더 악을 씁니다. 틱 증상도 나타나는 것 같아요. 아이 때문에 일을 그만둬야 하나 고민도 해 보지만, 퇴직하고 싶지 않아요. 직장에 계속 다니면서 아이를 잘 키울 수 있을까요? 우는 아이에게 뭐라고 말해야 아이가 아침에 하는 이별을 잘 받아들일 수 있을까요?

만 5세 아들이에요. 다들 4세면 교구, 학습지, 미디어로 교육을 시작한다는데 전 너무 극성을 부리면 좋지 않을 것 같아 지금껏 아무것도 시키지 않았어요. 그런데 5세가 되니 또래 아이 중에 한글을 모르는 아이가 별로 없더라고요. 너무 늦으면 아이 자존감이 낮아질까 봐 학습지를 시작했는데 아이가 하기 싫다며 도망을 다녀요. 한글을 알아야 똑똑해지고, 재미있는 책도 읽을 수 있고, 좋아하는 친구한테 편지도 쓸 수 있다고 하니 대답이 더 걸작이에요. 자기는 한글을 몰라도 친구들보다 더 똑똑하고, 친구한테 편지를 쓰는 대신 그림을 그려 주면 된다네요. 책은 엄마가 계속 읽어 주면 되니까 자기는 한글을 배울 필요가 없다고 말합니다. 어떻게 해야 아이가 한글을 배우겠다고 마음먹게 할 수 있을까요?

초등학교 1학년 딸입니다. 어릴 적부터 뭐든 열심히 하는 야무진 아이예요. 그런데 요즘은 학습지 풀다가 한 문제만 틀려도 엄마 때문이라고 성질을 부립니다. 다시 하면 된다고, 누구나 틀릴 수 있다고 말해도 소용이 없습니다. 화내고 울기까지 합니다. 아직 어린데 벌써 이렇게 점수에 연연하는 건 문제 아닐까요? 어떻게 하면 틀려도 짜증 내지 않고 공부하는 태도를 키울 수 있을까요? 아이가 공부에 애착이 있으니 좋기도 하지만, 틀리는 걸 저렇게 괴로워하면 나중에 아예 손을 놓아 버릴까 걱정됩니다. 무엇보다 짜증 내는 아이를 보는 게 너무 괴롭습니다. 좋은 방법 좀 알려주세요.

초등학교 3학년 아들입니다. 아이가 2살 터울의 남동생을 자꾸 때려요. 아무리 때리지 말라고 타이르고 달래고, 때로는 혼내 봐도 소용이 없어요. 이제는 혼내기 시작하면 아예 귀를 막아 버립니다. 이러다 제가 아이를 때릴 것 같아요. 때리지 말라고 야단치면서 정작 제가 아이를 체벌하는 건 말이 안 되는 것 같아 참으려니 더 미치겠어요. 무슨 말을 어떻게 하면 좋을지 제발 좀 알려 주세요.

갓난쟁이부터 유아, 초등 자녀까지 제각각 육아의 어려움을 호소한다. 부부가 함께 아이를 키운다지만, 여전히 육아 대부분을 감당하고 있는 엄마는 아이와 각각의 상황에서 무엇을 어떻게 말해야 할지 몰라 힘겹다. 게다가 지금의 문제가 해결되지 않으면 아이가 점점 커 가면서 문제 증상이 더 심해지고, 대들며 반항하기 시작할 건 불 보듯 뻔하다.

아빠의 고민도 점점 무거워진다. 유아기 때까지는 힘들어도 몸으로 놀아 주면 됐다. 비행기 태우기, 회전목마 놀이를 해 주면 아이의 깔깔거리는 웃음소리에 행복했다. 그런데 아이가 커 가면서 점점 예상치 못한 일들이 발생한다. 아빠에게 짜증을 내고, 가까이 오려고도 하지 않고, 퇴근해도 인사도 건성건성 하니 사는 재미가 없어진다.

게다가 부부간에 육아 방식과 생각이 달라 아이 문제로 다투는 일도 많아진다. 문제를 해결하려 한마디 했다가 오히려 일이 꼬이는 경우가 더 많다.

이렇게 부모 노릇이 계속 힘들다면 자신이 알고 있는 육아 지식을 점검해 보는 것이 우선이다. 열심히 노력했는데도 아이의 문제 행동 증상이 점점 심해지는 경우라면, 부모가 스스로 인식하지 못했지만 마음 깊이 자리 잡고 있던 '아이가 이럴 때는 이렇게 해야 해.'라는 육아 신념이 아이에게 잘 맞지 않은 것이다.

아이를 키우며 시시각각 고민에 빠지는 부모들에게 이럴 땐 이렇게 말하고, 저럴 땐 저렇게 하라는 전문가의 조언은 어렵게만 느껴진다. 차라리 언제 어디서나 아이에게 잘 통하는 공식, 아이가 부모의 말을 귀담아들을 수 있게 해 주는, 그래서 아이의 행동이 기특하고 대견하게 달라지는 육아법이 정말 필요하다. 그런데 모든 아이에게 통하고 어떤 문제 행동에도 효과적인 엄마의 말이 과연 있을까?

물론 있다. 육아의 진리는 명확하다. 아이의 본성에 흐르는 심리적 공통점은 똑같기 때문이다. 아이는 잘 자라고 싶다. 좋은 인성을 가져서 친구들과 잘 어울리고, 능력 있는 사람으로 성장하고 싶다. 아이의 기질과 발달 시기에 적합한 엄마의 말도 필요하지만, 이 모두를 꿰뚫는 엄마의 말 역시 필요하다. 따라서 어떤 기질의 아이에게도 잘 통하고, 유아와 초등 시기에 꼭 필요한 엄마의 말을 알고 사용하는 것은 너무나도 중요하다.

다양한 육아법 가운데 엄마가 가장 쉽게 접근할 수 있는 도구는 결국 '말'이다. 비용도 노력도 가장 적게 드니 당연하다. 하지만 말을 잘하기 위해 따로 공부해야 한다고 생각하기는 쉽지 않다. 저절로 배우는 것이 말인데 무슨 말을 더 배우란 말인가? 하지만 분명 사람의 마음은 한 글자, 한 단어, 한마디 말에 따라 오락가락한다. 오죽하면 '아' 다르고 '어' 다르다는 말이 있겠는가? 또한 같은 말이라도 뉘앙스에 따라 아이의 마음에는 전혀 다르게 느껴지기도 한다.

  크나큰 사랑을 담아 말했지만, 부모의 말을 귓등으로도 안 듣거나, 오히려 가슴팍에 화살이 되어 아프게 꽂힌다면 이제 정말 부모에게 말 공부가 필요할 때다. 최소한 아이를 대하면서 '이럴 땐 무슨 말을 어떻게 해야 하지?' 하는 궁금증을 한 번이라도 가졌다면 이제 '말 공부'를 시작해야 한다.

아이의 마음을 움직이는
결정적인 말의 과학

엄마 아빠의 말 중에서 가장 듣기 싫고 상처가 되는 말이 무엇인지 초등학생 아이들에게 물었다. 아이들은 봇물 터지듯 많은 이야기를 쏟아 냈다.

듣기 싫은 엄마의 말

- 숙제 안 하고 뭐해?
- 숙제 제대로 한 거 맞아?
- 100점 받으면 사 줄게.

- 넌 몰라도 돼. 엄마가 알아서 할 테니까 넌 공부해.
- 너 학원 가야겠다. 엄마가 학원 알아봤어.
- 너 때문에 창피해 죽겠어. 어떻게 엄마 얼굴에 먹칠을 하니?
- 공부 못 하면 사람 취급 못 받아.
- 좀 그만해. 왜 약속을 안 지키니?
- 야, 넌 못해. 저리 좀 가.
- ○○는 잘하는데, 넌 도대체 왜 그래!

듣기 싫은 아빠의 말

- 야, 뭐해?
- 아빠 피곤해. 좀 쉬자. 저리 좀 가 있어.
- 다음에 해 줄게.
- 너 계속 그럴래?
- 아빠가 그렇게 가르쳤니?
- 야, 그거 하나 똑바로 못하냐?
- 너 그거 해서 나중에 뭐해 먹고 살래?
- 아빠가 말하는데 왜 대답을 안 해!
- 비겁하게 계속 변명할래?
- 잘못하면 맞아야지.

사랑하는 우리 아이가 엄마 아빠를 떠올리며 이런 말을 먼저 연상한다면 참 슬픈 일이다. 왜 부모는 소중한 아이가 이런 가슴 아픈 말을 마음에 품고 살게 하는가? 이 말들은 아이 마음에 뾰족한 가시로 자리 잡아 아이를 끊임없이 찔러 댄다. 이젠 더 이상 이런 말을 하지 않는다고 해도 아이의 행동이 달라지지 않는 이유가 바로 이 때문이다. 달라지려고 노력하는 부모는 아이를 붙들고 이렇게 말한다. "이제 엄마 아빠가 그런 말 안 하잖아. 그런데 왜 넌 계속 그러니!"

부모의 부정적인 말이 아이의 가슴속에 자리 잡아 자신을 괴롭히는 것이다. 아이의 마음속에는 상처받았던 그 말 들이 제대로 치유받지 못하고 여전히 남아 있다. 수백 번 수천 번들은 부모의 지적과 꾸중은 아이 마음에 고스란히 자리 잡는다. 결국 아이 스스로 비난하는 말이 되어 자신을 괴롭히게 된다.

'엄마는 날 싫어해.'
'나한테 실망했어.'
'날 포기했어.'
'난 잘하는 게 하나도 없어.'
'난 공부가 싫어.'
'난 능력 없는 사람이야.'

가장 안타까울 때가 아이를 잘 키우려 한 부모의 말들이 아이에게 자신을 부정적으로 생각하는 자아 개념으로 자리 잡아 스스로를 비난하고 포기하고 좌절하는 모습을 보일 때다. 이런 일이 일어나면 안 된다.

부모에게는 지금 당장 상처 주지 않는 말도 필요하고, 아이 마음속에 이미 가시가 되어 박혀 있는 아픈 말을 녹여 내는 말도 필요하다. 사랑한다는 말만으로 모든 것을 포장할 수 없다. 사랑하지만 상처를 주고, 사랑하지만 불편하기만 하고, 사랑하지만 마주하기 겁나거나, 집에 들어가기가 무섭다면 안 될 일이다. 사랑하지만 더 이상 목소리도 듣고 싶지 않은 부모가 되기 싫다면 말 공부가 필요하다는 사실을 잊지 않아야 한다.

그렇다고 너무 걱정하지는 말자. 새로운 외국어를 배우는 것이 아니다. 이미 알고 있는 말 중에서 고르고 어떤 상황에 어떤 말을 써야 하는지 명확히 정리해 마음에 새기면 된다. 음식을 만들 때처럼 좋은 재료를 골라 다듬고 조리하는 순서를 지키는 정도의 노력이면 충분하다. 요리도 이렇게 정성을 다하는데 사랑하는 아이에게 언제 어떤 말을 어떻게 하는지 배우기를 거절할 부모는 없지 않을까?

아이는 부모가 자신에게 눈을 맞추고 미소 띤 표정으로 말할 때 제대로 배운다. 부모의 대화 실력은 사실 이미 충분하다. 다만 어떤 상황에서 아이와 어떤 말을 나누어야 하는지 모를 뿐이다.

아이들과 상담하며 이야기를 나누다 보면 많은 아이가 "우리 엄마도 선생님처럼 말했으면 좋겠어요."라고 한다. "선생님이 어떻게 말했는데?"라고 물으면 이렇게 대답한다.

"친절하게 말해요."
"말 안 해도 제 마음을 잘 아는 것 같아요."
"속마음을 말하니 속이 후련해요."
"항상 밝고 힘 있는 느낌이 좋아요."
"든든하고 마음이 편안해져요."
"그냥, 왠지 제가 괜찮은 것 같은 생각이 들어요."
"선생님이 제가 이미 잘하는 게 되게 많다고 했잖아요. 그 말이 진짜일까 자꾸 생각하게 돼요."

아이들의 말을 뒤집어 보면 결국 부모의 말을 통해 이런 마음을 느끼고 싶다는 간절한 바람의 표현이다. 아이는 친절한 말을 듣고 싶어 한다. 엄마가 자신의 마음을 알아주면 좋겠고, 아빠가 밝고 힘 있게 속마음을 잘 들어 주면 좋겠다고 말한다. 부모의 말을 통해 자신감을 회복하고, 자신이 좋은 사람이며, 능력 있는 존재라는 믿음이 생기길 바란다는 뜻이다.

지금까지 부모의 말은 왜 아이에게 이런 느낌과 생각을 주지 못했을까? 반대로 상담가는 어떻게 이런 말을 쉽게 할 수 있을까? 상담가도 사실 아이의 마음에 친밀하게 다가가는 말, 속마음을 알아주는 말을 저절로 알게 된 것은 아니다. 아주 비싼 값을 치르며 공부하고 수련을 받는다. "서서히 망하려면 상담을 공부하라."라는 슬픈 농담이 있을 만큼 큰돈을 들여 공부하고, 끊임없이 연구소와 학회를 다니며 아이들의 마음을 치유하고 회복하는 방법을 탐구한다.

상담가는 끊임없이 심리 이론과 기법을 배우지만, 결국 그것을 실천하는 도구는 '말'이다. 아이의 마음을 움직이는 데 결정적인 역할을 하는 말을 제대로 활용하기만 한다면, 상담실을 찾기 전에 부모와 아이가 서로 상처를 치유하고 더 멋지게 성장할 수 있다. 부모와 아이가 진솔한 대화를 나누며 즐겁고 뿌듯한 하루하루를 보낼 수 있다. '대충 훑어보니 다 알 것 같은 말이네. 더 배울 것이 없겠어.'라고 생각하지 않기를 바란다. 아이 마음에 가닿는 말은 좀 더 섬세하고 전문적으로 사용하는 것이 중요하다. 부모에게 꼭 필요한 말 공부를 지금부터 시작해 보자.

모든 아이에게 통하는
효과적인 말이 있을까?

다음 사례에서 ○와 □ 안에 들어갈 말을 써넣어 보자.

○ 살 딸이에요. □에 다녀왔는데 친구가 자기랑 안 논다고 말했대요. "너도 걔랑 놀지 마."라고 할 수도 없고, "잠시 기분 나빠서 한 말일 거야."라고 말해 줘도 어쩐지 공허해요. 그렇다고 그 아이의 엄마한테 전화해서 우리 아이랑 잘 놀게 해 달라고 부탁하기에는 자존심 상하고요. 왜 따돌리느냐고 따지는 것도 작은 일을 왕따 사건으로 만드는 게 될까 봐 조심스러워요. 이럴 때는 어떻게 해야 할지 모르겠어요. 아이한테 뭐라고 말해야 아이가 친구랑 잘 지내고 인기도 많아질까요?

○ 살 아들입니다. 우리 아이는 무조건 "몰라요."만 반복합니다. □에서 어땠는지, 친구랑 재미있게 놀았는지, 뭐 하고 놀았는지 물어도 모른다고 대답합니다. 숙제는 언제 할 건지 물어도 모른다고 답해요. 제가 먼저 "오늘 식단표 보니까 돼지고기 나왔던데 맛있었어?"라고 물으면 "응." 하

고 끝나요. 왜 이렇게 모른다는 말만 할까요? 혹시 자주 혼내서 그런가요? 아이에게도 사과해야 한다고 해서 요즘은 혼낸 뒤에 꼭 사과하거든요. 그래도 별 변화가 없습니다. 도대체 어떻게 해야 우리 아이와 대화를 잘할 수 있을까요?

○ 안에는 아이의 나이를, □ 안에는 '유치원'이나 '학교'를 넣어 보자. 어떤 나이든, 유치원이든 학교든 별 상관없이 부모라면 비슷한 일을 경험한다는 사실을 알 수 있다. 이럴 때 부모의 바람대로 아이와 대화를 잘 나누고, 행동에 변화가 생기도록 도와줄 방법은 없을까?

상담사를 만난 아이는 처음엔 긴장해 방어벽을 쌓는다. 그런 아이에게 마음의 원리에 맞는 말을 건네면 아이는 잔뜩 움츠렸던 마음을 서서히 내려놓고, 조금씩 눈을 맞추며 자신이 안전한지, 자기 속마음을 있는 그대로 표현해도 괜찮은지 탐색한다. 상담사는 그 모습조차 있는 그대로 인정해 주며 대화를 시작한다.

"당연히 긴장될 거야. 말 안 하고 싶으면 안 해도 돼."
"선생님은 네 마음이 편안하고 즐거워지도록 도와줄 거야."
"재미있게 놀면서 네게 훌륭한 점이 얼마나 많은지 찾아낼 거야."

이렇게 말하면 아이는 긴장하던 몸을 풀고 닫아 두었던 마음의 문을 서서히 열기 시작한다. 심리적 안전감을 얻은 아이는 그때부터 자기 마음을 활짝 열어 자신이 어떤 아이인지 보여 주기 시작한다. 이럴 때 참 기쁘다. 주눅 들어 못 하던 말도 편하게 하고, 망설이거나 화내지 않고 자기표현도 잘한다. 한마디로 정서적 안정을 되찾은 것이다. 그런데 또 일정 기간의 상담을 진행하고 나면 이것만으로는 부족함을 느낀다. 치유하고 회복하면 그다음엔 성장해야 한다.

2012년 미국 워싱턴대학교 의과대학 연구팀은 3~6세의 미취학 아동 92명을 대상으로 실험을 했다. 먼저 아이와 엄마를 선물 상자가 있는 방으로 안내했다. 아이에게는 엄마가 문서를 작성하고 나면 선물 포장을 풀어도 된다고 말하고 방을 나왔다. 가정에서 흔히 발생하는 스트레스 상황을 재현한 것이다. 아이는 원하는 것을 즉시 하고 싶지만, 엄마가 어떤 일을 마치기까지 자신의 충동을 조절해야 한다.

중요한 것은 이때 엄마가 보이는 반응이었다. 선물 포장을 풀고 싶어 하는 아이에게 엄마가 보인 반응은 크게 두 가지였고, 이에 따라 두 그룹으로 나누었다. 자녀가 선물 포장을 풀고 싶은 충동과 감정을 조절하도록 안심시키고 도움을 준 엄마는 '양육 그룹'으로, 자녀를 무시하거나 성급하게 야단친 엄마는 '대조 그룹'으로 분류했다. 우울증이나 다른 정신적 문제로 해마의 크기에 영향을 받아 감정 조절에 어려움이 있는 아이는 실험에서 제외되었다.

양육 그룹의 엄마에게 자란 아이와 대조 그룹의 엄마에게 자란 아이에게는 어떤 차이가 있을까? 아이의 마음을 안정시키고 마음을 조절하도록 도움을 준 엄마와 아이의 마음을 무시하고 성급하게 야단치는 엄마에게서 자란 아이는 몇 년 후 어떤 차이를 보일까?

연구팀은 4년 후 아이들이 만 7~10세가 되었을 때 자기공명영상법(MRI)으로 뇌를 살펴보았다. 그 결과, 양육 그룹 아이들의 뇌 속 해마 크기는 대조 그룹 아이들보다 10퍼센트 더 큰 것으로 나타났다. 해마는 대뇌변연계를 구성하는 한 요소로 측두엽 안에 자리 잡고 있다. 학습과 기억, 스트레스 반응 등을 관장해 새로운 사실을 학습하고 기억하는 기능을 하므로 해마가 손상되면 새로운 정보를 기억할 수 없게 된다. 정서뿐 아니라 공부하는 데도 지장이 생기는 것이다.

충동과 감정을 조절하도록 안심시키고 도움을 주는 말과 아이를 무시하거나 성급하게 야단치는 말은 이렇게 차이가 크다. 이는 아이의 뇌 발달에도 큰 영향을 준다. 당장 눈에 보이지는 않지만, 엄마의 말이 얼마나 과학적으로 작동하고 무섭게 적용되고 있는지를 기억해야 한다.

엄마의 말로 정서적으로 안정된 아이 가운데 일부는 바로 행동이 변하기도 하지만, 여전히 문제 행동이 계속되는 경우도 있다. 똑같이 했는데도 어떤 아이는 행동까지 달라지고, 어떤 아이는 여전히 아기같이 엄마의 사랑만 확인하고 싶어 한다.

기질과 심리적 상처 정도에 따라 속도는 다르겠지만, 어떤 아이라도 행동의 변화까지 얻을 수 있는 말이 필요하다. 과연 그런 게 있을지 걱정할 필요는 없다. 아이의 마음 원리를 찾아가다 보면 분명히 있다. 그리고 언제나 아이들은 말의 힘을 확인시켜 준다.

상담을 시작한 지 3개월 된 초등학교 2학년 남자아이가 아빠에게 이렇게 말했다고 한다.

"아빠도 상담 좀 받아 보세요. 그럼 마음이 편해지실 거예요."

화를 잘 내는 아빠에게 겁먹거나 주눅 들지 않고 어른스러운 충고를 할 수 있게 된 힘이 어디서 왔는지 여러분도 짐작할 수 있을 것이다. 아이에게 들려준 상담가의 말들이 아이의 마음에 위로가 되고 힘을 준 것이다. 그런데 사실 그 표현은 아이가 엄마 아빠에게서 듣고 싶었던 말이었다. 다만 아직 그 말을 잘 모르는 부모를 대신해서 상담사가 들려준 것뿐이다. 아이가 듣고 싶고 눈부시게 변화를 가져오는 진짜 부모의 말은 무엇일까? 차근차근 알아보자.

03

회복탄력성이 높은 아이는
어떤 말을 듣고 자랐을까?

 학교 참관 수업에서 정말 부러운 아이를 봤어요. 또박또박 논리적으로 발표하는 모습과 예의 바른 태도, 밝고 의젓한 모습에 나도 모르게 우리 아이와 비교하게 되더라고요. 집에 와서 아이에게 물어보니 "엄마, 걘 '넘사벽'이야. 공부도 잘하고 성격도 좋아. 인기도 제일 많아."라고 하더라고요. 아이의 말에 '너도 좀 그러지.'라는 말이 나오려는 걸 겨우 참았네요.

이렇게 부러운 아이를 보면 마치 원래부터 타고난 능력이 좋아서 그럴 것 같다는 생각이 가장 먼저 든다. 우리 아이도 처음부터 그런

능력을 타고났다면 아등바등하지 않고 여유롭고 우아한 육아가 가능하지 않았을까 하는 생각도 든다.

그 아이는 의외로 성장 환경이 그리 좋지는 않았다. 아빠는 지방에 근무해서 한 달에 두세 번 정도 겨우 만나고 성격이 거친 편이었다. 엄마는 직장을 다니고 있고 2살 터울의 동생도 있어 늘 지쳐 있었다. 어릴 때는 가까이 사는 할머니가 돌봐 주셨지만, 초등학생이 되어 이사한 뒤에는 하교 후 학원에 갔다가 집에서 혼자 엄마와 동생을 기다리게 되었다고 했다. 엄마는 동생을 하원시켜 귀가한 뒤 밀린 집안일을 하느라 분주했다. 이런 상황에서 아이는 어떻게 공부도 잘하면서 좋은 태도와 인성을 가진 아이로 자랄 수 있었을까? 혼자 있는 시간에 TV, 컴퓨터, 유튜브를 보는 시간이 많았을 텐데, 아직 저학년인 아이가 스스로 알아서 숙제와 공부를 하기는 쉽지 않을 텐데, 어떻게 그렇게 대견할까?

답을 찾기 위해 꼭 알아야 할 중요한 연구가 있다. 바로 회복탄력성에 관한 연구다. 이 연구에 관한 가장 흥미로운 사실은 그 시작이 '어떤 환경적 요인이 아이들을 비행 청소년이나 범죄자로 만드는가?'라는 질문에 있다는 점이다. 이렇게 시작한 연구가 어떻게 회복탄력성 연구로 전환되었는지 그 과정을 자세히 살펴보자.

미국 하와이제도 카우아이섬은 「쥬라기공원」, 「킹콩」, 「아바타」 같은 헐리우드 영화를 촬영한 곳으로, 지금은 웅장하고 아름다운 자연의 섬, 신비의 섬으로 알려져 있다. 하지만 1950년대의 카우아이섬은 알코올 및 마약 중독, 높은 실업률과 범죄율 등 심각한 사회 문제를 안고 있었다. 미국 심리학자 에이미 워너는 열악한 환경 속에서 아이들이 어떻게 성장하고 사회에 적응하는지 알아보고자 1955년에 섬에서 태어난 833명의 아이 중 698명을 1세부터 2세, 10세, 18세, 32세까지 추적 연구했다.

특히 가정 환경이 가장 열악한 201명의 '고위험군' 아이들을 선별하여 집중적으로 관찰했다. 결과적으로 이들 중 대부분은 성장하면서 학교 부적응, 학습 문제, 범죄, 정신 건강 문제 등 다양한 어려움을 겪는다는 것을 확인할 수 있었다.

놀랍게도, 이 고위험군 아이 중 약 30퍼센트에 해당하는 72명은 예상과 달리 훌륭하게 성장했다. 이 아이들은 학교에서 뛰어난 성적을 거두고 학생회장에 선출되거나 장학금을 받으며 대학에 진학하는 등 모범적인 삶을 살았다. 이 '예외적인 아이들'의 존재는 연구팀의 초기 가설을 뒤흔들었다.

이 놀라운 아이들을 보면서 워너 교수는 결국 연구의 방향을 바꿔 '어려운 환경에도 불구하고 무엇이 아이들을 단단하게 자라게 하는가?'라는 질문에 집중하기 시작했다. 이후 수십 년간의 방대한 자료를 분석한 결과, 워너 교수는 역경을 딛고 성공적으로 성장한 아이들에게서 몇 가지 공통적인 보호 요인과 특성을 발견하였다. 그리고 이것이 회복탄력성의 핵심 요인임을 확인했다.

단 한 사람이라도 곁에 있을 때

회복탄력성이 뛰어난 아이들은 유아기부터 활동적이고 사람들에게 친근함을 보였다. 사람을 좋아하고, 안아 주기를 좋아하며, 성격이 원만한 경우가 많았다. 새로운 경험을 추구하고, 긍정적인 사회적 지향성을 보였으며, 자율성을 키워 나갔다. 초등 시기에도 반 친구들과 잘 어울렸다. 학습 면에서는 추론이나 독해 능력이 뛰어났으며, 특별한 재능이 없어도 자신이 가진 기술을 효과적으로 사용하는 모습을 가지고 있었다. 많은 것에 흥미를 보였고, 특별히 성별 고정관념에 얽매이지 않고 다양한 활동에 참여하는 모습도 보였다. 이러한 활동은 어려운 환경과 역경 속에서 그들에게 위안을 주면서 자부심을 느낄 이유를 제공했다. 그래서 고등학교를 졸업할 무렵에는 고위험군의 다른 아이들보다 더 책임감 있고, 성취 지향적인 삶의 태도를 가지면서 독립적인 모습으로 성장할 수 있었다. 유아기부터 이런 긍정적인 모습을 가질 수 있었던 보호 요인은 무엇이었을까?

연구 결과, 태어나서부터 충분한 긍정적인 관심과 사랑을 주는 한 명 이상의 양육자와 친밀한 유대 관계를 형성했다는 점이 결정적이었다. 환경은 열악했지만, 주 양육자 한 사람이 아이와 안정적인 애착 관계를 잘 만들어 가며 키웠다는 사실이다. 주 양육자가 아이를 잘 돌보지 못하는 경우에는 조부모나 나이 차가 많이 나는 형제자매, 혹은 대리 부모의 긍정적인 돌봄이 있었다. 즉 대리 부모가 아이에게 긍정적인 동일시 모델로서 중요한 역할을 한 것이다.

그들은 가족 외부에서 정서적 지원 또한 받을 수 있었다. 최소한 한 명 이상의 친한 친구가 있었고, 위기 시에 조언과 지원을 얻을 수 있는 친구, 이웃 어른, 선생님 등 역할 모델과 조언자가 되어 주는 사람이 있었다. 과외 활동의 참여도 삶에서 매우 중요한 역할을 하였다. 4-H, YMCA, YWCA와 같은 비영리 기구와 교회 등 종교적 그룹에서 정서적 지원을 받을 수 있었다.

결국 회복탄력성이 높은 아이들의 가장 두드러진 보호 요인은 '어떤 상황에서도 무조건적으로 이해하고 지지해 준 단 한 명의 어른'의 존재였다. 아이를 전적으로 받아 주고 믿어 주는 사람이 최소 한 명 이상 있었던 것이다. 이런 긍정적인 관계는 아이들에게 심리적인 '안전 기지'가 되어, 힘든 상황 속에서도 기댈 수 있는 버팀목이 되었다.

또 하나의 공통된 특성,
자기 효능감

이들에겐 또 하나의 공통된 특성이 있었다. 바로 자기 효능감이다. 자기 효능감이란 '자신이 특정 상황에서 목표를 성취하거나 문제를 해결할 능력이 있다는 믿음'을 말한다. 막연한 자신감과 달리 자기 효능감은 실제 상황에서 자신의 능력을 믿는 신념이며, 구체적인 행동을 실행할 수 있다는 내면의 확신을 의미한다. 가장 중요한 점은 이것이 타고나는 것이 아니라 경험을 통해 만들어지고 성장해 간다는 사실이다. 자기 효능감은 크게 네 가지 경험을 통해 발달한다.

첫째, 직접적인 성취 경험이다. 어려운 과제에 시도해서 성공한 경험은 자신이 할 수 있다는 증거이기에 효능감이 높아지게 된다. 특히 작은 성공 경험의 누적이 필요하다. 경험이 축적되면 더 수월하게 여겨지고 다음 도전도 쉽게 시도하게 된다.

둘째는 모델을 통한 대리 경험이다. 아이들은 다른 사람이 이루는 과정을 지켜보고 방법을 배우면서 자신도 할 수 있다는 믿음을 갖게 된다. 그래서 카우아이섬의 회복탄력적 아이들에게 지지 기반이 된 단 한 사람의 어른이 얼마나 중요한지 다시 확인할 수 있다.

셋째는 신뢰하는 사람의 지지와 격려다. 바로 이것이 자기 효능감을 갖게 되는 심리적, 정서적 토대가 된다. 부족한 점을 지적하기보다

"넌 이미 잘하고 있는 게 무척 많고 능력 있는 사람"이라는 격려, 그리고 막연하고 추상적인 말이 아닌 현실적이고 구체적인 격려일수록 효과가 크다.

넷째는 정서 조절력이다. 스트레스를 받을 때, 심호흡하고 긴장을 조절하며 생각의 변화를 가져와 다시 긍정적인 감정과 생각으로 변화시키는 과정이다. 이 역할을 매우 잘해 주는 사람이야말로 아이를 지지하고 격려하는 존재다. 이런 과정을 통해 자기 효능감이 쌓이면, 극복하고 도전하는 회복탄력성이 형성된다.

자기 효능감을 가진 사람의 가장 큰 특징은 실패를 끝이 아닌 과정으로 인식한다는 점이다. 실패, 그리고 힘겨움과 고통을 배움의 과정, 학습의 일부로 생각하니 감정 조절에도 큰 도움이 되고, 결과적으로 문제 해결력이 향상된다. 이런 과정이 점차 마음 깊이 자리 잡고 내면화되면 지속적으로 발전하는 회복탄력성이 강화된다.

결국 회복탄력성은 타고나는 것이 아니다. 에이미 워너의 종단 연구는 주변 환경과 개인의 노력, 특히 안정적인 인간관계와 자기 신념을 통해 자기 효능감이 발달하고, 그 결과 회복탄력성을 지닌 아이로 성장할 수 있음을 보여 준다. 이는 회복탄력성이란 부모와 좋은 어른에 의해 길러질 수 있는 능력임을 과학적으로 입증한 것이다.

회복탄력성 연구는 전반적으로 사회의 불안과 위기가 높아지는 지금, 아이를 키우며 어디에 무게 중심을 두어야 하는지 명확히 알려

준다. 이제 소중한 우리 아이를 위해 자기 효능감과 회복탄력성을 키우는 부모의 말이 필요하다.

안타깝게도 아이를 잘 자라게 하는 단 하나의 말은 없다. 말 한마디로 아이가 단번에 180도 달라지는 마법은 일어나지 않는다. 하지만 한마디의 씨앗은 자라 궁극적으로 마법같은 변화를 일으킬 수 있다. 그게 바로 말의 힘이다. 그중에서도 부모의 말은 아이의 마음 깊은 곳에서 숨어 있던 힘을 끌어내는 데 틀림없는 영향을 미친다.

마음 읽어 주기가 어렵다면
이렇게 해 보세요

'그랬구나'를
모르는 부모는 없다

"'속상하구나, 그랬구나.' 모르시는 분 손 들어 보세요."

부모 교육을 할 때마다 꼭 던지는 질문이다. 손 드는 사람이 거의 없을 뿐 아니라 서로 얼굴을 바라보며 '맞아, 우린 다 알고 있어.'라는 허탈한 웃음소리가 터져 나온다. 20여 년 전부터 시작된 '아이 감정 읽어 주기'가 교육 현장과 부모들 사이에 많이 알려졌기 때문이다. 좋은 현상이다. 그런데 그다음으로 "그 말을 계속 사용하시나요?" 하고 물으면 대부분 "아니요."라고 대답한다. 모르는 사람은 없지만 계속 사용하는 사람도 별로 없다는 말이다. 알고 있는데도 잘 안 되는 이유는 뭘까? 자세히 살펴보면 여기에는 다 사연이 있다.

첫 번째 사연은 그 말이 입 밖으로 도통 나오질 않는다는 것이다.

 "말이 목에 걸려서 나오지 않아요."
"욱하고 치미는 화를 참고 말해야 하는데 그게 힘들어요."
"말해 주고 싶지 않아요. 왜 나만 이렇게 노력해야 해요?"

지금 우리가 배우는 대화법은 대부분 서양의 대화법이다. 우리는 누가 내 감정을 알아준 경험이 절대적으로 부족하다. 서로 감정을 끄집어내 대화를 나누어 본 경험도 별로 없다. 문화적 차이라 할 수 있다. "그랬구나.", "속상하구나."라는 말을 열심히 배웠지만, 목에 걸려 나오지 않는다. 물론 여기에는 또 다른 이유도 있다. 화를 참고 말하는 것이 힘들기 때문이다. 감정이란 자기 의지대로 조절되는 게 아니기 때문에 여간 어려운 게 아니다. 말 한마디에 이렇게 큰 노력이 필요하다니, 너무 힘든 과제가 아닐까 하는 생각도 든다.

두 번째 이유는 '왜 나만 이렇게 참고 노력해야 하지?' 하는 원망 때문이다. 부모도 아이에게 상처를 주지만, 아이가 부모에게 주는 상처도 엄청나다. 부모도 사람인지라 아무리 노력해도 말을 듣지 않는 아이를 보면 더는 노력하고 싶지 않다는 격한 감정에 휩싸이기도 한다.

이렇게 확실한 이유가 있으니 아이 마음을 잘 읽어 주지 못한다고 스스로 비난하거나 자책하지 말자. 죄책감보다는 전문가에게 슬쩍 책임을 떠넘겨 보자. 우리에게 맞는 대화법을 가르쳐 달라고 떼를 써 보면 어떨까? 가르쳐 주려면 쉬운 방법을 가르쳐 줘야지 왜 어려운 걸 가르쳐 주고선 죄책감만 들게 하는지 따져도 좋겠다. 혹시 그들이 가르쳐 주지 않는다면 잘 안 되는 이유를 좀 더 차근차근 짚어 보자. 분명 더 쉽게 잘할 수 있는 법이 있다.

'~구나' 다음에 말문이 막혔다면

세 번째는 말을 할 수는 있지만 아이의 반응에 뭐라 말해야 할지 몰라 당황스러운 경우다. "숙제할 시간이야. 숙제해야지."라고 했더니 아이가 "또 숙제해야 돼? 숙제는 왜 맨날 해야 돼?"라며 짜증을 낸다. 이럴 때 감정을 읽어 주어야 한다는 생각에 마음을 가다듬고 말한다. "그렇구나. 숙제하기 싫구나." 그랬더니 갑자기 아이가 날뛴다. "응, 하기 싫어! 몰라, 안 할 거야!"

이게 뭐지? 왜 대화가 전혀 엉뚱한 방향으로 흘러가는지 당황스럽다. 화내지 않고 좋게 말하는데 아이가 안 하겠다고 더 큰소리를 치니 뭐라 말해야 할지 몰라 말문이 막혀 버린다. "하기 싫구나."라고 마음을 읽어 주고 나서 곧이어 "그래도 해야지."라고 말하면 마치 놀리는 듯한 대화가 되어 버리기 때문이다. 그렇다고 "그럼 하지 마."라고는 절대 말할 수 없다. 어떻게 엄마가 아이에게 숙제하지 말라고 할 수 있겠는가? 배워서 잘 써먹으려 마음먹고 실천까지 했는데 결국에는 말문이 막혀 버리고 만다. 실제로 어떤 엄마는 아이가 "네, 하기 싫어요."라고 말하자 그야말로 뚜껑이 열려 비난하는 말을 마구 쏟아냈다고 한다. "그래? 숙제가 하기 싫어? 그럼 하지 마. 하지 말라고! 다른 것도 전부 다 하지 마!"

엄마가 이렇게 노력하는데 아이가 몰라주니 그 답답함에 화가 더 나는 상황이다. 이래서야 엄마에게도 아이에게도 도움이 되지 않는다. 아이가 힘들어하고 속상해하는 일은 대부분 아이가 참고 해내야 하는 일이다. 그래서 그 마음을 공감해 주었더니 오히려 하기 싫은 마음만 더 건드려 터져 버린 것이다.

이런 일이 몇 번 발생하면 이제는 아예 마음 읽어 주기를 안 하게 된다. 아이의 힘든 마음을 알아주면 아이가 꼭 해야 하는 일을 하지 않게 될까 봐 걱정되기 때문이다. 결국 엄마는 아이가 꼭 해야 하는 일을 힘들어할 때 "힘들구나."라고 말하지 못한다.

이중 메시지는 위험해

네 번째 사연은 '~구나'를 사용하긴 했지만 잘못 사용해서 부작용이 생긴 경우다.

"숙제를 먼저 다하고 놀았으면 좋겠구나."

"집중해서 문제를 풀면 좋겠구나."

"동생하고 사이좋게 지냈으면 좋겠구나."

"방 정리를 잘했으면 좋겠구나."

과연 누구의 마음을 읽어 준 것일까? 아이의 마음을 읽어 주는 데 사용한 것이 아니라 명령할 말을 친절한 말로 포장했을 뿐이다. 누구나 할 수 있는 실수지만, 이런 대화를 계속하는 건 매우 위험하다. 바로 이런 표현이 이중 메시지를 전달하는 것이기 때문이다.

이중 메시지란 언어적 메시지와 비언어 메시지가 모순되거나 충돌하는 경우를 말한다. 말의 내용은 "괜찮아, 속상한 거 알겠어."이지만, 목소리와 표정, 몸짓은 '빨리 안 하면 혼난다!'라는 의미를 전달하고 있기 때문에 혼란을 겪는다.

부모가 마음을 진정하고 조절하여 아이 마음을 읽어 주었지만, 표정으로는 다른 의미를 전달하고 있다. 이럴 때 아이는 100점을 받아도 온전히 기뻐하지 못한다. 몇 명이나 100점을 받았는지 물어본다

이중 메시지 사례

말(언어적 메시지)	표정, 몸짓(비언어 메시지)	아이 마음
괜찮아, 엄마 화 안났어. 쉬었다 나중에 해.	표정은 굳어 있고, 목소리는 건조하고 짜증이 섞여 있음.	엄마 진짜 화난 것 같은데, 어쩌지? 진짜 나중에 해도 되나?
너 하고 싶은 대로 해.	팔짱을 끼고 한숨을 쉰다. 아이 눈을 보지 않는다.	허락했으니 마음대로 해도 되나? 근데 화난 것 같아. 어떡하지?
100점이네. 잘했어. 100점이 몇 명이야?	웃으며 말한다.	문제가 쉬워서 그럴다고, 더 열심히 해야 한다고 잔소리할 것 같아.

면, 아이는 엄마가 '네 실력이 나아진 게 아니라 문제가 쉬워서 그렇다.'라고 말할까 봐 조마조마하다. 더 열심히 하라는 잔소리를 할까 봐 걱정된다. 아이는 좋은 성적의 기쁨을 누리지도 못한다. 그렇게 되면 모처럼의 성공 경험을 학습 동기로 발전시킬 수 없다. 오히려 좌절하고 포기하게 된다.

이중 메시지 언어를 사용하면 아이는 엄마의 말이 진짜인지 아닌지 계속 혼란스럽고 의심하게 된다. 어떤 말을 해도 진심으로 받아들이지 못하고 눈치를 보며 신뢰감을 잃게 된다. 이중 메시지가 지속되면 개인의 자아 정체성과 현실 인식에 혼란을 줄 수 있다. 이는 아이의 정서 발달과 자아 형성에 부정적인 영향을 주고, 정신 건강에 문제로 이어질 가능성이 높다.

마음 읽어 주기는 언어와 비언어 메시지를 일치시키는 것이 중요하다. 복잡하게 생각하지 않아도 된다. 진솔하게 말하면 자연스럽게 일치된 말을 사용할 수 있다. 그러니 아이의 마음을 읽어 줄 준비가 되지 않았다면, 솔직하게 이렇게 말하자.

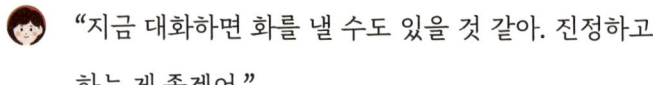 "지금 대화하면 화를 낼 수도 있을 것 같아. 진정하고 대화하는 게 좋겠어."
"저녁 먹고 8시에 식탁에서 얘기하자. 어때?"

마음을 읽어 주니 퇴행이 나타난다면

마음 읽어 주기를 제대로 사용했는데 아이의 반응이 이상한 경우도 있다.

 "숙제가 힘들구나."
"수업 시간에 집중하기가 힘들구나."
"학원에서 뭔가 불편한 점이 있나 보네."

"동생 때문에 화가 많이 났구나."

이렇게 말해 주니 더 짜증을 내고, 더 말을 안 듣고, 잘하던 숙제까지 하기 싫다며 투정을 부린다. 퇴행 현상일까? 달라지기를 바라는 간절한 마음으로 노력했는데 엉뚱한 반응이 나오니 어이가 없다. 어쩌면 우리 아이에겐 이런 대화가 맞지 않다는 생각도 든다.

절대 그렇지 않다. 누군가 진심 어린 공감을 해 주었을 때 아이의 마음에서 어떤 일이 일어나는지 잘 몰라서 생기는 오해다. 많은 아이가 부모의 공감 언어에 이런 반응을 보인다. 이유는 의외로 간단하다. 그동안 잔소리만 하고 계속 공부하라고 시키기만 하던 엄마가 마음을 알아주니 이제 계속 자기 마음을 받아 줄 것 같아 자신도 모르게 어리광이 나오고 투정을 부리게 되는 것이다. 이런 현상을 바로 '치료적 퇴행'이라고 한다. 치료적 퇴행이란 누군가 내 마음을 충분히 공감해 주면 나타나는 현상이다. 심리적으로 더 어린 시절 상태로 돌아가는 것이다. 충분히 경험하지 못했던 안정감, 보살핌, 이해와 수용을 다시 경험하고 싶다는 욕구로 인해 자연스레 나타난다. 정확히 말하면 공감이 제대로 효과를 발휘할 때 나타나는 초기 현상이며, 아이 마음의 상처가 치유되고 회복하는 귀한 과정이다.

7살 아이가 3살 아이처럼 굴고, 10살 아이가 5살처럼 혀짧은 소리를 하기도 한다. 이 얼마나 사랑스러운가. 한 가지 주의할 점은 일부러 그러는 것이 아니라는 데 있다. 실제 상담실에서 공감의 언어를 자주 들려주면 아이는 상담자 앞에서 아기 말투를 쓰거나 무릎 앞에 앉으려 하거나 아기처럼 울음을 터뜨리기도 한다.

치료적 퇴행을 이해하지 못하고서는 모처럼의 마음 읽기가 효과를 발휘하고 있음에도 불구하고 아이가 더 나빠졌다고 오해하는 경우도 있다. 그러니 마음 읽어 주기를 시작하고 아이의 퇴행 현상이 나타나면 '내가 지금 잘하고 있구나.'라고 생각하는 것이 필요하다. 그다음에 어떤 부모의 말이 아이를 다음 단계로 성장하게 하는지 알아 가는 것이 중요하다.

아이에게 말을 꺼내기도 쉽지 않고, 말을 했지만 잘못 사용하는 경우도 많다. 제대로 했어도 아이의 감정만 폭발시키기도 하고, 좋은 효과를 냈는데 잘 알아채지 못해 도중에 그만두는 경우도 있다. 그러니 이제는 아이 마음에 공감하고, 정확하게 소통하며, 반응을 예측하자. 그러면서 보다 과학적으로 엄마의 말을 사용하는 것이 중요하다.

말 한마디에
알아서 해내는 아이들

한밤중에 잠 안 자는 어린아이를 업고 제발 잠 좀 자자며 밤하늘의 별을 보며 울던 시절도 다 잘 지나왔다. 아장아장 걷는 모습, "엄마.", "아빠." 한마디에 감탄하고 감격하던 때는 지금 생각해도 벅차다. 아이가 없는 삶을 생각지도 못할 만큼 행복한 순간들이었다. 그런데 이제는 때가 되었다. 스스로 챙길 것을 챙기고 할 건 할 줄 알아야 하는 나이가 되었다. 하지만 아이는 여전히 그걸 모른다. 잘해 주면 더 생떼를 부리고, 혼내면 성질을 낸다. 숙제를 안 하고, 장난감도 안 치우고, 혼자만 욕심부리는 아이, 여러 번 말해도 귓등으로도 안 듣는 아이가 되어 간다. 엄마는 입에 "제발 좀!"이라는 말을 달고 산다.

이제 정리를 해 보자. 감정 읽기가 제대로 되기만 한다면 아이의 정서는 분명히 안정된다. 짜증과 화는 줄어들고 미소 짓고 웃는 일이 많아진다. 조잘조잘 말도 많이 하고 사랑스러운 애정 표현도 잘한다. 친구 관계 문제가 줄어들고 즐겁게 잘 논다. 치료적 퇴행이 나타나도 그 시간 동안 부모가 아이의 마음을 잘 알아주고 다독여 주면 점차 심리적으로 안정되는 것을 확인할 수 있다. 이 정도면 충분하다, 한동안은.

하지만 하루하루 지날 때마다 아이가 해야 할 과제와 공부는 늘어난다. 아무리 감정을 읽어 주어도 부모가 가장 바라는 지점에서의 변화는 매우 미미하다. 어떤 집은 아이 마음만 알아주어도 숙제를 뚝딱 해치우는 행동 변화까지 나타난다는데, 우리 집 아이는 그렇지 않다. 감정을 읽어 주어도 변화에 차이가 있는 이유가 있다. 아이마다 기질과 성격이 다르고, 그간 쌓인 상처의 깊이가 다르기 때문이다. 부모가 적용하는 정도도 절대 같을 수 없다. 그런데도 공감은 사람 심리의 가장 핵심이고, 공감으로 모든 소통이 시작되므로 전문가들은 아이의 감정을 알아주고 읽어 주는 일이 중요하다고 강조한다.

행동의 변화는 언제 나타나는 걸까? 이 대화법을 계속 사용하다 그만두는 엄마들은 하나같이 말한다. "처음에는 좀 변하는 것 같더니 나중에는 효과가 없어요. 그래서 안 하게 되었어요." 처음에 잘 통하고 아이의 행동이 조금이라도 달라지기 시작했다면, 그다음에 무슨 말을 어떻게 해야 할지 좀 더 전문적으로 아는 것이 필요하다는 의미다. 그걸 몰랐으니 조금 노력하다 다시 예전의 '말'로 돌아가 버리게 된다. 아이 마음을 공감해 주었을 때 치료적 퇴행이 나타난 지점부터 다시 해 보자.

🧒 "아! 진짜 짜증 나."

👩 "왜 그래? 숙제하기 힘들어서 그래?"

🧒 "……."

👩 "숙제가 너무 많아서 그렇구나."

🧒 "너무 많아요. 맨날맨날 이렇게 많아. 흑흑."

👩 "날마다 숙제가 많아서 너무 힘들었구나." (어깨를 감싸고 안아 준다.)

🧒 "엄마, 오늘만 안 하면 안 돼요?"

👩 "얼마나 힘들면 그런 생각이 들겠니." (다독다독)

🧒 "어제도 그제도 숙제 다했어. 정말 힘들었는데도 그래도 다 했어."

👩 "어떻게 그렇게 할 수 있었어? 대단한 것 같아."

🧒 "그냥 하면 되니까."

👩 "그랬구나. 힘들어도 그냥 한다고 생각했구나. 훌륭해."
(잠시 별말 없이 안아 준다.)

🧒 "이제 됐어요. 그냥 할게요."

🧒 "응? 정말? 할 수 있겠어?"

👧 "네. 그냥 짜증이 나서 그랬어요."

🧒 "위로가 필요했네. 엄마가 뽀뽀 100번 해 줄까?"

👧 "아니야. 그냥 숙제 끝나면 나랑 보드게임 해요. 괜찮죠?"

🧒 "그럼, 물론이지. 30분은 너랑 놀 수 있어."

두 사람의 대화 상황을 글로 읽으면 물 흐르듯 자연스럽다. 하지만 마음속에서 불쑥 이런 생각이 먼저 올라오기도 한다. '우리 애랑 대화해 보세요. 저렇게 되나. 마음 좀 읽어 주면 더 안 해도 된다고 생각하고 끝까지 투정 부릴 거예요.'

그건 위 대화에서 어떤 말이 아이의 짜증 나는 마음을 진정시켰는지, 원래 자신은 힘들어도 끝까지 할 수 있는 사람임을 깨닫게 했는지, 부모가 압박감을 주거나 강요하지 않았는데도 아이 스스로 다시 시작해야겠다는 마음을 먹게 되는지 알아차리는 것이 중요하다. 그걸 모르면 늘 실수를 하게 된다.

엄마의 말만 다시 모아서 분석해 보자. 숙제를 앞에 두고 짜증 내는 아이에게 처음엔 평소처럼 대화를 시작했다.

🧒 "왜 그래? 숙제하기 힘들어서 그래?"

엄마의 말에 아이는 더 하소연하고 싶었는지 힘들다며 울음을 터뜨렸다. 자신이 얼마나 힘든지 엄마에게 보여 주고 싶었을 것이다. 만약 엄마가 이 지점에서 "이게 뭐가 많다고 그래. 늘 하던 만큼이잖아. 오늘따라 왜 그러는 거야?" 하고 말했다면 아이는 더 크게 울고 짜증을 내고 자신이 얼마나 힘들었는지 아냐며 폭발할 수 있었다. 그런 실수를 하지 않고 엄마는 제대로 공감해 주기 시작한다. 아이의 감정에 함께 머무르고 불필요한 말은 하지 않는다. 무엇보다 아이를 빨리 설득하려 하지 않고 충분히 공감해 준다는 점이 중요하다.

 "날마다 숙제가 많아서 너무 힘들었구나." (말하며 어깨를 감싸고 안아 준다.)
"얼마나 힘들면 그런 생각이 들겠니."(다독다독)

따뜻하게 다독이며 공감하니 아이의 마음이 진정된다. 마음 읽어 주기의 가장 중요한 목적은 문제 해결이 아니라 마음을 진정시키는 데 있다. 아이의 마음이 진정되면 그다음엔 대화의 전환이 필요하다. 아이가 지금까지 잘한 점, 이미 그렇게 할 수 있는 능력이 있음을 깨우쳐 주는 말이 필요하다.

 "어제도 그제도 숙제 다했어. 정말 힘들었는데도 그래도 다

했어."

 "어떻게 그렇게 할 수 있었어? 대단한 것 같아."

    엄마의 말에 아이는 힘든 감정에서 벗어나 자신이 주어진 과제를 할 수 있는 사람임을 스스로 확인한다. 힘들어도 그냥 하면 된다고 말하는 아이라면 충분하다. 감정에서 벗어나도록 도와주기만 한다면 자기가 알아서 척척 잘하는 아이라는 의미다. 바로 그 부분을 지지하고 격려하고 감탄해 주면 된다.

 "그랬구나. 힘들어도 그냥 한다고 생각했구나. 훌륭해."
    "위로가 필요했네. 엄마가 뽀뽀 100번 해 줄까?"

    마무리 대화는 더 좋다. 아이는 못 하겠다고 한 것도 아니고, 정말 안 하겠다고 말하는 것도 아니었다. 그냥 짜증 난 마음을 엄마가 알아주기를 바랐고, 이런 힘든 감정에서 벗어나도록 도와달라는 구조 요청을 했을 뿐이다. 엄마는 위로가 필요했음을 간단한 말로 정리해 준다. 뽀뽀 100번이라는 웃음을 유발하는 말도 무척 좋다. 완전히 마음이 풀린 아이는 이참에 바쁜 엄마에게 보드게임 30분을 얻어 내면서 행복한 대화가 완성된다.
    이런 사례를 들으면 많은 경우 저 아이는 원래 저런 좋은 점을 가지고 있었을 거라고 오해한다. 절대 그렇지 않다. 그동안 엄마의 좋은 말이 쌓이고 쌓여 이런 모습으로 성장하게 된다는 사실을 간과하면 안 된다. 아이가 '힘들어도 그냥 하면 된다.'라고 말하기까지 아마도 수많은 짜증과 좌절, 포기하고 싶은 감정을 지나왔을 것이다. 엄마는 걱정과 불안, 안타까움과 답답함의 시간을 지나왔다. 그러면서 어떻게 우리 아이를 제대로 도와줄 수 있을지 고민하고, 배우고, 실천하며 수많은 시행착오를 거쳤다. 그런 과정을 거쳐 이렇게 대화의 각 지점에서 아이 마음을 진정시키고, 조절하고, 다시 힘을 내어 오늘의 과제를 수행하게 하는 엄마의 말을 할 수 있게 된 것이다.

이런 대화에는 마음을 움직이는 힘이 부드럽게 녹아 있어 놓치기 쉽지만 매우 중요한 심리학적 대화 기법들이 숨어 있다. 따뜻한 공감으로 시작해 마음을 움직이는 말, 자신이 힘이 있는 사람이라는 깨달음, 다시 밝은 기분으로 전환해서 의욕을 불러일으키는 엄마의 말은 그래서 너무나 중요하다. 엄마의 말에 따라 아이의 반응이 달라질 수 있음을 기억하자. 이제 우리 아이의 진정한 변화를 원한다면 꼭 알아야 할 '엄마의 전문용어'를 알아보자.

Part 2

일상에서 써먹는 엄마 전문용어의 힘

01

엄마라면 꼭 알아야 할
전문용어 다섯 가지

세상 모든 분야에는 모두 각각의 전문용어가 있다. 의사의 전문용어, 엔지니어의 전문용어, 법관의 전문용어. 그렇다면 세상의 일들 중 가장 의미 있고 소중한 부모 역할에도 전문용어가 있지 않을까? 다음 상황에서 어떤 말이 아이에게 상처 주지 않고, 마음을 안정시키고, 현명한 판단력으로 행동을 변화시킬 수 있는지 한번 생각해 보자. 어떤 말이 떠오르는가? 만약 이런 효과적인 변화를 가져올 수 있다면 그 말은 분명 엄마의 전문용어라 할 수 있다.

 '아이가 짜증 낼 땐 이렇게 말하면 아이의 마음이 안정돼.'
'아이가 숙제하기 힘들어할 때는 이런 말이 적절해.'

'형제가 싸울 땐 이렇게 말하면 상황을 평화롭게 마무리할 수 있어.'

만약 당신이 각각의 상황에서 사용한 말이 기대한 대로 아이의 변화를 가져왔다면, 분명 좋은 엄마의 말을 사용한 것이다. 반대로 떠오르는 말이 별로 없거나, 말해 봤자 소용없는 말, 별생각 없이 입 밖으로 툭 튀어나오는 말을 했는데 아이에게서 부작용이 나타났다면, 날마다 아이와의 실랑이로 고전하고 있을 수 있다.

엄마의 전문용어가 중요한 이유는 아이 마음을 움직이고 변화를 일으키는 말을 제대로 알기만 해도 잘해 나갈 수 있기 때문이다. 지금껏 아이를 키우는 일이 힘들었다면 엄마의 전문용어를 몰라서다. 아이가 커 가면서 상처받고 좌절할 때 그 마음을 위로하는 말, 속상하고 화날 때 그 마음을 진정시킬 수 있는 말, 아이가 스스로 소중히 여기고 자신의 능력을 믿을 수 있도록 도와주는 말, 주어진 과제를 짜증 내지 않고 뚝딱 해낼 수 있도록 돕는 말, 하루하루 지나며 겪는 다양한 상황에서 지혜롭게 생각하고 판단하고 생각하는 힘을 키워주는 말이야말로 부모로서 갖추어야 할 전문용어다.

아이를 키우며 부모로서 해야 할 그 많은 역할을 모두 다 잘할 수는 없다. 그런데도 좀 더 잘하도록 노력해야 하는 단 한 가지를 꼽는다면 단연코 말 공부다. 엄마의 전문용어는 아이의 마음을 어루만져 주고, 마음의 힘을 키워 주는 말이어야 한다.

열악한 환경에서도 지지와 격려를 해 주는 단 한 사람만 있어도 아이들은 자기 효능감과 회복탄력성을 키우며 잘 클 수 있다는 진리를 기억하자. 부모가 아닌, 주변 어른들에게서 희망을 얻을 수도 있겠다. 하지만 지금 우리의 환경은 카우아이섬과 다르다. 부모가 아이의 모든 생활을 관리하고 보살피는 구조다.

아이는 자신의 첫 번째 세상인 엄마로부터 힘이 나는 말을 듣고 싶다. 이미 뼈저리게 경험하고 있겠지만, 혼내기와 잔소리는 오히려 아이의 마음에 상처만 주고, 의욕을 잃게 하며, 좌절하게 하고, 스스로에 대한 믿음조차 사그라지게 만든다. 이제 엄마의 전문용어를 제대로 배워 보자. 물론 아이를 키우는 데 필요한 칭찬, 믿음, 지지, 격려 등의 좋은 언어도 모두 의미 있고 유용하다. 이런 언어는 아이에게 관심을 가지는 따뜻한 사람들이 들려준다. 그중에서도 엄마는 아이에게 가장 소중하고 특별한 존재다. 그래서 엄마의 말에는 특별한 전문용어가 필요하다. 엄마의 전문용어는 아이 마음의 가장 핵심에 가 닿아서 아이의 마음을 움직이고 행동을 변하게 한다.

① 공감의 말
"힘들었겠다"

고통이 있음을 알아주기만 해도 전혀 다른 모습, 다른 의미가 된다.
―《오제은 교수의 자기 사랑 노트》(오제은 지음, 달빛북스, 2022) 중에서

엄마는 늘 힘들다. 자기 역할뿐 아니라 아침부터 늦은 밤까지 부모 노릇도 해야 한다. 그렇다면 아이는 어떨까? 아이는 그저 부모의 보살핌 속에서 천진난만하게 즐겁기만 할까? 절대 그렇지 않다. 솔직히 요즘 아이들은 눈만 뜨면 뭔가를 해야 한다. 아이가 태어나서 최소한 10살까지는 마음 가는 대로, 하고 싶은 대로 놀며 세상을 온몸으로 받아들이며 배워야 하는데 우리의 현실은 그렇지 않다. 갓난쟁이일 때는 그나마 온전히 보호와 돌봄을 받지만, 걸음마를 시작한 뒤로는 지켜야 할 것도 많고, 해야 할 것도 점점 많아진다. 그나마 2~3살 정도까지는 그래도 내키는 대로 할 수 있다. 물론 이때도 까다로운 엄마를 만난 아이라면 배변 훈련과 탐색 활동에서 이미 고난을 겪기 시

작한다. 밥 먹을 때도 놀 때도 늘 잔소리를 들으며 뭔가를 고치려 애를 써야 한다. 이렇게 특별한 경우를 제외하면 대부분 아이는 3살 정도까지는 그런대로 살 만하다.

뭔가를 배워야 하는 4살 정도가 되면 상황은 달라진다. 어느새 엄마는 또래 아이와 비교하기 시작하고, 우리 아이가 그만큼 해내지 못하는 데 대해 걱정하거나 화를 낸다. 아이는 자신이 뭘 잘못했는지도 모르는 상태에서 공연히 불안해지거나 겁이 나 더 짜증이 많아지고 떼를 쓰게 된다.

엄마에겐 또 다른 큰 과제가 있다. 바로 학습이다. 학습을 시작하는 나이가 점점 낮아지고 있다. 여기에는 특히 엄마의 걱정과 불안을 건드리는 사교육 마케팅 전략이 숨어 있다는 사실도 알아야 한다. 아이들 전체 인구는 줄어드는데 매출은 늘려야 하니 자연스레 사교육 대상을 더 어린아이로 확대해 가는 것이 아닐까? 이제 막 태어난 아기를 위한 학습 제품이 끊임없이 쏟아져 나온다. 발달 이론을 바탕으로 연령에 적합한 제품을 만든다고 하지만 이론에 머물 뿐이다. 비싼 가격으로 교구를 구입하면 기대치가 올라가고 또래 아이와 비교하며 아이를 다그친다. 4세 고시, 7세 고시 이슈를 접하며 말도 안 된다는 문제의식도 있지만, 마음 한편에는 저렇게 일찍부터 공부하며 실력이 좋아지는 아이들에 비해 우리 아이만 공부 실력이 뒤처질까 불안해진다. 40개월 된 아이에게 첫 학습지를 시켜 본 엄마가 걱정스럽게 질문한다. "아이가 학습지 하는 걸 싫어해요. 학습 동기가 부족한 것 같아요. 어떻게 해야 하나요?"

새로운 것을 배우고 세상을 탐색하는 것이 유전적으로 타고난 발달 목표인 아이에게 학습 동기가 없다고 걱정하는 것은 사실 말이 안 되는 일이다. 엄마가 심혈을 기울여 선정한 학습지를 아이가 거부하면 속상한 마음이 앞설 수 있다. 하지만 '지금 이 시기에 적절한 것인지', '다른 아이들은 좋아한다는데 왜 우리 아이는 거부하는지' 먼저 고민해 보는 것이 우선이다. 아이의 발달에 맞는 교재라면 아이가 거부하는 이유를 살펴보고 즐겁게 할 수 있는 방법을 찾기 위해 최소한 두세 가지 방법을 시도해 보는 것이 바람직하다.

고정관념에 사로잡혀 있는 부모는 학습지 하나 거부했다고 아이의 학습 동기를 의심한다. 이런 시선으로 보면 아이의 학습 동기가 정말로 사라질 수도 있다. 아이를 붙들고 억지로 시키게 되기 때문이다. 그러다 아이의 정서가 불안정해지면 배움의 욕구는 줄어들 수밖에 없다. 이런 마음의 원리가 잘 이해되지 않는다면 아이의 시선에서 한 번 생각해 보자.

엄마가 새로운 물건(학습지)을 눈앞에 가져다 놓았다. 그런데 별로 흥미롭게 느껴지지 않는다. 엄마가 표지를 넘기더니 색연필을 손에 쥐여 주고선 짝을 지어 선을 그어 보란다. 엄마 동물과 아기 동물들이 그려져 있다. 엄마 코끼리와 아기 코끼리, 엄마 토끼와 아기 토끼를 짝지을 수는 있지만 굳이 하고 싶지는 않다. 책을 밀치고 색연필을 팽개친다. 그런데 엄마가 갑자기 표정이 일그러지면서 혼낸다. 이유를 모르겠다. 그냥 재미가 없어서 그런 것뿐인데 이상하게 엄마가 화를 낸다. 이제 나를 혼나게 한 이 물건마저 싫어진다.

이 상황에서 "엄마 코끼리가 여기 있네. 아기 코끼리는 어디 있지?" 하고 말했을 때 아기 코끼리를 손가락으로 짚지 않는 아이는 없다. 이때 엄마가 "엄마 코끼리랑 아기 코끼리가 만나게 해 줘야지."라며 색연필로 이으려 하면 아이는 자기가 하겠다며 엄마가 가진 색연필을 빼앗아 선을 긋는다. 그것도 한 번으로 끝나는 게 아니라 여러 번 반복된다. 어쩌면 앉은 자리에서 학습지 한 권을 다하겠다고 의욕적으로 달려드는 모습을 보기도 할 것이다. 어떤가? 조금만 생각해 보면 이렇게 쉬운 방법이 있는데, 공연히 아이에게 문제가 있다고 바라보지 않았는가?

생각해 보자. 조금만 다르게 하면 즐겁게 배울 수 있음에도 그걸 몰라 아이를 혼내고 엄마는 걱정과 불안에 휩싸인다. 이런 상황은 한 번에 끝나는 게 아니라 날마다 반복된다. 엄마는 공연히 아이의 능력을 의심하거나 좌절하고 그 괴로움을 아이에게 다시 고스란히 쏟아붓는다. 그러면 아이는 더 힘들어질 뿐 아니라 제대로 배우지 못하게 된다. 결국 아이는 심리적 문제가 발생하고 교육의 효과는 멀어진다.

　괴로워하는 아이를 데리고 아등바등하지 말자. 아이의 마음을 제대로 알아주지 못해 예쁜 아이의 입에서 포효하는 울음이 터지고 거친 말이 나오며 장난감을 던지고 심술을 부린다면, 이제 엄마의 전문 용어를 사용할 때다. 아이의 마음에 꼭 필요한 말을 해 주어야 아이는 다시 일어설 힘이 생긴다.

　아이를 다그치고 혼낸 뒤, 혹은 속상한 일이 있거나 마음대로 되지 않아 짜증을 낼 때 부모가 가장 먼저 해야 할 일은 아이의 마음을 알아주는 말을 하는 것이다. 마음 읽기, 경청, 공감, 감정 코칭, 비폭력 대화 등 좋다고 알려진 부모의 말에서 모든 심리학자가 첫 번째로 강조하는 것은 공감 대화법이다. 하지만 앞에서 말했듯이 어설프거나 잘못된 공감은 오히려 부작용을 만든다. 가장 핵심 감정을 가능하면 정확하게 읽어 주는 것이 중요하다. 사실 시시각각 상황이 변하는 일상에서 짜증 내며 우는 아이의 마음을 정확하게 읽어 주는 것은 쉬운 일이 아니다. 실수는 피할 수 없다. 그래서 아이들 심리치료 현장에서는 늘 가장 안전하게, 실수하지 않고 마음을 읽어 주는 말을 고민할 수밖에 없다.

　그 말이 바로 "힘들지. 힘들었구나."라는 한마디다. 하교하는 아이가 들어오면서 가방을 팽개친다면, 오자마자 짜증 내며 엄마의 말에 대꾸도 잘 하지 않는다면, 보통은 "왜 그래? 무슨 일이야?"라고 아이에게 무슨 일이 있었는지 열심히 캐묻는다. 아이의 불손한 태도가 먼저 거슬리면, "왜 오자마자 가방을 집어 던지니? 제자리에 갖다 둬야지. 왜 인사도 안 해?"라며 아이의 잘못된 행동을 지적한다. 이래서는 불편한 아이의 마음을 진정시키지도 못하고, 무슨 일이 있었는지 알지도 못한 채 오히려 2차 문제가 발생한다. 엄마와 아이의 싸움이 시작되는 것이다. 이렇게 하면 대화가 꼬이고 관계가 더 나빠진다.

불손한 태도, 짜증 섞인 반응은 아이가 '지금 내 마음이 힘들어요. 너무 속상하고 괴로워요.'라고 보내는 신호로 해석하는 것이 가장 먼저다. 정확히 무슨 일이 있었는지 모르지만, 가장 안전하게 마음을 읽어 주는 말부터 시작하자. 이 말은 아이가 겪은 상황을 몰라도 아이 마음에 잘 와닿는다. '우리 엄마는 어떻게 말을 안 해도 내 마음을 잘 알지?' 이렇게 느끼도록 만들어 주면 빠르게 진정된다. 결국 자신에게 무슨 일이 있었는지 말할 수 있게 된다.

인간 중심 치료의 대가 칼 로저스는 "상담자가 조건 없이 내 감정을 이해하고 수용해 줄 때, 사람은 내면의 방어를 내려놓고 자기 회복력을 발휘하게 된다."라고 강조한다. 여기서 중요한 것은 '조건 없이'다.

부모는 아이가 잘 자라길 바라는 마음에 아이가 속상하고 화가 나는 순간에도 예의 바르게 말하고 행동하길 바란다. 학교에서 속상한 일이 있었다면 짜증 내며 가방을 팽개치는 것이 아니라, 공손한 자세로 들어와 가방을 정리하고 손을 씻고 와서 엄마에게 차근차근 말해 주기 바란다. 이런 일은 거의 불가능하다. 어른들조차도 감정이 흔들리고 폭발할 때 이렇게 하기 어렵다는 사실을 기억하자. 아이가 빠르게 마음을 회복하기 바란다면 꼭 아이에게 말해 주어야 한다.

"힘들었지. 힘들었겠다. 많이 힘들었을 거야."

아이에게 무슨 일이 있었는지 알고 싶은 마음이 자꾸 부모의 평정심을 깨뜨린다면 이 말을 붙여도 좋다.

"무슨 일인지 모르지만, 많이 힘들었구나. 이리 와. 엄마가 안아 줄게."

"무슨 일인지 모르지만" 이 말만 해도 아이의 문제를 해결해 주고 싶은 부모의 마음을 진정시킬 수 있다. 급하게 해결하지 않아도 괜찮다. 지금 가장 급하고 중요한 일은 아이의 마음에 공감하고 그 마음을 진정시켜 주는 일이다. 그렇게 회복해야 아이는 자신에게 있었던 일을 부모에게 말해도 된다는 안전감을 얻고, 편안하게 이야기할 수 있다.

부모의 첫 번째 전문용어는 그래서 "힘들었지."다. 이 말을 하며 아이를 꼭 안아 주자. 세상에서 가장 사랑하는 엄마 아빠가 자신이 힘들었음을 알아주기만 해도 아이의 고통은 사라진다. 고통이 있었음을 알아주지 않는다면 아이는 그 상처를 고스란히 마음 깊은 곳에 간직한다.

알고 보니 우리 아이가 잘못한 일일 수도 있다. 그러면 부모는 화가 난다. 자기가 잘못했는데 무슨 상처가 남느냐고 묻는 부모도 있다. 아이는 잘못을 했더라도 그 마음을 몰라주는 부모가 원망스럽다. 자신의 행동 뒤에 있던 마음을 몰라주니 답답하고 화가 난다.

아이가 먼저 자기 마음을 솔직하게 말하면 되지 않느냐고? 자신의 마음을 조목조목 다 말할 수 있는 아이는 별로 없다. 그러기에 "엄마가 화내서 힘들었구나. 많이 슬펐지. 소리 질러서 무서웠지. 미안해."라고 아이의 마음을 알아주는 것이 필요하다.

"힘들었지. 슬펐지. 무서웠지."는 물음표로 끝나는 말이 아니라는 점을 주의해야 한다. 엄마가 네 마음을 알고 있다고 전하는 말이기에 말꼬리를 내려 말한다. 예전에 엄마나 할머니가 "우리 아기 힘들었지."라며 다독여 주던 바로 그 느낌의 말이다.

또 있다. 엄마가 혼을 내지 않아도 아이는 상처받을 수 있다. 자신이 뭔가 잘못했을 때 아이는 스스로에 대한 실망감과 앞으로도 잘할 수 없을 것 같다는 불안감으로 가장 큰 상처를 받는다.

'난 문제투성이야. 친구들은 잘하는데 난 잘하는 게 아무것도 없어. 난 사라지고 싶어.' 이런 생각이 아이의 마음속에 어두운 그림자로 자리 잡아 마음을 괴롭힌다. 여린 아이의 마음이 얼마나 힘들겠는가. 아이가 마음이 불편한 일을 겪었을 때 꼭 필요한 것은 부모의 첫 번째 전문용어 "힘들지."임을 기억하기 바란다.

9살 아이가 학교에서 쪽지시험을 못 봤다고 친구에게 놀림을 받았다. 화가 난 아이가 친구를 한 대 때렸다. 그것이 졸지에 폭력 사건이 되어 아이는 선생님께 크게 혼나고 힘든 하루를 겪었다. 다행히 담임 선생님은 아이의 마음을 보살필 줄 아는 분이었다. 보호자인 엄마에게 전화해서 아이가 힘들었을 테니 무조건 "힘들었지." 하면서 안아 주라고 당부했다.

엄마는 선생님이 시키는 대로 했다. 학교에서 돌아와 엄마에게 또 혼나리라 예상한 아이는 고개를 푹 숙였지만, 아이를 엄마는 꼭 껴안아 주며 이렇게 말했다. "그래, 힘들었지. 힘들었겠다. 많이 힘들었을 거야." 하고 싶은 말이 많았지만 꾹 참고 선생님이 시킨 대로 한 것이다. 그러자 아이는 펑펑 울기 시작했다. 무슨 한이 그리 생겼는지 한참을 펑펑 울었다.

아이의 마음 밑바닥에 쌓인 상처가 한꺼번에 몰려나오는 것 같았다고 한다. 조금 달래 주다 훈계하려 했는데 아이의 울음소리를 들으니 그 말이 쏙 들어갔다. 그리고 깨달았다. 아이의 힘든 마음을 알아주는 말이 얼마나 중요한지를. 이것이 바로 전문용어의 힘이다. 엄마가 자신의 고통을 알아주자, 아이는 마음을 이해받았다는 안도감 속에서 감정을 내려놓고 스스로를 돌보며 문제 해결의 에너지를 다시 회복할 수 있었다.

② 치유의 말
"이유가 있을 거야"

아이의 모든 행동에는 이유가 있다.
— 노경선, 정신건강의학과 교수

    형제, 자매, 남매는 하루라도 싸우지 않고 넘어가는 날이 없다. 큰아이는 동생을 울리고, 동생은 형에게 떼쓰고 짜증을 낸다. 부모는 아이들을 혼내기만 하니 그런 행동을 하는 이유를 들을 틈이 없다. 아니, 아이가 변명을 하기는 한다. 하지만 징징거리는 말이 엄마의 귀에는 들리지 않는다. 아이에게 싸우는 이유를 물었다고 생각하지만 제대로 물은 적이 없고, 아이도 항의하듯 말은 하지만 진짜 마음속에 있는 말을 해 본 적이 없다. 그러니 악순환만 이어진다.
    두 아이가 날마다 전쟁을 벌이는 통에 힘들어하는 초등학교 3학년 준희 엄마에게 엄마의 두 번째 전문용어를 가르쳐 주었다. 가능하면 한 글자도 바꾸지 말고 그대로 말해 보라고 했다. 아니나 다를까 오늘도 준희가 동생을 울렸다. 엄마는 습관적으로 이렇게 외쳤다. "너 왜 또 동생을 못살게 굴어. 제발 좀 그만해!" 그랬더니 갑자기 아이가 대들며 더 큰소리로 울부짖는다.

> "엄마는 왜 내 말은 하나도 안 듣고 맨날 나만 혼내요?
> 동생은 뭐든지 다 해 주면서 나는 안 된다고만 해요?
> 엄마는 맨날 이랬다저랬다 마음대로 하면서 왜 나만 아무 것도 못 하게 해요?"

동생한테 잘못해서 혼을 냈는데 엄마를 향한 원망까지 쏟아 놓는다. 이제 3학년 밖에 안 된 아이가 건방지게 엄마를 공격하며 버릇없이 대드니 엄마는 적잖이 당황했다. 이때 따끔하게 혼내서 기를 꺾어 놓지 않으면 안 되겠다 싶은 생각에 엄마도 더 큰소리로 아이를 혼냈다. 아이의 두 팔을 꽉 잡고 잘못했다는 말을 할 때까지 두 눈에 힘을 주고 아이를 노려봤다. 결국 아이는 고개를 푹 숙이고 눈물만 뚝뚝 흘린다. 엄마는 엄한 말투로 가서 씻고 숙제하라고 아이를 방으로 들여보냈다. 이렇게 상황은 일단락되었다.

하지만 엄마도, 아이도, 그 광경을 지켜본 동생도 마음속이 엉망이다. 왜 이런 일이 계속 반복되는 걸까? 엄마는 더는 미루면 안 되겠다 싶어 배웠던 전문용어를 사용해 보기로 마음먹었다. 엄마는 마음을 진정한 뒤 아이 방에 들어갔다. 그리고 아이와 마주 앉아 손을 잡고 다독이며 부드럽게 말했다.

 "네가 엄마한테 그렇게 말하는 건 이유가 있어서일 거야. 엄마한테 이유를 말해 줄래?"

아이는 의아한 눈빛으로 엄마를 바라보기만 했다. 엄마는 차분하고 다정한 목소리로 똑같이 한 번 더 말했다. 그러자 아이가 눈물을 글썽이며 입을 떼기 시작했다. 그런데 생각지도 못했던 말이 튀어나왔다. 2주 전부터 엄마에게 용돈을 달라고 몇 번이나 요구했지만 엄마가 들은 척도 하지 않았단다. 몇 번 엄마한테 말하니 아직 안 된다고 하다가 친구들이 얼마 받는지 알아 오면 들어 보고 준다고 했단다. 그래서 아이는 반 친구들에게 물어보고 엄마에게 말했다. 그런데 엄마는 그냥 또 지나가는 말로만 알았다고 하고 묵묵부답이었던 것이다. 엄마는 아이의 말을 들으면서 아차 싶었다. 3학년이면 아직 용돈은 이르다고 생각해서 그냥 알아보라고 했을 뿐이다. 정말 아이가 알아 올 거라 기대도 하지 않았고, 친구들이 용돈을 받는다고 해도 아직 줄 생각이 없었기에 그냥 흘려듣고 말았다.

아이는 어땠을까? 엄마가 무심코 한 말에 큰 희망을 품었고, 친구들에게 용돈을 받는지, 받는다면 얼마를 받는지 알아보느라 애를 쓰며 약속을 지켰는데, 엄마는 들은 척도 안 하니 원망만 쌓여 갔다. 그렇게 쌓인 불만의 불똥이 엉뚱하게 동생에게 튄 것이다. 요 며칠 동안 동생에게 성질을 부린 이유는 바로 이 문제 때문이었다. 엄마는 말문이 막히기도 했고, 듣고 보니 미안하기도 해서 마음을 진정하고 전문용어를 사용했다.

 "그래서 그랬구나. 네가 화가 난 이유가 있었구나. 그래서 그런 말을 했던 거야?"

이렇게 말하니 아이는 억울함이 북받쳤는지 더 큰소리로 운다. 하지만 그 울음은 오래가지 않고 금방 그쳤다. 그러더니 엄마의 표정을 살핀다. 엄마도 약속을 지키지 않은 미안함에 그저 아이의 등을 쓸어주기만 했다. 몇 분이 지나자 아이가 엄마에게 말했다.

 "엄마, 제가 짜증 내서 죄송해요. 아무 말이나 막 하고……."

순간 엄마는 놀라고 당황했다. 엄마가 사과한 것도, 뭔가를 더 설명한 것도 아닌데 아이가 오히려 용서를 구하니 말이다. 이런 현상이 엄마의 전문용어를 사용했기 때문이라는 게 믿기지 않았다. 이게 뭐 그리 특별한 말이라고 아이가 눈물을 쏟는 걸까? 별다른 말을 하지 않았는데도 아이가 어떻게 울음을 그쳤는지 신기했다.

그렇다. 엄마가 전문용어를 제대로 사용하면 이런 변화가 가능해진다. 비록 잘못된 행동을 했지만 그 순간에도 자신에게 이유가 있었음을 믿어 주는 엄마에게 아이는 무척 고맙고 미안해진다. 엄마가 아이의 말과 행동에는 이유가 있을 거라 믿고 그 까닭을 묻자, 아이는 그동안 말하지 못했던 불만과 상처를 쏟아 냈다. 그러자 엄마가 "그래서 그랬구나. 네 행동에 그런 이유가 있었구나."라며 이해해 주었고, 상황은 아름답게 마무리되었다.

그다음부터 아이의 행동은 크게 달라지기 시작한다. 마음에 여유를 찾은 아이는 더는 용돈을 달라고 따지지 않는다. 최소한 지금만큼은 엄마가 자기를 믿어 주고 공감해 준 것으로 충분하다. 물론 앞으로 엄마는 아이와 용돈 문제를 잘 협상해야 한다. 엄마가 약속을 지키지 못한 이유는 아이를 아직 어린아이로만 여겨 용돈에 대해 미처 생각하지 못했기 때문일 것이다.

아이는 하루가 다르게 커 간다. 엄마의 눈에는 늘 부족하고 모든 걸 챙겨 줘야 할 것처럼 보이지만 아이의 내면은 늘 변화를 추구하고 하루빨리 크고 싶은 생각으로 가득하다. 그래서 친구들 중 누군가 더 큰 아이로 대접받는 일을 겪으면, 자신도 그런 경험을 하고 싶어 한다. 그러므로 아이가 자라는 만큼 엄마도 함께 마음을 키워 가야 한다.

수많은 아이를 상담하면서 아이의 모든 행동에는 이유가 있다는 걸 늘 확인했다. 아무리 문제 행동을 했더라도 마찬가지다. 아이에겐 이유가 있음을 믿어 주자. 그리고 물어보자. 그 이유가 마음에 들지 않더라도 "그래서 그랬구나. 이유가 있었구나."라고 충분히 공감해 주자.

그런 다음 엄마가 아이에게 가르치고 싶은 것, 고치기 바라는 것을 말하면 된다. 자기를 공감해 주는 사랑하는 엄마를 위해서, 더 멋지게 자라기 위해서 아이는 기꺼이 더 나은 행동을 선택한다. 아이도 자신이 잘못한 것에 대해 모르지 않는다. 말귀를 알아듣는 만 1세부터 옳고 그름, 그리고 좋은 사람이 되기 위한 행동을 수백만 번 말하고 가르쳤다. 다만 아이는 커 가는 중이라 행동으로 옮기기엔 아직 많은 연습과 시행착오의 과정이 필요하다.

어떤 4학년 아이가 이렇게 말했다.

"게임 시간 안 지켰다고 엄마한테 엄청 혼나서 정말 집을 나가고 싶었어요. 그런데 아빠의 "너 힘들었지. 아빤 너 믿어. 네가 엄마한테 거짓말한 건 이유가 있잖아. 그렇지?"라는 말에 너무 미안했어요. 사실 별 이유가 없었어요. 그냥 게임을 더 하고 싶어서 그랬으니까요. 그래도 아빠가 그렇게 말해서 너무 미안했어요. 이젠 시간을 좀 지켜야 할 것 같아요."

아이는 이렇게 자란다. 자신이 잘못된 행동을 할 수밖에 없었던 이유를 누군가는 알아주기 바란다. 자신이 잘못한 줄 알 때조차 그렇다. 당연히 그 누군가는 주 양육자인 엄마다. 아이가 아무리 잘못했다 해도 이면에는 분명히 이유가 있다. 아이가 왜 그런 행동을 했는지 먼저 알아주고 충분히 듣고 난 다음 충고하자. 이유를 듣고 나면 엄마도 심하게 흥분해서 혼내거나 상처 주는 일은 하지 않게 된다. 이유를 듣고 나면 아이의 행동이 이해될 뿐 아니라 오히려 아이의 마음을 몰라준 게 더 미안할 때가 많다.

③ 깨달음의 말
"좋은 뜻이 있었구나"

사랑하는 아이에게 좋은 것만 먹이고, 좋은 것만 입히고, 좋은 것만 보여 주며 키웠는데 아이가 하는 행동은 부모 마음과는 정반대일 때가 많다. 공부에는 도통 관심이 없고, 친구와 다투고, 거짓말하고, 심지어 엄마 아빠 지갑에서 돈을 훔치기도 한다. 도대체 왜 그럴까? 아이를 키우며 이런 경험을 하지 않으면 좋으련만, 나의 소중한 아이는 불현듯 이런 행동을 해서 부모 마음을 숯검댕이로 만든다.

이렇게까지 심각한 문제 행동은 아니어도 아이에게 배신감이 들 때도 많다. 학교에 입학한 아이가 알림장 챙기기나 발표, 받아쓰기, 수업 시간에 집중하는 일에서 두각을 드러내지 못한다는 사실을 알게 될 때다. 그저 서툰 것이 아니라 문제가 있다는 담임 선생님의 지적을 받으면 가슴이 철렁 내려앉는다. 이렇게 수시로 부모의 기대를 무너뜨리는 아이에게 무슨 말을 어떻게 해야 달라질 수 있을까?

엄마의 전문용어를 써서 힘들었음을 알아주는 말을 하기에는 왠지 적절하지 않은 것 같다. 이유가 있어서 그랬으리라 짐작되지만, 이유를 알아주기만 하면 아이가 면죄부를 받은 느낌을 받고 오히려 문제 행동을 반복할 것 같다. 이렇게 문제 행동이 점차 늘어나면서 부모 마음을 끓이게 될 때는 좀 더 전문적인 엄마의 말이 필요하다.

문제 행동 속에도
아이의 노력은 숨어 있다

아이의 행동까지 달라지기를 바란다면 우선 아이의 행동에 대한 색다른 시각이 필요하다. 아이의 마음속을 가만히 들여다보자. 천사와 악마가 서로 다투고 있는 모습이 보이지 않는가? 동생을 때린 아이에게도 동생 때문에 화가 났어도 때리지 않으려 노력했던 과정이 있다는 생각이 들지 않는가? 숙제는 젖혀 두고 계속 유튜브를 보겠다는 아이 마음속에서도 이제 그만 봐야 한다는 마음과 너무너무 보고 싶은 마음이 충돌하고 있는 것이 보이지 않는가? 밀린 숙제가 너무 많고 어려워 엄마 몰래 인터넷에서 답지를 찾아 베낀 아이라도 어쩌면 베낄까 말까를 고민하고 망설였던 시간이 있었던 게 보이지 않는가?

이렇게 문제 행동을 할까 말까 망설이는 지점에서 하지 않아야 한다는 마음, 올바른 방법으로 해야 한다는 생각이 바로 아이의 '긍정적 의도'다. 받아쓰기 시험에서 자신이 없어 지우고 다시 썼다면 점수가 아무리 나빠도 하나라도 더 맞추려 했던 그 마음이 바로 아이의 긍정적 의도다.

이런 마음이 없는 아이는 없다. 계속 강조하지만, 무엇이 옳은 것인지 수없이 가르쳤기에 아이는 정상 행동에서 문제 행동으로 넘어가는 경계에서 늘 망설이고 고민한다. 설령 문제 행동을 했다 하더라도, 이렇게 망설였던 마음을 누군가 알아주고 다시 키워 줘야 아이는 올바른 방향으로 마음과 행동을 전환할 수 있게 된다.

아이가 아무리 문제 행동을 하더라도 그 속에는 또 다른 긍정적 의도가 있다는 사실을 알아줘야 한다. 친구를 때리고, 거짓말을 하고, 약속을 지키지 않는 문제 행동의 이면에 긍정적 의도가 숨어 있다는 말이다. 동생을 때린 아이는 때릴까 말까 고민하면서 한참 동안 망설였을 것이다. 거짓말을 하기 전, 아이의 가슴은 콩닥콩닥 뛰고 머릿속은 천사와 악마가 다투느라 정신을 차리기 어려웠을 것이다. 그러다 정말 못 견디게 될 때, 더는 참을 수 없을 때, 더 좋은 다른 방법을 알지 못할 때 문제 행동을 선택한다.

아이의 마음속에서 벌어지고 있는 격한 마음의 갈등은 겉으로는 잘 보이지 않는다. 시무룩하고 우울해 보이거나 괜스레 짜증 내는 정도로만 나타날 뿐이다. 뭔가 심각한 문제라 해도 그저 무기력하고 멍하고 깜짝깜짝 놀라는 정도라 부모는 행동의 결과만을 놓고 아이를 혼내게 된다. 그런데 별 효과가 없다. 무한 반복되는 상황에 아이는 더 어긋나고 엄마는 지친다.

이쯤 되면 터닝 포인트가 필요하다. 바로 지금 이 지점을 전환점으로 만들고 싶다면 아이 행동의 긍정적 동기를 마음에 새겨야 한다. 지금까지 결과만을 가지고 다그쳤다면 이제는 아이의 모든 행동에 긍정적 의도가 있다는 시각에서 시작해야 한다. 아무리 문제적 행동이나 문제 결과를 가져왔다 해도, 아이에게는 나름 노력하고 애쓴 좋은 마음이 있다. 이 마음을 가지고 대화를 시작해야 한다.

우선 아이의 긍정적 의도를 인정해 주고 올바른 마음을 가졌음을 칭찬하자. 그런 다음 올바른 의도는 올바른 방법으로 실행할 때만 인정받을 수 있고 의미가 있다는 것을 가르쳐 주어야 한다. 이런 과정 없이 문제 행동에만 초점을 맞추어 혼내고 충고한다면 아이는 별다른 변화의 계기를 얻지 못한다. 답지를 베낀 아이조차도 엄마에게 실망을 주고 싶지 않다는 긍정적 의도를 가지고 있다. 그것을 먼저 알아주고 인정해야 아이가 자신의 잘못된 행동 방식을 수정할 수 있다.

캐나다 발달심리학자 고든 뉴펠트는 "긍정적 의도를 끌어내는 것이 아이를 구체적으로 변화시킨다."라고 강조한다. 심지어 "긍정적 의도를 끌어내는 것으로 성취할 수 없는 것은 어떤 방법으로도 성취하기 어렵다."라고 단언한다.

아이에게 바람직한 행동의 변화까지 불러일으키는 가장 효과적인 부모의 말을 한 가지만 꼽으라 한다면 마음속에 감춰진 아이의 긍정적 의도를 찾아 주는 일이다. 수많은 아이의 아픈 마음을 만나고 치료하고 회복시키며 관찰하고 연구한 결과다.

엄마의 전문용어는 모두 각각의 역할과 기능이 있다. 부모가 아이에게 궁극적으로 바라는 것은 아이가 좋은 행동을 하는 것이다. 아이에게 좋은 행동을 선택하도록 이끄는 말이 마음속에 긍정적 의도가 있었음을 깨닫게 해 주는 말이다.

떼쓰고 우는 아이에게는 "네 마음을 잘 알아주기를 바라는구나."라고, 동생을 때린 아이에게는 "동생이 나쁜 버릇을 고치기를 바랐구나."라고, 거짓말하는 아이에게는 "엄마가 실망할까 봐 솔직하게 말하지 못했구나."라고 말하는 것이 아이의 긍정적 의도를 알아주는 방법이다.

"도와주려고 그랬구나."
"잘되기를 바랐구나."
"잘하고 싶었구나."

"나아지려고 노력했구나."

이런 말이 아이의 마음을 움직이고 행동을 변화시킨다. 아이를 잘 키우려 노력하는 엄마의 마음속에도 여러 가지 생각의 난투극이 벌어진다. 아이가 미숙하고 충동적이라 저지르는 잘못을 혼내서 고쳐야 한다는 힘의 논리, 그러다 자존감이 떨어지면 어떡하나 하는 걱정, 전문가들이 권하는 방식을 실천해야 한다는 생각과 그렇게 해서 정말 아이가 달라질 수 있을까 하는 의구심이 뒤섞인다.

이런 생각에 휘말리지 말자. 그럴 때는 생각을 멈추고 한 가지에 초점을 맞춰야 한다. 아이의 행동 속에 숨어 있는 긍정적 의도를 찾기 위해 집중해 보자. 이렇게 생각하기만 해도 어느새 마음속 갈등은 사그라든다.

집에서 제시간에 학원으로 출발한 아이가 30분이나 지각했다는 문자를 받았다. 순간 엄마는 온갖 생각이 다 든다. 학원이 끝나고 혼날까 봐 집으로 돌아오는 길에 마음이 무거웠을 아이에게 무슨 말을 가장 먼저 해 주는 것이 좋을까? 두 번째 전문용어인 "학원에 늦은 이유가 있을 거야. 말해 줄 수 있겠니?"라고 질문해도 무난하다. 그런데 그보다 더 도움되는 것이 아이의 긍정적 의도다. 생각해 보자. 30분이나 지각한 아이는 가는 길에 무슨 일이 있었을까? 혹시 친구를 만나 수다를 떨었을까? 게임하는 아이들 옆에서 구경하느라 그랬을까? 아니면 무슨 사고라도 있었을까? 무슨 일이 있었든, 늦었어도 학원으로 향한 것에 대해서는 어떤 생각이 드는가? 예전에 학교든 학원이든 땡땡이를 쳐 본 경험이 있는 부모라면 잘 알 것이다. 기왕에 늦으면 차라리 안 가고 싶어지는 마음을 말이다. 그런데도 아이는 늦어도 학원으로 향했다. 바로 그 마음이 아이의 긍정적 의도다. 그렇다면 이 말을 가장 먼저 해 주자.

"늦었어도 학원에 가려고 노력했네. 잘했어."

아이는 이 말을 듣고 어떤 마음이 들까? 분명 지각한 이유는 있었다. 자신의 잘못이라면 엄마한테 너무 미안할 테고, 불가피한 사정이 있었다면 대뜸 혼내지 않고 늦어도 가려고 노력했음을 알아주는 엄마에게 너무 고맙다. 그다음에 아이가 무슨 일이 있었는지 털어놓는 건 전혀 어렵지 않다. 동시에 고마운 엄마를 위해 다음에는 시간을 잘 지켜야겠다고 다짐한다. 이처럼 문제가 있을 때조차 아이의 긍정적 의도를 읽어 주면 아이의 마음은 한 뼘 더 성숙하게 자란다.

아이가 문제 행동을 했다고 완전히 잘못한 것으로 규정짓지 말자. 못하는 아이, 실수하는 아이, 나쁜 아이로 낙인찍지 말자. 심리적 낙인은 성인이 된 후에도 영향을 준다. 아이의 긍정적 의도가 무엇인지

한 번 더 생각하고 찾아 말해 주어야 아이의 행동이 달라진다. 아이 마음 깊이 숨어 있는 예쁘게 빛나는 진심이 바로 긍정적 의도다. 엄마가 찾아 준 그 긍정적 의도대로 성장하기 시작하는 것이다.

④ 강점의 말
"훌륭하구나"

우리의 내면에 간직한 불은 그냥 스러질 수 있지만
다른 사람에 의해 불꽃으로 피어오르기도 한다.
— 알베르트 슈바이처

> 산만하다. 소심하다. 소극적이다. 겁이 많다. 감정적이다. 까다롭다. 고지식하다. 책임감이 없다. 의욕이 없다. 잘 삐진다. 비관적이다. 성급하다. 충동적이다. 느리다. 둔하다.

부모가 변화를 바라는 아이들의 성격 특성이다. 과연 이 성격이 변화할 수 있을까? 통념상 성격은 잘 변하지 않는다고들 한다. 어릴 적에 그렇게 잔소리를 들었던 자신의 단점을 얼마나 고치며 살았는지 물어보면 자신 있게 대답하는 사람은 별로 없다.

하지만 성격을 고쳐 성공한 이들도 꽤 많다. 수업 시간에 한마디도 못 하던 아이가 수백 명 앞에서 멋지게 발표하고 강의를 할 수 있게 된다. 우유부단해서 아무것도 결정하지 못하고 남의 의견에 끌려다니기만 하던 아이가 어느 순간 단호한 모습으로 중요한 결정을 내린다. 이들은 어떻게 이런 변화가 가능했을까?

숨은 강점을 찾는 법

초등학교 3학년 민서는 발표를 잘하지 못했다. 둘이 있으면 곧잘 대화를 하지만 사람이 셋 이상만 되면 입을 다물었다. 친구가 질문하면 짧게 대답할 뿐 자기 의견을 말하지 못하고 늘 친구에게 끌려다니는 모습을 볼 때면 엄마는 너무 답답했다. 저렇게 말도 못 하고 생각 없이 남에게 끌려다니기만 하니 나중에 아이가 어떻게 살아갈지 걱정이었다. 엄마는 민서가 좀 더 활달하고 학교 수업에서도 용감하게 손들고 또박또박 발표할 줄 아는 아이가 되길 바랐다. 그러던 민서가 6학년이 되자 전교 회장 선거에 출마하고 많은 친구 앞에서 선거 유세를 하게 되었다. 그리고 멋지게 회장으로도 당선되었다.

어떤 일이 있었기에 이런 변화가 가능했을까? 민서를 만나서 잘 살펴보니 강점이 무척 많은 아이였다. 편안한 분위기에서 대화하면 중요한 말을 곧잘 했다. 상대방의 눈을 바라보고 고개를 끄덕이고 미소를 지었다. 궁금한 것이 있으면 질문도 잘했다. 민서의 질문이 아직도 기억난다.

 "선생님은 아이들 만나는 거 좋아하세요?"
"왜 이 일을 하려고 마음먹었어요?"
"돈은 많이 버세요?"
"선생님 아이들은 선생님을 좋아해요?"

엄마가 설명한 민서의 성격 특성과는 전혀 다른 모습을 보면서 엄마가 고정관념으로만 아이를 본다는 사실을 알았다. 친구들 앞에서 활달하게 말하고, 큰 목소리로 조리 있게 발표도 잘하며, 자기 의견대로 친구들을 이끄는 것이 바람직하다는 고정관념이 민서가 가진 강점을 가로막고 있었다.

이야기를 나누면서 알게 된 민서는 참 멋진 아이였다. 민서는 친구가 싸울 때 나서서 말리지는 못하지만, 싸움이 끝난 후 부루퉁하게 앉아 있는 아이에게 조용히 다가가 어깨에 손을 올리고 나지막이 "괜찮아?"라고 속삭일 줄 아는 아이다. 숙제를 안 해 와서 선생님께 혼이 난 아이에게는 "숙제하기 힘들었어?"라고 묻는다.

민서는 말을 많이 하지는 않지만 꼭 필요한 말을 할 줄 아는 아이다. 친구의 마음을 알아차리는 사회 지능이 높으며, 친절하게 다가가 말할 줄 안다. 꼭 해야 하는 일을 끈기 있게 하고, 겸손하고 진정성 있는 모습으로 사람을 대한다. 학습에 대한 열의도 높다. 상담 시간에 민서에게 얼마나 강점이 많은지 말해 주었다. 자신에게 강점이 많은 줄 몰랐던 아이는 마음이 환해진다. 자신도 이런 성격이 좋은 것인 줄 몰랐단다.

이후 엄마도 민서의 강점을 알게 되었고, 종종 아이에게 말해 주었다. 친구들은 민서의 이런 특성을 잘 알았다. 그렇게 친구들의 추천을 받아 전교 회장으로까지 나설 수 있었다. 그런데 발표를 잘 못하던 아이가 어떻게 선거 유세를 할 수 있었을까? 4, 5학년을 거치면서 민서의 성격 특성은 친구들에게 더 큰 환영을 받았다. 한마디로 인기가 있었다. 자신의 모습을 좋아해 주는 친구 관계에서 자신감을 얻은 민서는 더 많은 사람 앞에서 말할 수 있게 된 것이다.

아이의 성격을 부정적으로만 보는 엄마에게 연습시켜 보는 것이 있다. 같은 행동에서 부정적으로 보았던 아이의 성격적 특징을 긍정적으로 바꾸어 보는 것이다. 소심한 사람은 뒤집어 보면 아주 세심하게 다른 사람이 놓치는 부분을 찾아내는 장점이 있다. 세심함은 인간관계에서 아주 중요한 요소다. 세심한 사람은 함께 모여 즐거운 시간을 보내는 중에도 누군가 한 사람의 표정에서 불편함을 읽어 낸다. 심지어 그 불편함을 풀어 주려고 애쓴다. 얼마나 중요한 강점인가?

우리 아이에게 어떤 강점이 있는지 알아보려면 우선 강점에 대해 좀 더 이해하는 것이 좋겠다.

아이의 강점은 언제 어디서 어떤 모습으로 나타날까? 강점은 긍정심리학에서 말하는 개념이다. 긍정심리학의 창시자 마틴 셀리그먼과 크리스토퍼 피터슨은 행복하고 성공적인 삶을 살아가는 사람에게서 공통으로 발견되는 긍정적 특징을 조사해 '성격 강점'이라고 불렀다. 두 사람이 찾아내고 정리한 강점은 총 24개다. 연구에 따르면, 자신의 강점을 잘 알고 이를 일상에서 행동으로 옮기면 긍정적 정서가 높아진다. 또 다른 긍정심리학자인 바버라 프레드릭슨은 긍정적 정서가 호기심과 창의성을 이끌어 내고 아이의 능력을 발달시킨다는 것도 입증했다.

아이들에게 강점 표를 주고, 자신에게 조금이라도 있는 모습에 동

24개 성격 강점						
창의성	호기심	개방성	학구열	통찰		사랑
친절	사회 지능	용감성	끈기	진정성		활력
관대성	겸손	신중성	자기 조절	책임감		공정성
리더십	감상력	감사	낙관성	유머 감각		영성

그라미를 치게 해 보자. 희망 사항이 아니라, 큰 노력 없이도 저절로 잘하는 것에 표시하도록 하면 된다. 아이들은 이 중 자신이 가진 특성에 표시한다. 그리고 언제 그런 특성을 느꼈는지 질문하면 아이들은 이에 얽힌 이야기를 쏟아 낸다.

어떤 아이는 학구열은 크지 않지만 숙제는 끈기 있게 해내고 친절하게 가르쳐 주는 것도 잘한다. 또한 겸손과 감사는 결코 어려운 일이 아니라고 말한다. 또 어떤 아이는 자기는 관대하지는 못하지만 공정하고 책임감이 있단다. 한 번도 숙제를 안 해 간 적이 없다며 자랑스러워한다. 아이들에게 바로 이런 점이 강점이라고 말해 주면 놀라는 동시에 의아해한다. 이런 것을 자신의 강점이라고 생각해 본 적이 없기 때문이다.

이 활동은 무척 단순하지만 자신이 강점이 많고, 이미 잘하고 있는 것이 많다는 사실을 깨닫게 하는 데 매우 효과적이다. 엄마 아빠도 아이에 대해 체크하며 서로 생각이 같은지 확인해 보자. 서로 공감하는 부분도 있고, 의외로 의견이 다른 경우도 있다. 어쩌면 아이가 체크한 자신의 강점과 부모가 체크한 강점이 다를 수도 있다. 이런 차이를 이야기하면 서로를 알아 가는 진정한 소통의 시간이 만들어진다. 간단한 목록으로 체크하는 것이 못 미덥다면 인터넷에서 '강점 검사'라고 검색해 강점 체크 리스트를 찾아 활용하자.

자, 이제 우리 아이가 어떤 강점을 가진 아이인지 생각해 보자. 부모라면 누구나 성공한 사람을 보며 우리 아이도 저렇게 성공적으로 성장하길 바란다. 그런데 오늘 하루 우리 아이의 모습은 성공과는 거리가 멀어 보인다. 안타깝고 초조한 마음에 잘하지 못하는 아이를 다그친다. 중요한 것은 성공한 이들에게는 모두가 단점으로 보는 바로 그 행동을 장점으로 보고 지지하고 격려해 준 누군가가 있었다는 점이다. 앞서 살펴보았던 회복탄력성 연구를 잊지 말자. '어떤 상황에서도 자신을 무조건적으로 이해하고 지지해 준 단 한 명의 어른.' 우리 아이에게 그 사람이 부모이길 바란다.

아직 단점을 강점으로 전환해서 보는 것이 익숙지 않다면 잠시 연습해 보자. 아이의 단점으로 보이는 성격 특성을 강점으로 바꾸어 보자. 우리 아이의 숨은 자원을 발견할 수 있다. 아이의 성장과 발전은 바로 이 지점에서 시작한다.

고집이 세다는 것은 줏대 있고 자기 확신이 강하다는 뜻이다. 불의에 타협하지 않고 끝까지 자신의 의지를 지켜낼 수 있다는 의미다. 이렇게 자신의 주장을 뒷받침할 타당한 근거를 설명하는 능력을 키워 준다면 멋진 강점이 된다. 수다스러운 것은 활달하고 분위기를 잘 살리며 인간관계를 맺는 능력이 훌륭하다는 뜻이기도 하다. 때와 장소에 맞게 조절할 줄 안다면 어떤 조직에서도 빠지면 안 되는 중요한 사람이 된다. '나대다.'는 원래 '깝신거리고 나다니다.'라는 뜻으로, 얌

성격 특성과 강점

성격 특성	강점
고집 센	
수다스러운	
나대는	
참견하는	
공격적인	

전히 있지 못하고 촐랑거리는 모습을 말한다. 이는 움직임이 빠르고 날쌔며, 빠르게 정보와 분위기를 파악한다는 말도 된다. 역시 때와 장소만 가릴 줄 안다면 훌륭한 능력이다.

 어떤가? 부모가 어떻게 생각하는가에 따라 아이의 장점이 다르게 발전할 수 있다는 생각이 들지 않는가? 우리 아이의 단점으로만 느꼈던 모습이 뒤집어 보면 아이가 앞으로 개발하고 발전시켜 나갈 훌륭한 강점이 된다. 자주 찾아 들려주면 우리 아이가 자기 효능감과 회복탄력성을 가진 아이로 자란다.

⑤ 사고의 말
"어떻게 하면 좋을까?"

**아이에게는
최고의 생각이 있다**

    초등학교 2학년 지민이 엄마는 아이가 7살 때부터 수학을 가르쳤다. 그것도 아이가 혹시라도 공부 스트레스를 받을까 봐 남들보다 늦게 시작했다. 그런데 지민이는 간단한 덧셈도 잘 틀리고 생각보다 수학을 잘하지 못했다. 엄마는 아이를 혼내면 정서에 좋지 않을 것 같아 꾹 참았다. 목소리를 낮추고 심호흡하면서 차근차근 아이에게 말했다. "다시 풀어. 집중해서 제대로 풀어. 정신 차리고 풀면 안 틀릴 수 있잖아."

초등학교에 입학한 후에도 수학 성적은 나아지지 않았다. 그래도 아이가 수학을 싫어하게 될까 봐 많이 혼내지 않았다. 이런 노력에도 불구하고 지민이는 수학의 '수' 자만 들어도 치를 떤다. "수학 싫어요! 재미없어요. 어려워요. 나 수학 못해요." 엄마가 들인 노력에 비하면 어처구니없는 결과다. 아직 그리 어렵지 않은 수준의 수학을 배우는 초등학교 2학년일 뿐인데, 아이가 하는 말은 마치 수학만 생각하면 괴로워 죽겠다는 고등학생 같다.

왜 이런 일이 일어났을까? 지민이처럼 아이가 꼭 해야 하는 공부나 과제를 싫어하게 되는 과정을 살펴보면 한 가지 공통점이 있다. 어떤 방법으로 하고 싶은지 엄마가 물어보지 않았다는 점이다.

아이들은 누구나 공부를 잘하고 싶다. 그런데 꼭 해야 하는 공부에는 진절머리를 친다. 그 이유가 아이에게 있을까? 절대 그렇지 않다. 원인은 단순하다. 엄마가 아이의 생각을 물어보지 않았거나 아이가 좋아할 만한 방법을 제시하지 못했기 때문이다.

숫자 공부를 위해 1부터 100까지 세기를 연습하기 바란다면 먼저 무엇으로 세기 놀이를 할지 질문해 보자. 어떤 아이는 자신이 좋아하는 미니 장난감 자동차로, 어떤 아이는 작은 인형으로 수 세기를 한다. 손가락 발가락으로 숫자를 셀 수도 있고, 아이가 좋아하는 카드를 나누면서 하기도 한다. 아이가 원하는 방법을 물어보기만 해도 힘든 과제를 거뜬히 해낸다. 아이도 스스로 생각할 줄 알고, 그 생각이 기발하고 기특하다는 걸 믿게 된 엄마는 이제 무엇이든 아이에게 묻는 것이 습관이 되었다.

"엄마, 이 카드는 모두 몇 장이에요?"

"글쎄, 모르겠는데 같이 한번 세어 볼까? 가지런히 정리해서 손에 쥐고 같이 세자. 시작!"

"하나, 둘, 셋……."

아주 간단한 대화지만, 엄마는 아이에게 "세어 볼까?" 하고 물어보며 아이가 원하는 방식으로 즐겁게 수학 놀이를 이어 가고 있다. 이렇게 다양한 놀이와 경험 속에서 즐겁게 수 세기를 경험한 아이가 수학 문제를 푸는 건 그리 어렵지 않다. 오히려 자신이 잘 푼다는 사실에 뿌듯해하며 수학 실력을 높일 수 있다.

반면 어떤 경우는 단순한 놀이 대화에서조차 부모가 주도해 아이의 흥미를 사그라지게 만든다. 아이의 느린 손동작이 답답해 엄마가 먼저 카드를 정리해 나누어 주고, 제대로 세라고 잔소리한다.

아이의 현재 능력과 수준, 그리고 받아들일 수 있는 방식을 인정하지 않는 방법은 결과도 좋지 않다. 게임을 하며 놀더라도 아이는 전혀 즐겁지 않다. 정서적으로 도움이 되지 못하니 인지적으로 배울 기회도 놓치게 된다. 놀이조차 이러한데 수학 공부를 하다 혼난 아이는 어떨까? 수 세기든 수학이든 뭐든 어렵고 재미없다는 인식이 뿌리 깊게 자리 잡기 시작한다. 여기서 멈추지 않고 공부하는 것 자체를 거부하고 싫어하게 될 위험이 매우 크다.

공부의 주인공은 아이다. 엄마나 아빠가 그 주도권을 빼앗아 버려서는 안 된다. 어떤 초등 1학년은 아빠에게 수학을 배웠는데, 2학년이 되니 수학 공포가 생겨 버렸다. 그 상태에서 상담실에 온 아이는 배움 자체를 거부했다. 새로운 것을 싫어하고 이미 아는 놀이나 자신이 잘한다는 확신이 있는 것만 하려고 한다. 아이와 친해지고 조금씩 편안해지자 아빠와 무슨 일이 있는지 알아보았다. 아이가 울먹이며 말했다. "아빠가 나 수학 못한다고 새대가리라고 했어요." 요즘 세상에 누가 아이에게 그런 말을 하냐는 생각이 들 것이다. 이제 이런 말이 언어 폭력인 줄은 누구나 다 안다. 그러기에 소문이 나지 않을 뿐이다. 여전히 부모의 폭언과 폭력에 시달리는 아이가 적지 않다.

이런 말을 들은 아이는 이제 숫자가 꼴도 보기 싫다. 이래서는 안 된다. 우리 아이가 수학을 특별히 잘하지 않아도, 천천히 수를 세고 틀리면 다시 세는 모습 자체가 기특하고 대견해야 한다. 그런 시간이 모이면 아이는 수학을 즐기고 좋아하게 된다. 그러기 위해 아이가 좋아하는 학습 방법을 물어보자. 아직 자기 생각을 표현하기 어려워하는 유아기 아이라면 잘 관찰해 보자.

"넌 어떻게 하고 싶니? 넌 어떤 방법을 좋아하니?"

관찰하거나 물어보면 아이의 마음을 알 수 있다. 이렇게 쉽고 효과적인 방법이 있는데 왜 부모는 30년 전 자신의 기억에 갇혀 아이가 어떻게 하기를 원하는지 알아보지도 않는가.

아이는 무엇이든 잘 배우고 좋아할 수 있다. 자신의 개성에 맞는 부분은 호기심과 애정을 더 갖겠지만, 그렇다고 관심 없는 것을 싫어하지는 않는다. 어쩌면 부모의 상호작용 방식으로 인해 아이가 부정적으로 인식하게 되면서 선을 긋고 벽을 세우고 있는 것일 수 있다. 그러니 아이의 생각을 물어봐야 한다.

한 중학교에서 25쌍의 아빠와 아이가 소통의 시간을 가졌다. 아이들에게 다음과 같은 질문을 주고 자기 생각을 적게 했다.

1. 집에 가야 하는데 교통비가 없다. 집까지 걸어가기엔 너무 멀다. 어떻게 할까?
2. 복권 10억이 당첨된다면 그 돈을 어떻게 사용할 생각인가?
3. 엄마의 수술비가 없다. 지금 나는 중학생이다. 내가 할 수 있는 일은?
4. 요즘 되는 일이 하나도 없다. 이때 드는 생각은?
5. 언젠가 아빠와 둘이서만 꼭 가 보고 싶은 곳은?

6. 아빠가 나에게 해 준 말 중 가장 좋았던 말은?

7. 내가 나를 사랑하는 마음에 점수를 매긴다면?

8. 앞으로 내가 하고 싶은 일을 세 가지만 말한다면?

9. 아빠가 도와주기를 바라는 점은?

10. 친구가 함께 학교를 땡땡이치자고 말한다면?

　이 질문에 중학생 아이들은 매우 다양한 답을 내놓았다. 엄마가 아파서 수술해야 하는데 돈이 없다면 어떻게 하겠느냐는 질문에 '나중에 일해서 갚기로 하고 빌린다.'라는 의견부터, '의사를 설득해서 우선 수술부터 받게 하고 돈은 나중에 구하겠다.'라는 아이도 있었다. '친척에게 빌리겠다.'라는 아이도 있고, '정말 형편이 어렵다면 SNS에 사정을 알려서 도움을 청하겠다.'라는 의견도 있었다. 아이들은 어떤 경우든 포기하지 않고 아이디어를 내서 문제를 해결하려고 했다.

　평소 무절제한 생활 태도로 속을 썩이던 아이가 '로또에 당첨된다면?'이라는 질문에 미래를 위한 계획과 마음에 품고 있던 원대한 꿈을 쏟아 냈다. 부모는 평소처럼 흥청망청 써 버리겠다고 할 줄 알았다며 눈물이 글썽였다. 아이의 마음속에 이런 생각이 자리잡고 있다는 걸 전혀 예측하지 못했다고 했다. 큰돈이 생기면 남을 돕겠다는 아이도 있었고, 자신의 성장과 발전을 위해 공부에 투자하겠다는 아이도 있었다. 부모님을 위해 집과 자동차를 사고 세계 일주를 보내드리겠다는 의견은 두말할 것도 없다. 이런 이야기를 들은 아빠들의 반응은 한마디로 '놀라움'이다. 모두 입을 모아 "아이들이 이렇게 기특한 생각을 하는 줄 몰랐다.", "이렇게 사려 깊은 아이인 줄 몰랐다."라고 말한다. 그럴 수밖에 없다. 아이의 생각을 물어본 적이 없기 때문이다.

우리 아이는 이런 질문에 어떤 대답을 할까? 살면서 부딪치는 상황은 순간순간 매우 다양하다. 아이의 생각을 물어보자. 아이가 어려도 좋다. 혹시 아무 생각이 없다고 말해도 실망할 필요는 없다. "어떻게 하면 좋을까?"라고 물어보는 순간부터 아이의 생각이 시작될 테니 말이다. 아이가 자라면서 한창 호기심이 커 갈 때 늘 하는 말이 있다. "왜?", "이건 뭐야?", "어떻게 하는 거야?" 아이는 왜 이런 질문을 할까? 바로 호기심 때문이다. 아이의 시선으로 보는 세상은 어른이 보는 것과는 조금 다를 수 있다. 어른 입장에서는 아이가 모르는 것을 가르쳐 주고 싶어 안달이지만, 별로 의미가 없다. 아이들은 어른이 이미 잃어버린 가능성과 상상력, 창의성의 눈으로 세상을 보고 있다. 그래서 어른이 미처 보지 못하는 것을 아주 많이 본다. 아이들의 보석처럼 빛나는 생각들을 만날 때마다 참 짜릿하다. 그래서인지 늘 아이들의 마음속에서 길을 찾게 된다. 어른의 생각보다 더 새롭고 창의적이다. 이런 아이의 마음에 궁금증을 가지기 바란다. 당신은 아이에 대해 호기심이 있는 부모인가? 그렇다면 아이에게 물어보자.

"넌 어떤 게 좋아?"
"이럴 땐 어떻게 하고 싶니?"
"엄마가 어떻게 도와줄까?"
"아빠랑 새로운 거 한번 해 볼래?"

아이의 의견을 물을 때마다 커 가는 아이의 마음을 볼 수 있다. 아이의 생각이 어느새 훌쩍 커 있음을 느낄 때 엄마의 행복감도 함께 부풀어 오른다. 혹시 아이의 마음을 물어보는 말이 쉽지 않다면 살펴볼 것이 있다. 아직 아이를 믿지 못하기 때문은 아닐까? 아이가 하는 말은 다 생각이 부족해서, 아는 것이 없어서, 철이 없어서 하는 말이라고 생각하기 때문은 아닐까? 이런 생각이 든다면, 걱정과 불안으로 가득한 부모의 마음을 먼저 살펴보고 다독이는 과정이 필요하다. 아이에게는 최고의 생각이 있다는 사실을 믿고 엄마의 말을 시작해 보자.

Part 3

긍정적 의도를 찾으면 아이의 행동이 달라진다

01

적극적인 아이로 키우는 엄마의 한마디

학습된 무기력

"우리 아이는 능력도 있는데 왜 미리 포기할까요?"
"새로운 경험을 해 봐야 배울 수 있을 텐데 왜 시도해 보지도 않을까요?"
"왜 해 봤자 안 된다고 생각할까요?"

혹시 우리 아이가 이런 모습을 보이는가? 자신감 없고 시도하지도 않으려는 모습을 보인다면 부모가 가장 먼저 알아야 할 중요한 심리 증상이 있다. 바로 '학습된 무기력'이다.

학습된 무기력은 미국 심리학자 마틴 셀리그먼과 동료 연구자들의 연구에서 등장한 용어다. 1967년 셀리그먼은 개 24마리를 세 집단으로 나누어 상자에 넣고 전기 충격을 주는 연구를 진행했다. 제1집단의 개에게는 조작기를 누르면 전기 충격을 멈출 수 있는 환경을 제공했다. 제2집단은 조작기를 눌러도 줄에 묶여 있어 전기 충격을 피할 수 없고 어떠한 대처도 할 수 없는 환경을 만들었다. 제3집단은 전기 충격을 주지 않았다. 24시간 후 세 집단 모두를 다른 상자에 옮겨 놓고 다시 전기 충격을 주었다. 단 이번에는 세 집단 모두 상자 중앙에 있는 장애물만 넘으면 전기 충격을 피할 수 있게 했다.

자신의 노력으로 성공적으로 전기 충격을 피한 경험이 있는 집단, 아무리 노력해도 소용이 없었던 집단, 아무런 고통도 제한도 경험하지 않은 집단. 어떤 결과가 예측되는가?

제1집단과 제3집단은 중앙의 장애물을 넘어 전기 충격을 피했다. 제1집단은 이미 스스로 성공적으로 극복한 경험이 있었기에 가능했고, 제3집단은 처음 충격을 받고 노력해서 상황을 극복한 제1집단의 처음 모습과 유사했다.

제2집단은 어땠을까? 제2집단의 개 중 3분의 2는 전기 충격이 주어지자 무기력하게 구석에 웅크리고 앉아 고통을 고스란히 느끼고 있었다. 더는 어떤 노력도 하지 않는 모습을 보였다. 자신이 어떤 일을 해도 그 상황을 극복할 수 없을 것이라는 무기력이 학습된 것이다.

셀리그먼은 피할 수 없는 전기 충격을 경험한 개들이 얼마든지 피할 수 있는 전기 충격이 가해진 경우에도 피하려고 노력하지 않는 모습을 보고, 이를 '학습된 무기력'이라고 이름을 붙였다. 아무리 노력해 봤자 성공할 수 없다고 느끼고, 성공할 수 없으니 차라리 아무것도 하지 않으려는 현상을 말한다. 이유는 간단하다. 노력해도 피하지 못하는 상황이 반복되다 보면 나중에는 얼마든지 극복할 수 있는 상황이 되어도 아예 시도조차 않고 자포자기한다. 여기서 중요한 점은 무기력은 전기 충격 때문이 아니라 전기 충격을 자신이 통제할 수 없다는 사실을 학습했기 때문이라는 것이다.

사람은 어떨까? 셀리그먼의 동료 도널드 히로토는 사람을 대상으로 실험을 실시했다. 버튼을 누르면 소음을 멈출 수 있는 곳, 버튼을 눌러도 소음이 멈추지 않는 곳, 어떤 소음도 없는 곳으로 나누어 세 집단을 분리했다. 결과는 개를 대상으로 한 실험과 마찬가지였다. 첫 번째 실험에서 자기 힘으로 상황을 통제할 수 없었던 집단은 두 번째 실험에서 소음이 계속되어도 멈추려고 노력하지 않았다. 대부분 수동적으로 앉아서 불쾌하고 고통스러운 소음을 그저 받아들이고 있었다. 버튼을 눌러도 소용이 없었던 과거의 경험이 무기력을 학습하게 한 것이다. 만약 당신이 이 실험에 참여했다면 어땠을지 상상해 보기 바란다.

3분의 1은
절대 무기력해지지 않았다

셀리그먼은 학습된 무기력을 세상에 발표하고 세계적으로 주목받는 심리학자가 되었다. 그만큼 이 생각은 당시로서는 매우 획기적이었다. 그러던 어느 날 셀리그먼은 전혀 예상치 못한 질문을 받게 된다. 피할 수 없는 전기 충격을 경험했음에도 전혀 무기력해지지 않았던 나머지 3분의 1의 개들에 대한 질문이었다. 왜 그 개들은 무기력을 학습하지 않고 전기 충격을 피하기 위해 움직였을까?

사람도 마찬가지였다. 실험에서 피할 수 없는 소음을 경험한 사람 중 3분의 1 정도는 무기력해지지 않았고 소음을 멈추기 위한 행동도 적극적으로 시도했다. 왜 이런 현상이 나타났을까? 그렇다면 무기력이 어떻게 학습되는지 알아내는 것도 중요하지만 어떤 힘이 무기력을 이겨 내게 하는가를 알아내는 게 더 큰 핵심이 아닐까? 자신의 힘으로 어찌할 수 없는 상황을 경험하고도 무기력에 빠지지 않고 다시 극복하기 위해 노력하는 힘은 무엇인가? 어떤 사람이 그런 힘을 마음속에 가지고 있는 걸까?

이 힘은 바로 회복탄력성에 있다. 만약 우리 아이가 이런 상황이라면 과연 아이는 무기력에 무릎 꿇지 않고 다시 극복하기 위해 노력할 수 있을까? 우리가 바라는 것은 바로 여기에 있다. 혹시 우리 아이가 지금은 학습된 무기력 상태라 해도 다시 일어서려면 어떻게 해야 할까? 셀리그먼의 이후 연구에서 답을 찾을 수 있다.

셀리그먼은 저서 《학습된 낙관주의》에서 사람들이 세상을 바라보는 태도에 따라 삶이 크게 달라진다고 설명한다. 그는 어려움에 부딪혔을 때 이를 영구적이고 보편적인 실패로 받아들이면 비관주의로 이어지고, 반대로 일시적이고 특정한 사건으로 해석하면 낙관주의로 이어진다고 보았다. 즉 같은 상황에서도 어떻게 해석하느냐에 따라 다시 도전할 힘을 얻기도 하고, 무기력에 빠지기도 한다는 것이다.

자신이 겪은 좌절의 원인을 어떻게 생각하는가? 희망적이고 낙관적으로 생각하는지, 비관적으로 생각하는지 그 차이에 따라 결과가 완전히 달라진다. 당신은 둘 중 어느 쪽에 해당하는가? 단적으로 나눌 수는 없지만 대강 자신이 어떤 경향이 더 강한지는 알고 있다. 그렇다면 우리 아이는 어떨까? 부모가 아이에게 하는 말, 아이가 부모에게 하는 말이 어쩌면 우리 아이 마음의 방향키를 나타내는 말은 아니었을까?

"어휴, 너 바보야? 도대체 나중에 어떡할래? 제대로 하는 게 하나도 없잖아!"

"내가 그렇지 뭐. 난 잘하는 게 하나도 없어. 운도 나빠. 결국 실패할 거야. 이제 끝났어."

무심코 했던 이런 말들이 이미 우리 아이의 마음과 행동 방향을 결정하고 있다는 사실이 무섭게 느껴지기도 한다. 엄마가 비관적인 성향이 강하면 아이를 낙관적으로 키우기는 어렵다. 자신도 모르게 아이가 비관적으로 생각하도록 자극할 테니 말이다. 이제 다시 한번 차근차근 알아보자. 3분의 1은 어떻게 그런 낙관성을 갖게 되었을까?

무기력은
영원하지 않다

　부정적인 것을 제거하는 것이 곧 긍정적인 것을 낳는 것은 아니다.
― 마틴 셀리그먼, 미국 심리학자

　무기력이 학습된 상황에서 전기 충격을 없앤다고 다시 긍정적이고 활동적으로 변할 수 있을까? 그렇지 않다. 강압적 분위기에서 양육된 아이는 더는 압박을 가하지 않아도 늘 주눅이 들어 있다. 신체 폭력을 당하고 자란 아이는 누군가 목소리만 높여도 움찔하며 겁에 질린다. 언어 폭력을 당하고 자란 아이는 더 이상 부모가 심한 말을 하지 않아도 마음속에 그 말들이 자리 잡아 자신을 공격하는 말을 하게 된다. 그러니 부정적인 것을 제거하는 것만으로는 아이의 마음과 행동이 다시 긍정적으로 전환되기 어렵다.

우리는 좌절을 자주 경험하면 다시는 도전하지 않게 된다는 것을 경험적으로 잘 알고 있다. 그런데도 다시 건강하게 헤쳐 나가는 사람을 간혹 만나게 된다. 그들은 어떻게 새로운 도전을 과감하게 할 수 있는 걸까?

셀리그먼의 실험으로 다시 돌아가 보자. 그는 도전을 포기한 개들, 즉 무기력을 학습한 개들을 안아서 장애물 너머 안전한 곳으로 데려다 놓았다. 한 번으로 그치지 않고 여러 번 반복했다. 자신의 힘으로 극복할 수 없었던 개들이 도움을 받아 안전한 곳으로 옮겨진 것이다. 그 개들에게 어떤 변화가 일어났을까? 무기력했지만 안전한 곳으로 옮겨진 경험을 한 개들은 얼마 지나지 않아 칸막이를 넘어서는 법을 배웠다. 안전하게 구조되는 새로운 경험을 통해 자신도 행동하면 무엇이든 가능하다는 사실을 새로이 깨닫게 된 것이다. 셀리그먼은 어릴 때 그런 반응을 배운 강아지가 커서도 학습된 무기력을 잘 극복해 내는 것을 발견했다.

사람은 어떨까? 좌절하고 무기력해졌던 아이들도 따뜻한 보살핌 속에서 안전하게 지켜진다면 다시 힘을 내어 극복할 수 있지 않을까?

 '난 잘하는 게 없어.'
'나는 해 봤자 소용없어.'

'해도 잘 안 될 거야.'

'집중도 못 하는데 뭘 하겠어. 그러니 뭘 하려고 노력할 필요도 없는 거야.'

우리 아이가 혼자 마음속에서 이런 말을 되새기고 있다면 '안전한 곳으로 옮겨 놓는 작업'이 필요하다. '난 부족하다, 못 한다, 어리석다.'라는 고통스러운 공격 속에 머물게 하지 말고, 마음이 편안하고 안전한 곳으로 옮겨 놓아야 한다. 한 번이 아니라 여러 번 반복해서 해야 한다. 이렇게 보호받는 경험을 다시 제공해야 아이가 스스로 회복력을 가질 수 있다.

이제 우리 아이가 실수하고 실패하며 넘어질 때 다시 안전함을 느낄 수 있도록 돕는 방법을 고민할 때다. 부모의 어떤 말과 행동이 아이의 심리적 회복을 가능하게 하는 안전장치가 될까?

가장 강력한 힘을 발휘하는 말이 있다. 실수 속에 숨어 있는 다른 의미, 실패 속에서도 얻을 수 있는 소중한 가치, 그리고 그 안에서 아이가 간직하고 노력했던 긍정적 의도를 찾아 주어야 한다. 그래야 비록 실수하고 실패하더라도 좋은 의도를 가지고 노력했음을 깨닫고, 그 훌륭함이 앞으로 자신을 성장의 길로 이끌어 갈 것이라고 확신하게 된다.

그런 확신은 단순히 좋은 말만 들려준다고 마음에 뿌리를 내리기 어렵다. 아이 밖에서 찾을 것이 아니라, 아이의 마음속과, 지금까지 해 온 수많은 행동 속에서 발견해 말해 주자.

"네가 얼마나 훌륭한 사람인지 알아? 넌 어떤 일을 하든 항상 좋은 의도로 행동했어. 엄마가 속상할까 봐, 동생 버릇이 나빠질까 봐 걱정하는 좋은 의도가 있었어. 비록 결과는 좋지는 않았지만, 이 또한 너에게 꼭 필요한 과정이라 생각해. 넘어지지 않고 걸음마를 배우지 못하잖아. 네가 걸음마 배울 때 몇 번 넘어졌는지 아니? 하루에 수십 번도 더 넘어졌지. 그때마다 넌 벌떡벌떡 일어났어. 넌 그런 아이야."

부모가 아이에게 주는 마음의 선물 가운데 자신이 훌륭한 사람임을 깨닫게 하는 것만큼 중요하고 의미 있는 것이 또 있을까? 이것이야말로 부모가 아이에게 주는 진정한 사랑의 형태임을 기억하자.

- 동생을 때렸지만 때리지 않으려 노력했던 자신을 깨닫기.
- 공부가 싫다고 외쳤지만, 사실은 자신도 공부를 잘하고 싶다는 마음이 있음을 깨닫기.
- 무심코 한 행동이 남을 도와주고 배려하는 행동임을 깨닫기.

아이가 자기 존재의 소중함과 훌륭함을 스스로 깨닫기에는 장해물이 많다. 아이를 둘러싼 대부분 환경이 아이에게 얼마나 부족하고 못났는지만 말하고 있다. 그 와중에 한줄기 빛처럼 아이의 존재를 빛나게 하는 말을 들려주자.

말의 순서만 바꿔도
아이의 태도가 달라집니다

**문제 행동에도
긍정적 의도가 숨어 있다**

 엄마의 다섯 가지 전문용어 중에서 긍정적 의도를 따로 강조하는 이유가 있다. 아이가 겪는 실수와 실패의 경험에서도 자신이 좋은 사람이고, 미처 자각하진 못했지만 늘 노력하는 모습을 이미 가지고 있음을 확인해 주는 말이기 때문이다. 막연한 칭찬과 격려는 힘이 없다. 하지만 이미 마음속에 자리 잡은, 나라는 존재의 가치와 중요성을 깨닫는 말은 지금 현재 우리 아이에게 심각한 문제가 있다 해도 다시 시작할 힘을 주는 생명력의 원천이 된다. 이제 아이의 크고 작은 문제 행동 속에 어떤 긍정적 의도가 있는지 찾아보자.

긍정적 의도를 찾는 말은 먼저 아이의 문제 행동을 다르게 보는 시각의 변화에서 시작된다. 고정관념은 생각보다 강하다. 따라서 색다르고 긍정적인 관점을 갖기 위해서는 연습이 필요하다는 점을 꼭 기억하면 좋겠다.

다음은 잘 고쳐지지 않는 아이의 문제 행동들이다.

- 아무리 깨워도 일어나지 않고 이불 속에서 뒹군다.
- 빨리 씻고 옷 입으라고 했더니 딴짓만 하고 있다.
- 유치원, 학교에 가기 싫다고 떼를 쓴다.
- 준비물을 챙기지 않는다
- 학교에 다녀오면 인사를 하지 않는다.
- 묻는 말에 대답을 잘 안 한다.
- 유튜브 그만 보고 숙제하라고 말해도 듣지 않는다.
- 남의 물건을 말없이 가져온다. 훔친다.
- 게임 규칙을 자꾸 어기고 반칙을 써서라도 이기려고 한다.

아이가 이렇게 행동할 때 지금까지 어떤 말로 반응했는가? 그 방법은 효과가 있었나? 만약 효과가 있었다면 순순히 좋은 행동을 했는가, 아니면 불퉁한 표정으로 억지로 행동했는가? 만약 억지로 부모의 말을 들었다면 지금 당장은 효과가 있어 보여도 결국에는 실패한 것이나 마찬가지다. 시간이 지나면 분명 엉뚱한 데서 문제가 불거진다. 한마디로 부모가 더 힘이 세서 아이가 굴복한 것이다. 게다가 아이는 부모가 자신을 이해하지도 못하고, 사랑하지도 않으며, 자기 멋대로 한다고 생각하며 원망을 쌓는다. 무엇보다 이렇게 반복되는 일상을 지긋지긋하게 느낀다.

아이가 커 가는 소중한 시간을 이런 식으로 보내는 것은 불행한 일이다. 순간순간이 이어져 우리의 삶을 이루는데, 그것이 아이에게 고통스럽다면 안타깝기 그지없다. 더구나 이런 부정적인 마음들이 누적된 채 사춘기가 되면 예상치 못한 일이 발생한다. 요즘은 아이의 사춘기를 미리 두려워하는 부모가 많다. 의아한 점은 계속 이런 방식으로 하다간 사춘기때 폭발하게 된다는 걸 알면서도 다른 방식의 양육으로 전환하지 못한다는 데 있다. 이래서는 아이 성장에도 악영향이 생길 뿐 아니라 부모 역할도 더더욱 힘들어진다. 그런 불행한 일을 예방해야 한다.

이제 엄마가 먼저 아이 마음을 제대로 알아보자. 문제 행동을 하고 싶은 것도 아이의 마음이지만, 참으려 애를 쓰는 좋은 의도 역시 아이의 마음이다. 지금까지 부정적인 부분을 찾아내서 아이를 걱정하고 다그쳤다면 이제는 좀 다르게 해 보자. 아이의 행동에 숨어 있는 긍정적 의도를 먼저 찾아보자.

물건을 훔친 아이가 있다. 그 아이는 대가를 지불하지 않고 남의 물건을 욕심냈다. 분명히 나쁜 짓이다. 아이가 왜 그렇게 했을까? 왜 엄마에게 돈을 달라고 말하지 못했을까? 이유는 많다. 분명히 안 된다고 할 테니까. 쓸데없는 것을 갖고 싶어 한다고 혼날 테니까. 다른 이유도 있다. 엄마의 주머니 사정이 걱정되어서라거나, 사 줄 형편이 안 되는데 사 달라고 하면 속상하실 것 같아서 등이다. 이 중 긍정적 의도는 무엇인가? 부모의 속상함과 경제 사정을 걱정하는 예쁜 마음이 바로 아이의 긍정적 의도다. 아이의 마음이 이해된다면 이제 이렇게 말해 보자.

"엄마가 속상해할까 봐 사 달라는 말을 못 했구나."
"우리 집 형편이 안 좋은 걸 걱정했구나."

말의 순서만 바꿔도
아이의 태도가 달라진다

울화통이 터지는데 어떻게 이렇게 말할 수 있느냐고 따지고 싶은 생각도 들 것이다. 또 이렇게 말하면 아이의 잘못된 행동은 언제 지적하고 고치는지 걱정도 될 것이다. 이런 마음이 드는 이유 또한 좋게 말해도 소용없을 거라는 양육 신념이 강하기 때문이다.

우리 아이는 결코 나쁜 존재가 아니다. 세계적인 심리학 이론과 심리학자들의 객관적인 연구 결과를 믿어 보자. 소싯적에 문제를 일으켰던 친구들이 나중에 건실하게 살아가는 모습을 보면 알 수 있다. 그들의 사연을 들어 보면 늘 자신을 진심으로 사랑하고 믿어 주고 격려해 준 한 사람이 있었다.

엄마가 긍정적 의도를 읽어 줬을 때 눈물을 글썽이지 않는 아이는 없다. 자기도 미처 깨닫지 못했던 자신의 마음을, 가장 깊숙이 숨어 있던 자신의 예쁜 마음을 사랑하는 엄마가 따뜻하게 말해 주는데 어떻게 마음이 움직이지 않겠는가? 엄마가 아이의 긍정적 의도를 말해 주면 아이의 마음은 올바른 방향으로 움직이기 시작한다. 엄마에게 너무 고맙고 미안한 마음이 든다. 그리고 엄마가 자신을 얼마나 사랑하는지 진심으로 깨닫는다. 다시는 잘못된 행동을 하지 않겠다고 스스로 다짐한다. 예전과 달리 옳은 행동으로, 성숙한 행동으로 자신의 마음을 표현한다. 물론 이런 현상은 마음속에서 일어나기에 부모 눈에 쉽게 보이지 않을 수 있다. 자신도 몰랐던 가치 있고 빛나는 말을 들려주었을 때 아이의 마음에서 무슨 일이 일어나고 있는지 찬찬히 살펴보자.

어떤 아이는 보드게임을 하다가 질 것 같으면 반칙을 쓴다. 주사위를 굴려 원하는 숫자가 나오지 않자 실수로 떨어뜨렸다며 다시 하겠다고 우기기도 하고, 자신이 바라는 수가 5인데 4가 나왔으면 4칸을 가는 척 5칸을 가서 이로운 점수를 획득한다. 친구가 지적하면 왜 사람을 의심하냐며, 기분 나빠서 게임을 안 하겠다고 판을 엎어 버리기도 한다. 이런 아이가 지는 상황에서 미리 긍정적 의도를 읽어 주면 태도가 완전히 달라진다.

 "질 것 같아서 마음이 조마조마하지? 그래도 규칙을 잘 지키려 애쓰네."

반칙을 할까 말까 하는 내면의 갈등 상황에서 규칙을 지키려는 긍정적 의도를 읽어 주면 백이면 백, 전부 규칙을 지킨다. 질 것 같아서 엎어 버리고 싶은 마음을 잘 조절하게 되는 것이다. 이런 경험을 단 한 번이라도 한다면 부모가 아이의 긍정적인 의도를 읽어 주는 것이 훨씬 수월해지기 시작한다.

아이의 문제를 말하지 말라는 게 아니다. 무엇을 먼저 말하는가의 문제다. 대화에서 특히 중요한 요소가 바로 '초두 효과'다. 초두 효과란 처음에 제시된 정보가 더 잘 기억되는 현상을 말한다. 그래서 발표나 광고 등 모든 분야에서 가장 중요한 내용을 제일 처음에 말하는 것이 보통이다. 아이와의 대화는 초두 효과가 더욱 중요하다. 많은 부모가 실수하는 부분이 바로 이 지점이다. 실컷 혼내고 나서 아이가 주눅 들어 있을 때 그래도 잘하고 있는 것도 많다고 말한다. 부모의 위로는 전혀 기억나지 않고, 혼내며 한 말에 대한 상처만 가슴에 새기게 되는 이유도 바로 여기에 있다.

아이를 가르칠 때는 먼저 긍정적인 부분을 이야기해 주고, 그다음에 고쳐야 할 부분을 이야기하면 충고를 더 쉽게 받아들인다. 아이가 가진 부정적인 면을 먼저 말하고 긍정을 말하는 방식, 즉 '넌 이런 것을 고쳐야 한다. 하지만 이런 건 괜찮다.'라고 해 봐야 아이는 받아들이기 어렵다. 이것은 말의 순서 차이에서 비롯된다.

아이는 먼저 엄마 입에서 툭 튀어나오는 부정적인 말에 영향을 받는다. 아이가 허락 없이 남의 물건을 가져왔을 때, 지금까지 아이에게 했던 말을 생각해 보자.

"너는 뭐가 되려고 이런 행동을 하니."

"어떻게 이런 짓을 하니!"

"이런 행동은 나빠! 이건 도둑질이야. 절대 다시는 이래서는 안 돼."

이때 부모의 말은 온통 부정적이고 아이는 그 말에 영향을 받는다. 아무리 혼을 내고 훈계해도 문제 행동이 고쳐지지 않는 이유 중의 하나가 바로 부모의 말에 있다. 아이에게 다시는 나쁜 행동을 하지 않겠다는 다짐을 받고 싶다면, 엄마가 꼭 먼저 해야 하는 말이 있다. 바로 아이의 긍정적 의도를 읽는 것이다. 아무리 문제 행동이라 해도 그 행동 속에 숨어 있는 긍정적 의도를 충분히 읽은 다음 말해 주기 바란다.

말 연습이 필요하다

말이 중요하다는 것을 알지만, 막상 그 상황이 되면 생각나지 않는데 어떻게 해야 하느냐고 하소연하는 경우가 많다. 아무리 쉽고 좋은 말이라 해도 사용하지 않던 말은 입에 붙지 않기 마련이다. 한마디일 뿐인데 어색하기 짝이 없다. 들어 본 적도 없고 말해 본 적은 더더욱 없으니 당연하다. 이럴 때 필요한 것이 바로 연습이다. 처음부터 두발자전거를 잘 타는 사람은 없다. 연습이 필요하다.

아이의 긍정적 의도를 알아주는 것이 좋다고 머리로는 이해했지만, 아직 나의 언어로 만들지 못했고 얼마나 효과적인지 경험도 부족하다. 딱 10마디만 해 보자. 아마 두세 번 정도만 말해 봐도 아이의 행동이 변하는 것을 경험하게 되겠지만, 그래도 의심이 드는 경우를 대비해 10번으로 권하고 싶다. 그 10번은 제대로 말해 봐야 한다. 그래야 성공 경험이 인식의 변화로 이어지기 때문이다. 다음 상황에서 아이의 말과 행동에서 나타나는 긍정적 의도가 무엇인지 찾아보자.

다음 글을 읽고 질문에 답해 보자. 기왕이면 직접 써서 눈으로 확인하기 바란다.

> 7살 난 여동생이 오빠와의 가위바위보에서 졌다. "몰라! 다시 해! 오빠가 늦게 냈어!"라고 소리 지르며 오빠를 때린다. 오빠는 "그만해. 또 우기냐. 때리지 말라고!" 하고 크게 소리 지르며 일어나서 방으로 들어간다. 동생은 따라가서 오빠 옷을 붙잡고 늘어진다. 오빠는 동생을 밀친다.

질문 1 평소 당신이라면 동생에게 무슨 말을 하겠는가?

질문 2 평소 당신이라면 오빠에게 뭐라고 말하겠는가?

질문 3 질문 1, 2에서 답한 말들로 인해 아이가 바람직하게 달라지는 효과가 있었는가?

질문 4 동생은 오빠가 늦게 냈다고 우기며 오빠를 때리고 옷을 잡고 늘어졌다. 동생 행동의 긍정적 의도는 무엇인가?

질문 5 오빠는 소리 지르고 때리는 동생에게 같이 소리 지르고 방으로 들어가려다 동생을 밀쳤다. 오빠 행동의 긍정적 의도는 무엇인가?

오빠에게 우기고 때리는 동생의 행동도, 화내며 잘 포용하지 못하는 오빠의 행동도 문제로 보일 수 있다. 하지만 계속 강조하듯이 충고나 훈계, 설교는 효과가 없다. 이 상황에서 아이들이 마음속에 가지고 있는 긍정적 의도를 찾아보자.

동생은 이기고 싶다. 오빠에게 자신이 이길 때까지 계속해 달라고 요구한다. 그런데 동생이 아는 최선의 방법은 떼쓰고 오빠를 때리는 것이다. 동생의 긍정적 의도는 이기고 싶다는 것, 자신이 아는 방식으로 최선을 다하는 것, 오빠랑 재미있게 놀고 싶은 마음이다. 여기에 이겨야 더 재미있을 것이라는 믿음이 작용한 것이다. 부모는 이런 마음을 알아주면 된다. 우선 긍정적 의도를 읽어 주자. 그런 다음 제대로 표현하지 못해 복잡한 마음을 읽어 주면 된다. 문장이 길면 아이가 못 알아 들을 수 있으니 짧은 문장으로 표현하는 것이 더 효과적이다.

"오빠랑 재미있게 놀고 싶었구나. 그런데 져서 속상했어."
"가위바위보를 다시 하고 싶었구나. 그런데 오빠한테 말하는 방법을 몰랐어."
"오빠가 양보해 주기를 바랐구나."

밑줄 친 부분은 모두 아이의 예쁜 마음이다. 다만 아이는 자신의 의도를 표현하는 좋은 방법을 알지 못한다. 그러니 좋은 의도가 있었음에도 의도는 잊은 채 마음에 들지 않는 결과에 연연한다. 이때 엄마도 결과만 가지고 충고하는 것은 소용이 없다. "때리니까 안 되지. 안 때리고 말해야지."라고 수없이 훈계를 해 봤지만 효과가 없지 않았는가? 아이들은 자신의 긍정적 의도를 속속들이 알아줄 때 그제야 바람직한 방법을 사용하고 싶다고 생각한다.

오빠의 긍정적 의도도 살펴보자. 오빠는 동생이 규칙을 잘 지켜 주기를 바란다. 자신이 꼭 이기기만을 바라는 것은 아니라는 말이다. 게다가 동생은 오빠를 때렸지만, 오빠는 동생을 때리지 않았다. 상황을 끝내기 위해 자리를 피하려는 노력도 했다. 동생이 붙잡고 늘어지자 그제야 밀치기만 한다. 상황을 조용히 끝내고 싶다는 긍정적 의도가 확연히 드러난다. 이때 오빠에게 양보하지 않았다거나 동생을 밀쳤다고 혼내는 말을 한다면 억울함만 쌓일 것이다. 이럴 때는 오빠의 긍정적 의도를 읽어 주자.

> "동생하고 놀아 주려고 했는데 우기기만 해서 속상했겠다."
> "동생이 때려도 끝까지 참아 주려고 했구나."
> "싸우지 않고 끝내려고 자리를 피하다니 정말 대단하다."

엄마가 이렇게 자신의 좋은 의도를 알아주면 오빠도 더는 억울해하지 않고 동생을 향한 미움도 남지 않는다. 아마 이런 행동을 계속

하면 친구들에게 왕따를 당할 거라고 동생을 걱정해 주는 말도 할 것이다. 아이와 이렇게 한번 성숙하게 대화해 보자. 대화가 완성된 후 엄마와 두 아이의 마음에 남는 것은 무엇일까? 궁금하다면 대화가 끝난 다음 아이의 행동을 관찰해 보면 된다. 분명 두 아이는 잠시 후 아무 일 없었다는 듯이 다시 사이좋게 놀고 있을 것이다.

아이 말 속의
빛나는 진심을 찾아라

우리 아이가
달라졌어요

7세 딸 지윤이와 5세 아들 지혁이를 둔 엄마의 생일날이다. 아이들은 그날 아침 아빠의 말을 듣고서야 엄마의 생일을 알았다. 저녁에 가족이 함께 외식을 하기로 했다. 그런데 함께 유치원에 다녀온 두 아이가 뭔가를 쑥덕이더니 방에 들어오지 말라며 문을 잠근다. 거실에 앉아 있던 엄마는 잠시 후 두 아이의 초대를 받는다.

"엄마, 이리 와 보세요."

"왜?"

"그냥 우리 방에 오세요."

둘이 나와서 엄마의 양손을 끌고 일으켜 세운다. 아이 방에 들어간 엄마는 방 안에 펼쳐진 장면을 보고 놀란다.

"와! 이게 뭐야?"

"엄마, 생일 축하 파티야."

엄마는 "이따 저녁에 할 거잖아."라고 말하려다 멈추었다. 아이들은 어느새 작은 상을 갖다 펴고 그 위에 초를 꽂은 초콜릿 빵을 올려 놓았다. 옆에는 과자와 귤도 차려 놓았다. 엄마더러 자리에 앉으라더니 촛불을 켜 달란다. 초를 켜자 두 아이가 생일 축하 노래를 부르기 시작한다. 노래가 끝난 후 두 아이는 종이를 접은 카드를 하나씩 갖다 내밀었다.

엄마는 감동의 도가니다. 아이를 키우며 느끼는 기쁨이 바로 이런 것 아닐까? 서툰 고사리손으로 "엄마 사랑해요."라고 쓰고 하트도 빵빵 날려 주는 두 아이의 행동에 엄마는 가슴이 먹먹하고 눈물이 핑돈다. 엄마로 살아 보면 이런 시간만큼 소중한 것은 없다. 늘 사랑을 주기만 해야 하는 대상으로 알았는데 어느새 이만큼이나 커서 자신도 엄마를 얼마나 사랑하는지 표현할 줄 알게 되었다. 주고받는 사랑만큼 사람을 행복하게 하는 것이 또 있을까? 특히 아이가 주는 사랑은 세상에서 가장 감동적이다. 엄마는 아이들에게 감사 표현을 했다.

"얘들아, 무척 고마워. 정말 감동했어. 너희의 엄마라서 너무 자랑스러워."

아이들은 환하게 미소 지으며 더 예쁜 짓을 하려 애쓴다. "엄마, 어깨 주물러 드릴까요?"라거나 "나 이제 공부해야지."라며 풀다 만 학습지를 가져다 엄마 앞에서 공부하는 시늉을 한다. 아이는 자신의 어떤 행동이 엄마를 기쁘게 하는지 잘 알고 있다. 그런 누나를 본 5살 동생도 책 읽는 시늉을 한다. 이런 시간은 무척 소중하다.

이렇게 예쁜 지윤이와 지혁이의 6개월 전 모습은 전혀 이렇지 않았다. 엄마는 두 아이와 씨름하느라 종일 신경이 곤두섰다. 누나는 동생이 싫다며 갖다 버리라는 말을 수시로 했으며, 때로는 동생이 차에 부딪혔으면 좋겠다는 끔찍한 말도 내뱉었다. 동생도 만만치 않았다. 누나가 뭔가 가지고 있으면 무작정 달려와서 빼앗고, 마음대로 안 되면 발로 차고 때리고 깨물기 일쑤였다. 두 아이가 엉겨 붙어 소리 지르고 싸우지 않는 순간이 거의 없다고 느껴질 정도였다. 엄마는 두 아이의 싸움에 넌덜머리가 났다. 엄마는 두 아이를 동시에 같이 상담해서 아이들을 확 바꿔 달라고 부탁했다. 그렇지만 아무리 유능한 심리상담사라도 마법처럼 한순간에 아이들을 변화시키지는 못한다. 어느 정도 시간이 지나고 생각하면 '참 많이 달라졌다.' 싶은 변화는 얼마든지 가능하지만 말이다.

우선 엄마에게 그렇게 싸우고 종일 난동을 부리는 두 아이의 마음속에 예쁜 모습이 있다는 사실을 믿는지 질문했다. 그러자 엄마는 "그렇겠죠. 당연히 뭔가 있겠죠. 하지만 지금 당장 제가 못 견딜 것 같아요. 제발 어떻게 좀 해 주세요."라며 하소연했다. 두 아이와 함께 만나는 첫날 누나와 동생은 주뼛거리며 책상 앞에 앉았다. 잠시 아무 말 없이 아이들을 바라보았다. 이런 상황이 낯설고 지루했는지 동생이 발로 책상을 툭툭 찬다. 누나가 바로 동생을 제지한다. "하지 마! 그러면 안 돼!" 동생은 발장난을 멈춘다. 이 모습을 보고 누나에게 말했다.

"동생이 얌전하게 앉아 있기를 바라서 그렇게 말했구나. 누나가 되게 의젓하네. 멋지다."

그리고 동생에게 말했다.

"누나가 옳은 말을 하면 잘 따를 줄 아는구나. 정말 멋진 동생이네."

그리고 잠시 두 아이를 다시 살펴보았다. 나의 말에 기분이 좋아졌는지 얼굴에서 긴장이 풀리며 주변을 둘러본다. 동생이 말한다. "누나, 장난감도 있어. 저기 게임도 있고." 누나도 둘러보더니 레고 블록을 가리키며 말한다. "선생님, 우리 저거 갖고 놀아도 돼요?", "그럼 되고말고." 둘은 레고 블록으로 각자 원하는 것을 만들며 놀기 시작한다. 아이들의 놀이를 지켜보며 두 아이가 뭔가 말하고 행동할 때마다 긍정적 의도를 읽어 주었다.

원하는 블록 조각을 찾아 계속 레고를 뒤지면, "딱 맞는 조각을 찾아서 잘 만들고 싶구나."

만들다 다시 망가뜨리면, "더 멋지게 만들려고 그러는구나."

동생이 누나 것을 보고 자신이 사용하려던 조각을 가져갔다고 불만을 말하면, "저 조각으로 더 멋지게 만들고 싶구나."

누나가 동생이 달라는 조각을 슬쩍 내려놓으면, "동생에게 양보해 주기로 마음먹었구나. 정말 훌륭하다."

신기하게도 이렇게 말하고 나면 아이들은 불만스러운 마음을 진정시키고 빛나는 이성을 발휘하기 시작한다. 늘 동생에게 빼앗기는 느낌이라 불만을 호소하던 누나는 자신이 자발적으로 동생을 챙기고 배려하고 있다는 사실을 깨닫는다. 누나에게 떼쓰고 엄마에게 이르기만 하던 동생은 자신이 누나만큼 잘하고 싶고, 누나는 그걸 도와주려고 했다는 사실을 깨닫는다.

이렇게 상담을 진행하면서 두 아이는 모두 자연스럽게 성숙한 모습을 회복하기 시작했다. 물론 엄마도 새롭게 배운 엄마의 전문용어를 열심히 사용하여 두 아이가 떼를 쓸 때마다 긍정적 의도를 읽어 주었다. 그렇게 몇 달이 지나자 어느새 두 아이가 생일파티까지 열어 주며 감동을 주는 순간이 찾아왔다.

긍정적 의도를 알아주면 아이의 행동에는 분명 변화가 찾아온다. 아이의 변화는 때로는 갑자기, 때로는 가랑비에 옷 젖듯이 다가온다. 어떤 속도로 다가오든 되돌아보면 참 신기하고 대견하고 또 감사하다. 아이의 행동이 달라지지 않아 고민하고 있다면 예쁜 마음, 긍정적 의도를 찾아 말해 주자. 아이가 진정으로 변화하길 바란다면 아이 마음속에 숨어 있는 긍정적 의도를 찾는 것이 가장 중요하다.

타오싱즈의 사탕 이야기

타오싱즈는 20세기 초에 중국에서 활동한 교육가다. 기존의 봉건 교육 방식에 반대해 인성 교육과 창의력 발달을 중시했으며, 창조적인 형태의 학교를 여럿 개설했고 교육 운동에 열심히 참여했다. 학생에게 진리를 가르치는 것을 최우선으로 삼아 현대 중국 교육 이론의 틀을 잡았다고 평가받는다. 그의 교육관이 녹아 있는 사례를 살펴보자.

그가 초등학교 교장으로 있을 때였다. 운동장에서 남학생 왕요우가 같은 반 친구를 때리는 장면을 보게 되었다. 타오싱즈는 즉시 멈추라고 소리친 뒤, 수업이 끝나면 교장실로 오라고 말했다. 그는 다른 일을 보고 오는 사이 수업이 끝났고, 교장실에 도착했을 때는 이미 왕요우가 와서 기다리고 있었다.

이런 상황에서 만약 내가 교사라면 잘못한 학생인 왕요우에게 무슨 말을 먼저 꺼내겠는가? 아마도 훈계와 충고의 말이 먼저 나오려는 것을 느낄 수 있을 것이다. 그런데 그는 전혀 다르게 시작한다.

타오싱즈는 혼날 줄 알고 고개를 숙인 아이에게 사탕 하나를 건네며 말했다.
"이건 시간을 지켜 교장실에 온 것에 대한 상이다."
왕요우는 뜻밖이라는 듯 놀라며 사탕을 받았다. 그러자 타오싱즈는 다시 사탕 하나를 쥐여 주며 덧붙였다.
"이 두 번째 사탕도 상이다. 내가 멈추라고 했을 때 바로 그만두었잖니. 그건 나를 존중했다는 뜻이니 칭찬받아 마땅하다."

어떤가? 틀림없이 혼날 것을 예상하고 온 왕요우 입장에서는 시간 맞춰 왔다고 상으로 사탕을 주는 것에 의아함을 느꼈을 것이다. 그것도 당황스러운 상황인데 두 번째 사탕을 주며 교장 선생님이 때리지 말라고 소리쳤을 때 즉시 행동을 멈추었다고 상을 준다는 말에는 또 어떤 느낌과 생각이 들었을까? 아마도 왕요우는 이 모든 상황이 믿어지지 않았을 것 같기도 하다. 이야기를 계속 읽어 보자.

왕요우는 더욱 놀란 눈치였다. 그러자 타오싱즈는 멈추지 않고 세 번째 사탕을 건네며 말했다.
"알아보니 네가 친구를 때린 건, 그 아이가 규칙을 어기고 여학생을 괴롭혔기 때문이더구나. 그렇다면 네 행동 속에는 정의감과 용기가 숨어 있었다는 뜻이지. 그래서 또 상을 주는 거다."
교장의 말에 왕요우는 감동해 눈물을 흘리며 깊이 후회했다.
"차라리 저를 벌해 주세요. 제가 때린 건 나쁜 사람이 아니라 제 친구였잖아요."
그러자 타오싱즈는 부드럽게 웃으며 다시 네 번째 사탕을 꺼내 주었다.
"네가 스스로 잘못을 깨달았으니 또 상을 받아야지. 하지만 아쉽게도 이제 사탕이 다 떨어졌구나. 그러니 오늘의 이야기도 여기서 마무리해야겠다."

왕요우는 스스로도 자각하지 못했던 선한 마음을 교장 선생님이 말로 표현해 준 것에 놀랐다. 세 번째 상을 받을 때, 왕요우는 감사함과 동시에 죄송스러운 마음이 들었을 것이다. 아무리 좋은 의도라 해도 폭력을 정당화할 수 없다는 사실은 이미 잘 알고 있으니 말이다. 그러니 너무나 자연스럽게 자신의 잘못을 스스로 고백하고 사죄의 말을 하는 것이다. 아이 마음속 깊이 자리 잡고 있는 긍정적 의도를 찾아 주면 이렇게 아름다운 대화가 완성될 수 있다.

타오싱즈는 어떻게 그 시절에 이런 대화를 할 수 있었을까? 가장 중요한 점은 바로 아이의 모든 행동을 바라보는 긍정적인 시각이다. 이렇게 시선이 달라지면 말은 그리 어렵지 않다. 먼저 와서 기다리는 아이에게 시간 맞춰 와 줘서 고맙다고 말할 수 있게 된다.

또 매우 중요한 점이 있다. 무슨 이유로 왕요우가 친구를 때렸는지 사건의 자초지종을 알아보려 노력한 점이다. 이런 행동은 분명 아이가 문제 행동을 했을 때조차 이유가 있다고 믿는 마음이 있어야 가능하다. 많은 부모가 아이가 문제 행동을 하면 그 이유를 제대로 묻지 않는다. 왜 그랬냐며 따져 묻기만 하는 건 질문이 아니라 그저 혼내기였을 뿐이다.

부모의 두 번째 전문용어인 "이유가 있을 거야."라는 말을 하기 위해 필요한 것은 아이를 믿는 마음이다. 타오싱즈는 친구를 때린 이유가 있을 것이라 믿었기에 무슨 일이 일어났는지 알아볼 수 있었다. 이유를 알고 나니 이제 왕요우의 긍정적 의도가 분명히 드러난다. 긍정적 의도를 먼저 알아주어야 아이가 달라진다는 것을 몰랐다면 이 말을 먼저 해 주기는 어려웠을 것이다. 아이가 친구를 때렸지만, 뭔가 이유가 있다는 믿음으로 그 사연을 알아보았다. 사연을 알고 나니, 비록 폭력을 썼지만 그 긍정적 의도는 가치 있는 생각을 찾아서 말해 주는 지혜가 생겨 나는 것이다.

만약 우리가 왕요우였다면 이런 말을 들으면서 가슴속에 어떤 감동과 생각, 다짐이 자리 잡았을까? 다음에도 친구를 괴롭히는 아이를 보면 혼내 줘야겠다는 생각이 들까? 다음에는 모른 척해야겠다는 생각이 들까? 아마 그렇지 않을 것이다. 어떤 방법이 가장 현명하고 지혜로운 방법인지 고민할 것이다. 교장 선생님을 실망시키지 않기 위해, 좀 더 좋은 사람이 되기 위해 주변 어른들에게 자발적으로 조언을 구할 수도 있다.

타오싱즈가 왕요우에게 4개의 사탕을 준 행동은 아이들의 선한 본성을 믿는 강한 신념이 있기에 가능했다. 그는 아이들의 문제 행동에서조차 긍정적 의도를 찾아냈다. 멈추라고 말하니 멈췄다고 사탕을 주고, 그것이 교장 선생님을 존중하는 행동이라 해석하는 그의 따뜻한 현명함을 배우고 싶다. 우리 소중한 아이들이 누군가에게 그런 말을 들으며 살았으면 좋겠다. 바로 그 사람이 엄마 아빠라면 얼마나 좋을까? 엄마의 전문용어 다섯 가지를 이렇게 연습해 보자. 아이는 부모가 건넨 한 마디, 소중한 한 번의 경험을 평생 마음에 간직한다. 다양한 상황에서 갈등할 때마다 마음의 이정표가 되고 등불이 되어 아이를 올바른 삶으로 이끌어 줄 것이다.

엄마는 왜 이렇게
말 안 해 줘?

초등학교 4학년 딸이 엄마가 펼쳐 둔 자녀교육서를 뒤적인다. 아이 책도 아닌데 뭐가 재미있는지 한참을 본다. 그런데 책을 보던 아이가 갑자기 엄마에게 책의 한 부분을 펼쳐 보이며 따지듯 말을 건다.

"엄마는 왜 이렇게 말 안 해 줘?"
"무슨 말?"
"여기 이 책에 나오는 말!"
"무슨 말인데?"
"애들한테 이렇게 물어보라고 하잖아. 왜 읽은 대로 안 해?"

평소 반말을 하지 않는 아이가 갑자기 반말까지 하면서 엄마를 공격하는 모양새가 마치 드디어 뭔가 꼬투리를 잡고 말할 수 있게 된 것처럼 의기양양하다. 엄마가 아이가 짚은 부분을 보니 뜨끔하다. 읽은 대로 말해 주지 않았으니 아이가 더 따지면 궁지에 몰릴 것 같다. 이내 평정심을 되찾아 아이에게 어떤 말이 듣고 싶었는지 물었다. 아이는 "다 마음에 들지만 특히 지금은 이거!"라며 짚은 부분은 이런 내용이었다.

아이가 숙제에 집중 못하고 시간을 끌 때

숙제하는 데 어려운 점은 뭐니?

어떻게 하면 숙제를 쉽게 할 수 있을까?

숙제하는 데 필요한 책이나 도구가 뭐니?

엄마가 뭘 도와주면 좋을까?

숙제가 끝난 후에 하고 싶은 일은 뭐니?

― 《엄마의 공부머리 말 습관》(이임숙 지음, 카시오페아, 2021) 중에서

아이는 엄마가 이렇게 자신의 마음을 물어봐 주었으면 좋겠나 보다. 사실 엄마는 '이런 질문을 한다고 아이가 제대로 대답할까?' 하는 생각에 책을 읽고도 적용해 보지 않았다. 그런데 이렇게 콕 집어 말

해 달라고 요구하니 어색하지만 안 할 수가 없었다. "좋아. 그럼 엄마가 물을 테니 대답해 봐." 그러자 아이는 한술 더 뜬다.

"그냥 내가 차례대로 대답할 테니까 내가 말하는 대로 꼭 해 줘야 돼요.
첫째, 숙제하는 데 뭐가 힘든지 물어봐 주면 힘든 거 알아주니까 기분이 좋아질 거 같아요. 힘든 거야 많지만 어차피 내가 해야 되는 숙제니까.
둘째, 숙제를 쉽게 할 수 있는 법을 물어보니까 어떤 방법이 있을지 생각하게 되고, 갑자기 쉽게 할 수 있을 것 같은 생각이 들어요. 쉬운 거 먼저 골라서 하고 모르면 물어볼게요.
셋째, 숙제할 때 필요한 건…… 음, 간식. 내가 좋아하는 거, 치즈떡볶이요. 어묵도 많이 넣어서. 치즈가 완전히 덮여야 해요, 헤헤.
넷째, 엄마가 도와줄 일은…… 전 엄마가 숙제할 때 잔소리 안 했으면 좋겠어요. 자꾸 생각하면서 풀라고 하고 빨리 끝내라고 하면 더 생각이 안 난단 말이에요. 진짜 숙제하기 싫어져요.
다섯째, 숙제가 끝나고 하고 싶은 일은 엄마랑 같이 자전거 타고 싶어요. 진짜 같이 탈 거죠?"

아이와 이런 식의 대화를 나누어 본 적 없는 엄마는 놀랐다. 아이가 자기 생각을 이렇게 말해 주니 갑자기 훌쩍 큰 것 같은 느낌도 들었다. 무엇보다 엄마가 지금까지 어쩌면 잘못 생각하고 있었는지도 모른다는 사실을 발견하게 된 것이 무척 큰 수확이었다. 아이의 말을 다시 살펴보면서 이 질문들의 의미와 중요성을 찾아보자.

첫째, 힘든 마음을 물어봐 주고, 알아주니 힘든 마음이 해소되었다는 점이다. 그야말로 부모의 말이 이렇게 효과적으로 적용될 수 있음을 확인할 수 있다. 그렇게 마음을 알아주니 힘든 마음이 사그라들고 어차피 자신이 해야 할 일임을 수용할 힘이 생긴 것이다.

둘째, "어떻게 하면 숙제를 쉽게 할 수 있을까?"라는 질문은 생각의 방향을 결정해 주었다. 숙제를 앞에 두고 집중하지 못하는 아이에게 "왜 이렇게 시간을 오래 끌어. 빨리 끝내. 그 정도가 뭐가 힘들어."와 같은 말을 했다면 아이의 마음에는 어떤 생각들이 가득 찰까? '난 왜 이렇게 힘들지? 다른 애들은 다 잘하는데 나만 이런 것 같아. 그래도 너무 힘들어. 어려워. 양이 너무 많아. 숙제 안 하면 안 되나?' 이런 생각이 들 것이다. 아이 마음이 이렇게 되면 실제 아이의 능력과는 무관하게 더 집중하지 못하고 미루고 짜증을 내게 되는 건 너무 뻔한 일이다.

네 번째 대답은 부모에게 정말 중요한 깨달음을 주고 있다. 잔소리 안 하는 게 도와주는 거란다. 빨리 끝내라 잔소리하면 더 생각도 안 나고 더 하기 싫어진단다. 부정적인 말의 영향력을 이렇게 명확히 말해 주다니, 오히려 고마운 생각마저 든다.

이 대화는 실제 엄마와 아이의 대화다. 8회기의 부모 교육에 참여했던 엄마가 실제로 아이가 했던 말을 그대로 전해 주었다. 함께 들었던 대부분의 부모는 아이의 똑부러짐에 감탄하고, 저 정도 말을 할 정도로 키웠다면 엄마도 참 잘해 왔다며 칭찬을 아끼지 않았다.

이 사례를 통해 강조하고 싶은 것은 이 아이가 모든 아이의 마음을 대변한다는 사실이다. 부모의 좋은 말을 통해 아이의 마음이 달라지고 행동까지 달라지게 할 수 있다는 중요한 증거를 보여 주고 있다.

엄마는 아이에게 말한 대로 행동하겠다고 약속했고, 그날 아이는 아주 기분 좋게 숙제를 끝냈다. 엄마는 앞으로 다르게 말해야겠다고 마음먹었다. 그날 모처럼 아이와 치즈 떡볶이를 만들면서 엄마는 행복을 맛보았다. 아이를 키우는 일이 늘 오늘 같았으면 좋겠다는 생각이 들었다. 동생들이 있어 오늘 자전거를 타기는 무리가 있다는 사실을 말하고 주말에 아빠가 동생들을 돌봐 줄 때 둘이서 한 시간 동안 자전거를 타기로 약속했다. 아이도 기분 좋게 수긍하였다.

아이 마음속에 스스로 잘하고 싶어 하는 긍정적 의도가 있음을 확인하고, 그것을 엄마의 말로 이끌어 낼 수 있음을 알게 되자 막연히 품었던 불안은 사라지고, 그 자리에 아이에 대한 믿음이 자리 잡았다. 이제 엄마는 아이가 어떤 행동을 해도 긍정적 의도가 있음을 믿게 되었다. 엄마는 깨달았다. 아이의 마음을 격려하는 최고의 방법은 긍정적 의도를 알아주는 것이라는 사실을.

  한 가지만 더 짚고 넘어가자. 아이들이 이런 좋은 질문을 기다리는 데는 다 이유가 있다. 이 질문은 엄마의 믿음을 느끼게 하고, 숙제를 잘 끝내고 싶어 하는 아이의 긍정적 의도를 인정해 주는 말이기 때문이다. 이제 각각의 질문이 어떤 의미를 전달하고 있는지 살펴보자.

질문 1 숙제하는 데 어려운 점은 뭐니?
→ 숙제를 잘하고 싶다는 아이의 긍정적 의도를 엄마가 알고 있음을 전하고 있다.

질문 2 어떻게 하면 숙제를 쉽게 할 수 있을까?
→ 아이가 스스로 좋은 방법을 찾을 수 있을 것이라는 믿음을 전하고 있다. 또한 엄마와 의논하며 길을 찾을 수 있다는 희망을 갖게 한다.

질문 3 숙제하는 데 필요한 책이나 도구가 뭐니?
→ 아이는 자신이 성장하는 데 필요한 도움을 받을 권리가 있음을 알려 준다.

질문 4 엄마가 뭘 도와주면 좋을까?
→ 엄마는 언제나 아이에게 도움을 주는 존재고, 타당한 요구라면 무엇이든 도와줄 수 있음을 전한다. 도움을 받을 수 있다는 사실이 아이에게 심리적 안정감을 준다.

질문 5 숙제가 끝난 후에 하고 싶은 일은 뭐니?

→ 자신의 수고에 대해 엄마가 함께 기뻐하고 위로하고 격려하겠다는 의미다. 이는 아이가 다음 과제를 수행하는 또 다른 동기를 부여한다. 과제를 개운하게 다 끝낸 후의 심리적 보상은 아이의 내적 동기를 쑥쑥 자라게 한다.

엄마의 전문용어 다섯 가지 중에서도 긍정적 의도를 특별히 강조하는 것은, 그만큼 현재 우리 아이들의 마음에 가장 필요할 뿐 아니라 행동을 바꾸는 데 가장 강력한 말이기 때문이다. 아직 긍정적 의도를 읽는 말이 잘 와닿지 않는다면 아이의 감정이 불안정하거나 폭발하는 상황이 많기 때문일 수 있다. 그런 상황에서도 잘 활용할 수 있는 엄마의 말을 좀 더 자세히 알아보자.

감정 폭발을 막는
3단계 말 연습

부모가 가장 힘든 경우가 바로 아이의 감정이 폭발할 때다. 떼쓰고, 울고불고, 소리 지르고, 물건을 던지거나 엄마 아빠를 때리기도 한다. 그러다 감정을 주체하지 못한 아이는 자기 얼굴이나 머리를 스스로 때리거나 벽이나 방바닥에 찧기도 한다. 좀 더 큰 아이들에게서는 날카로운 물건으로 자기 몸에 상처를 내는 자해 행동까지 나타난다.

엄마에게 꼭 필요한 말 중 하나는 바로 감정이 폭발한 아이를 진정시키고, 마음을 회복하도록 돕는 말이다. 이렇게까지 감정이 폭발하는 이유는 아이마다 다르다. 아직 자기 조절력이 발달하지 못해 정말 별거 아닌 걸로 감정이 폭발하는 아이도 있고, 울고 떼쓰면 자기가 원하는 걸 얻었던 경험으로 작전상 감정이 폭발하는 아이도 있다. 혹은 자주 혼나 주눅이 들고 감정이 억눌린 아이가 어느 순간 참지 못하고 폭발하는 경우도 있다.

원인은 다양하지만, 이에 대한 기본적인 대응 원칙과 꼭 필요한 부모의 말이 있다. 첫 번째 경우라면 기본 원칙만으로도 충분하다. 하지만 떼쓰기에 부모가 휘말려 결국 아이 말대로 허용해 준 경우가 한 번이라도 있다면 아이는 그 방식을 쉽게 포기하지 못한다. 그러니 부모가 예전에 허용해 준 건 실수였음을 인정하고, 다시 원칙을 세우는 대화가 필요하다. 세 번째 경우는 부모가 알게 모르게 아이에게 언어폭력이나 정서 폭력을 가한 경우다. 때론 체벌을 하는 경우도 있었을 것이다. 어떤 경우든 아이의 감정 폭발에 대응하는 기본 3단계의 말은 꼭 기억하고 활용하면 좋겠다. 다음은 감정 폭발을 복원하는 3단계 말 연습이다.

1단계: "많이 속상했구나. 울어도 괜찮아. 실컷 울어. 그래도 안 되는 건 안 돼."

"그만 울어! 울음 그쳐. 뚝!" 우리나라 육아 문화의 두드러진 특징 중에 하나는 아이의 울음을 빨리 그치게 하려는 방식이다. 눈물과 울음은 아이들의 첫 번째 언어다. 속상하고 화날 때, 때론 무섭고 미안하고 당황스러울 때, 아이들은 아직 감정을 인식하고 그 감정 속의 생각을 언어로 표현하는 능력이 발달하지 않았다. 어른 중에서도 자신의 진짜 감정과 생각을 표현하는 자기 표현력이 원활하지 못한 사람이 무척 많다. 아이가 커 가는 내내 꼭 발달해야 하는 부분이 바로 자신의 감정을 인식하고, 표현하고, 그 과정을 통해 감정을 조절하는 힘이다. 아이가 말로 표현하지 못하고 가장 먼저 표현하는 울음을 그저 멈추라고만 강요한다면, 아이는 진짜 마음을 말하지 못하는 어른으로 성장한다.

무섭게 해서 억지로 울음을 그치게 할 수는 있다. 하지만 부모의 힘 앞에서 어쩔 수 없이 멈춘 것임을 놓쳐서는 안 된다. 당장에 이 상황을 끝내고 싶어서 윽박지른다면 아이의 내면에는 꾹꾹 눌러 억압된 감정, 자기 마음을 몰라주는 부모를 향한 원망이 점점 쌓이게 된다. 결국 언젠가 더 큰 감정 폭발을 가져오거나, 사춘기가 되어 부모 몰래 일탈 행동을 일삼게 될 위험이 크다. 그러니 아이가 울 땐 실컷 울어도 된다고 말해 주는 것이 중요하다. 주변 상황이 곤란하다면 사람들이 없는 곳으로 옮겨 가는 것이 좋다.

이 방법이 더 좋은 이유는 울음에 공감받은 아이는 계속 울 필요가 없어지기 때문이다. 그래서 한 번 울면 30분씩 울던 아이도 이렇게 "실컷 울어, 얼마나 속상하면 이렇게 울고 싶었을까."라고 말하며 다독이면 오히려 5~10분 만에 울음을 그치는 신기한 경험을 할 수 있다.

다만 이 단계에서 자주 하는 실수가 있다. 아이는 자신의 속상함을 알아주면 마치 원하는 걸 들어줄 거라는 잘못된 기대를 하게 된다. 그래서 울어도 되고 많이 속상한 마음을 알지만, 그래도 안 되는 건 안 된다는 말을 꼭 해 주어야 한다. 아이 행동에 경계를 세우는 말은 매우 중요하다. 달래 주면서 이 말을 하면 아이는 조금 진정되다 다시 크게 울음을 더뜨리기도 한다. 괜찮다. 그렇게 감정이 롤러코스터를 타다 점점 진정된다. 그리고 첫 단계부터 경계 세우기를 해 주어야 오히려 울음을 그친 후 아이가 그 원칙을 더 잘 받아들이게 된다. "마음을 읽어 주었더니 아이가 울음이 더 커졌어요."라고 하소연하는 경우 대부분 이 부분에서 실수한다.

아이의 울음을 두려워하지 말자. 아이는 울어야 정상이다. 오히려 다그치는 경우가 더 문제를 심화시킨다는 것을 꼭 기억하기 바란다.

2단계: "자, 이제 미안하다고 사과하자."

2단계는 이제 아이가 해야 하는 행동을 다시 알려 주는 것이다. 소리 지른 것, 장난감을 던진 것, 엄마를 때린 행동을 사과하는 시간이다. 때론 사과하지 않겠다고 버티는 아이도 있다. 그럴 때는 이렇게 말해 주자.

 "잘못한 건 꼭 사과해야 하는 거야. 네 마음이 준비될 때까지 기다려 줄게."

가능하면 그 자리에서 사과까지 하고 마무리하는 것이 좋지만, 시간이 좀 걸리는 경우도 있다. 아이가 다른 장난감을 만지거나 놀 수도 있다. 그런 건 괜찮다. 하지만 아이가 다른 이야기를 꺼내서 주의를 돌리려 하거나, 같이 놀자고 요구할 땐 정확히 말해 주어야 한다.

 "네가 사과하지 않아서 같이 놀고 싶지 않아."

담담하게 말해 주면 된다. 침착한 목소리가 오히려 힘이 세다. 엄마가 소리를 지르면 아이는 감정이 얼어붙어 더는 생각하지 못한다. 하지만 엄마가 차분히 말하면 아이도 그 마음이 그대로 전해져 자신의 잘못에 대해 사과해야 하는 상황을 쉽게 받아들인다.

그런데 아이가 울음을 그치면 엄마는 왠지 사건이 일단락된 느낌에 정확히 사과받지 않고 무마시키는 경우가 많다. 혹은 엄마가 다 말하고 아이는 "네."라고 대답만 하고 넘어가는 경우가 흔하다. 그러면 안 된다. 아이가 정확히 자신의 말로 표현하는 것이 중요하다. 때론 어떻게 말해야 할지 모르는 아이도 있으니 정확한 표현을 가르치고 그 말대로 사과하게 하는 건 괜찮다.

 "장난감 던진 거 잘못했어요. 다음엔 그러지 않을게요."
"엄마 아빠 때린 거 잘못했어요. 다시는 때리지 않을게요."

만약 사과하지 않고 넘어간다면 오히려 아이의 마음에 감정의 찌꺼기가 남게 되고, 그것이 아이에게 혼란을 주어 정서적인 영향을 끼친다. 진정한 감정 회복은 미안함이나 죄책감이 남지 않도록 진솔하게 표현하도록 도와줄 때 가능해진다.

3단계: "아까 엄마가 안 된다고 했을 때 장난감 손에 들고 던질까 말까 고민했지?"

3단계는 아이의 긍정적 의도를 찾아 읽어 주는 일이다. 마음대로 되지 않아 장난감을 던진 아이는 어떤 긍정적 의도가 있을까? 어쩌면 처음부터 울지는 않았을 테고, 나름 노력했던 부분이 있었을 것이다. 바로 그 지점의 좋은 마음을 찾아 말해 주는 것이 중요하다.

"그래. 안 던지려고 노력했구나. 기특해. 이제 그 마음을 더 잘 키울 수 있을 거야."

아무리 문제 행동이라도 항상 긍정적 의도는 숨어 있다. 충동성이 강해도 단 한순간이라도 고민하지 않은 아이는 드물다. 동생에게 화가 나서 주먹을 쥐고 흔든 아이는 때릴까 말까를 고민했고, 블록을 만들다 마음에 들지 않아 망가뜨린 아이는 잘 만들려 노력했다. 20분이면 끝낼 숙제를 한 시간씩 붙들고 있는 이유도 힘들어도 끝까지 숙제를 하려고 애쓰기 때문이다.

이런 순간 누군가 긍정적 의도를 알아주지 않으면 그 마음은 생명력을 잃어버린다. 그래서 감정 폭발을 회복하는 대화의 마지막 단계는 문제 행동 속에 숨어 있는 긍정적 의도를 찾아 읽어 주는 일이다.

다음 다섯 가지 긍정적 의도를 잘 활용해서 아이의 일상에 적용해 보자. 대부분의 상황에 적용할 수 있다.

긍정적 의도를 알아주는 다섯 가지 전문용어

1. 잘하고 싶었구나.
2. 노력했구나.
3. 힘들어도 참으려고 했구나.

4. 도와주려고 그랬구나.
5. 기쁘게 해 주고 싶었구나.

　단 감정 폭발을 회복하는 3단계 대화를 진행하는 데는 우선 선행 조건이 있다. 바로 부모가 자신의 감정을 진정하는 일이다. 아이가 우는 건 당연하다 생각하고, 우는 아이를 잘 달래고 개운하게 마무리하는 방법을 안다면 부모는 평정심을 잘 유지할 수 있다.

　'또 시작이네. 지긋지긋해. 언제까지 이럴 거야.' 아이가 울 때 이렇게 지치고 힘든 마음이 먼저 든다면, 그건 부모가 감정의 홍수에 너무 쉽게 빠진다는 뜻이다. 동시에 아이도 똑같이 더 감정적으로 만들게 된다는 사실을 기억해야 한다.

　아이는 배우는 중이다. 감정 폭발에서 잘 회복하는 경험을 하게 된다면 아이의 감정 폭발은 점점 줄어든다. 한두 달 전까지만 해도 조금만 마음에 안 들면 갑자기 폭발하던 아이가 어느 순간 울긴 하지만 그 울음이 길지 않고, 자기 마음을 말로 표현하거나 엄마에게 하고 싶은 말을 하는 모습을 볼 수 있다.

　좋은 부모의 말을 아무리 많이 알아도 정작 바로 그 순간에 활용할 수 없다면 아무런 소용이 없다. 나의 소중한 아이는 바로 지금 이 순간에 자기 마음을 콕 집어서 알아주는 엄마의 말을 기다리고 있다.

엄마가 말해 주어야 아이는 오늘 하루를 예쁘게 성장하는 날로 만들어 갈 수 있다. 이제 앞에서 설명한 엄마의 다섯 가지 전문용어를 활용하여 아침에 잠에서 깰 때부터 파란만장한 하루를 보내고 편안하게 잠들 때까지 일상에서 어떻게 적용할 수 있는지 알아보자. 행복한 하루 대화가 가능해질 것이다.

Part 4

아이의 하루를 이끄는
부모 대화 루틴

아침:
하루를 망치지 않으려면
아침 감정 조율부터

등교 전쟁에는
어떤 말이 필요할까?

초등학생이 되고 나서 잘 일어나지 않아요. 아침밥 준비하고, 먹이고, 등교 시간은 임박한데 아이는 느릿느릿, 그러다 저만 속 터져서 소리 지르고 아이를 밀치고 당기며 후다닥 출발합니다. 등교시키고 나면 힘이 다 빠지고 소리 지른 게 미안합니다. 아이도 이렇게 혼나고 등교하면 학교생활이 엉망일 것 같아요. 이런 아침 전쟁에서 벗어나는 방법이 있나요?

아침에 일어나서 모든 걸 하나하나 붙잡고 시켜야 하니 너무 지칩니다. 친구들 만나 놀 땐 후다닥 잘도 준비하는 아이가 아침마다 이러니 화를 안 낼 수가 없어요. 이러다 아이와 제가 정말 심하게 감정 싸움을 하게 될까 걱정이 되네요. 곧 사춘기가 올 텐데, 사춘기 되기 전에 고치는 방법 알고 싶어요.

초등 5학년 아들이에요. 아무리 이름 부르고 마사지해 주며 깨워도 못 들은 척해요. 몸을 일으켜 세워도 그냥 털썩 누워 버리고, 등짝 때려서 화장실에 보내면 물만 틀어 놓고 한세월이네요. 작년엔 이렇게 심하진 않았는데 이상하게 점점 심해져요. 학교 폭력 피해를 당하는 아이가 이렇게 학교 가길 싫어한다던데, 혹시 그런 걸까요?

'아침 전쟁', '등교 전쟁'이라고 검색해 보면 많은 학부모들이 답답한 심정을 털어놓는 것을 확인할 수 있다. 그만큼 보편적 현상이라는 의미다. 중요한 건 이 악순환의 고리에서 벗어나지 못한 채 중학생이 되어 스마트폰 과몰입 현상까지 겹치면 등교 거부 증상이 심해지고, 지금보다 10배 이상 괴로운 시간을 맞게 될 위험이 크다. 아침부터 날마다 반복되는 잔소리와 혼내기, 그리고 다그침은 아이에게는 일종의 '스몰 트라우마'라 볼 수 있기 때문이다.

스몰 트라우마란 일상에서 겪는 작은 스트레스를 말한다. 그저 작은 상처라 볼 수 있겠지만, 여기에 트라우마라는 이름이 붙는 이유는 사소한 상처가 결코 사소하지 않기 때문이다. 스몰 트라우마를 가볍게 여기거나 무시하면 안 된다. 스몰 트라우마의 누적이 결국 '빅 트라우마'와 똑같은 심리 증상을 발휘한다.

등교 전쟁이 감정 싸움이 되어 스몰 트라우마로 자리잡게 놔두면 안 된다. 아침 등교 전쟁으로 부모 자녀 간, 부부간 감정 싸움이 반복되고 이로 인해 찜찜한 하루를 보내게 되는 건 절대 바람직하지 않다. 지금부터 아침에 깨울 때부터 준비해서 등원, 등교하기까지 어떤 부모의 말을 사용해야 하는지 살펴보자.

잠 깨며 투정 부리는 아이도 미소 짓는 엄마의 말

<u>잠을 깨우는 것에 관한
잘못된 고정관념</u>

부모는 아이를 깨워야 한다. 그런데 먼저 점검할 것이 있다. 바로 잠을 깨우는 것에 관한 고정관념이다. 대부분 자신도 모르는 사이에 잘못된 고정관념을 가지는 경우가 많다.

당신은 어떤 고정관념을 가지고 있는가? 기분 좋게 일어나기는 힘들다? 고통을 주더라도 깨워야 한다? 무의식 중에 이런 생각이 있으면 처음에는 기분 좋게 깨우려 해도 결국 화내고 소리 지르며 아이를 깨우게 된다. 그러면 아이도 짜증을 내면서 잠에서 깬다. 하루를 짜증으로 시작한 아이의 다음 행동은 불 보듯 뻔하다.

만약 매일 아침 이런 모습이라면 제발 '멈춤!' 하기 바란다. 어떻게든 깨우는 게 부모 역할이라는 생각도 '멈춤!' 하기 바란다. 부모는 아이가 잘 크도록 도와주는 존재지 아이를 대신해서 살아 주는 존재가 아니다. 부모가 먹여 주고, 입혀 주고, 챙겨 주는 대로 한다면 아이가 잘 자랄 수 없다. 요즘 다들 이렇게 챙겨 주다 보니 공부는 잘하지만 자조 능력은 부족한 아이들이 점점 많아지고 있다.

맞벌이 부모라고 해도 아이의 소소한 일상을 챙기는 일은 여전히 엄마의 몫인 경우가 많다. 잠을 깨우는 일부터 모든 것이 엄마의 일인데, 엄마가 그렇게 고생하는데 그 공은 몰라주고 마음에 들지 않는 일이 생기면 죄다 엄마 탓을 한다. 유치원 통학버스를 놓친 것도, 학교에 늦는 것도 모두 엄마 탓이다. 제발 아침 시간을 이렇게 만들지 말자.

간혹 어떤 집 아이는 아침에 기분 좋게 일어나 알아서 척척 준비한다는 소문을 듣게 될 것이다. 그 아이는 어떻게 그런 능력을 갖게 되었을까? 원래부터 자기 할 일을 잘하는 아이는 없다. 기질 차이로 수월하거나 까다로울 수 있지만, 이런 행동이 자리 잡기까지 분명 아이에게 잘 맞는 효율적인 방법이 있었을 것이다. 우선 잠을 깨우는 과정에 대한 고정관념부터 바꿔 보자.

- 기분 좋게 일어날 수 있다.
- 고통이 아니라 편안함과 흥미를 느끼도록 깨울 수 있다.

아이를 행복하게 깨우는 세 가지 방법

방법 ① ▶ 아이가 기분 좋게 눈을 뜨게 한다

일반적으로 알려진 네 가지 방법은 이미 잘 알고 있을 것이다.

- 부드러운 목소리로 이름 부르며 시간을 알려 주기.
- 뽀뽀하고 마사지하며 신체 접촉하기.
- 아이가 좋아하는 음악이나 자연의 소리 들려주기.
- 아이를 안고 나와 거실 소파에서 다독이기.

이때 주의할 점이 있다. 갑자기 커튼을 젖히고 자연광이 들어오게 하거나 불을 켜는 것은 많이 권하는 방법이지만, 아이 입장에서 폭력적으로 느껴질 수 있다. 일어나라고 중학생 자녀 방에 불을 켰다가 아침 전쟁이 일어나는 경우가 심심찮게 발생한다.

가장 강력하고도 아이의 정서·인지 발달에 매우 좋은 방법이 있다. 바로 '아이가 좋아하는 책 읽어 주기'다. 바쁜 아침 시간에 무슨 책을 읽어 주냐는 생각이 들겠지만, 이는 잘못된 고정관념이다. 거창한 것이 아니라 아이가 좋아하는 그림책 한 권이면 충분하다. 고작 5분 전후의 시간이 소요될 뿐이다. 잘 일어나지 않는 아이를 깨우려고 왔다 갔다 하고 소리 높이며 감정 소모하는 시간이 이보다 훨씬 더 길다.

책을 읽어 주는 것이 가장 기분 좋게 일어나는 방법이라는 사실을 많은 부모가 모른다. 잠투정이 많은 아이조차 책을 읽어 주면 신기하게 몸보다 정신이 먼저 깬다. 독서가 우리 두뇌에 미치는 강력한 영향력 때문이다.

어떻게 하면 아이가 기분 좋게 잠에서 깰지 고민하던 한 엄마는 책을 읽어 주며 아이를 깨우기로 했다. 작은 목소리로 속삭이듯 아이가 좋아하는 《혹부리 영감》을 읽었다. 2~3분이 흘러도 아이가 일어나지 않자, 이렇게 말했다.

🧑 "계속 자느라 못 듣네. 그만 읽어야겠다."
🧒 (눈을 지그시 뜨며) "듣고 있어. 읽어 줘."(다시 눈을 감는다.)
🧑 "도깨비들은 또 한 번 요술 방망이를 휘둘렀어요. 혹 떨어져라, 뚝딱!"

(입을 오물거리며) "뚝딱! 혹 떨어져라, 뚝딱! 잠에서 깨어나라, 뚝딱!"

어느새 아이는 눈을 뜨고 엄마와 함께 "뚝딱!"을 외치며 웃는다. 이 방법은 아이를 깨울 때 언제든 효과적이니 꼭 실천해 보기 바란다. 약간의 단점은 책을 좋아하는 아이라면 계속 더 읽어 달라고 요구할 수 있다는 것이다. 여유가 된다면 한 권 정도 더 읽어도 상관없지만, 아침은 아이만을 위한 시간이 아니다. 엄마 아빠도 하루 일과를 준비해야 하는 바쁜 시간이다. 아침에 한 권이면 충분하니 하교 후에 또 읽어 준다는 약속으로 마무리해도 좋다.

이렇게 잠을 깬 아이는 등교 준비도 수월하다. 이미 전두엽이 깨어났으니 자신이 지금 무엇을 준비해야 하는지 잘 알고 있다. 덕분에 분주하지만 평화로운 아침이 가능해진다. 짜증 내며 일어나면 하루가 기분 좋을 리 없고, 기분이 나쁘니 수업 시간에 집중하기 어렵고, 친구랑 잘 지내기도 어렵다. 그러니 기분 좋게 깨우자는 원칙을 세워 효과적인 방법을 실천해 보기 바란다.

방법 ②▶ 오늘 하루 기대할 일을 만든다

아침에 일어나면 유치원이나 학교에 가야 함을 모르는 아이는 없다. 그런데도 부모는 아이를 깨우며 "빨리 일어나 늦겠다. 학교 가야지."라고 말한다. 그럼 아이의 마음속에서 떠오르는 느낌과 생각은 이런 것뿐이다.

'아. 일어나기 싫다. 그냥 자면 안 되나?'

'학교 가기 싫어. 태풍, 폭설로 휴교하면 좋겠다.'

실제로 자연재해가 나서 갑자기 휴교령이 내리면 어른들은 걱정이 크지만, 아이들은 신이 난다. 사람들에게 어떤 피해가 있는지 생각할 겨를이 없다. 그만큼 아이들은 학교에 가는 것을 힘들어한다. 학교에 가면 규칙과 질서를 지켜야 하고, 수업 시간에 집중해서 공부해야 한다. 그러니 그 힘든 마음을 조금이라도 누그러뜨리는 방법이 필요하다.

아이가 조금 덜 힘들게 잠에서 깨는 좋은 방법은 아이에게 기대하는 일이 있을 때다. 부모도 그랬듯이 소풍날 아침에는 누구나 저절로 눈이 일찍 일찍 떠진다. 기대감이 있기 때문이다. 그러니 전날 아이가 잠들기 전에 내일 할 일 중에 신나거나 기대되는 것이 있는지 물어보자. 그리고 아이를 깨울 때 "~하러 가야지? 오늘은 ~하는 날!"이라고 다정하게 말해 주자.

특별히 기대할 만한 일이 없다면 아주 작은 행복이라도 하나쯤 만들어 주면 좋다. 아이가 좋아하는 과목의 수업도 좋고, 좋아하는 급식 메뉴에 관해 이야기해 주는 것도 좋다. 이렇게 조금이라도 기대하는 일이 있다고 생각하면 아이는 스트레스를 훨씬 덜 받고 오늘 일어날 즐거운 일을 생각하며 가벼운 마음으로 일어날 수 있다. 빨리 일어나서 학교에 가야 한다는 의무만을 강조하면 아이에게 도움이 되지 않는다. 부모의 말에 따라 아이 마음의 방향이 달라질 수 있음을 기억하자.

방법 ③ ▶ 엄마 아빠의 사랑을 느끼게 한다

잠에서 깨기 힘든 아이가 정말 원하는 것이 그저 계속 잠을 자는 것일까? 아니다. 그저 눈이 떠지지 않고 온몸이 무겁게 느껴지는 것뿐이다. 만약 몸도 마음도 개운하고 가뿐하다면 아이도 벌떡 일어나 상쾌하게 하루를 시작하고 싶다. 어른들의 마음과 전혀 다르지 않다.

더 자겠다고 버티는 아이의 긍정적 의도는 자신도 개운하게 일어나기를 바라는 마음이다. 더 자고 싶은 생각이 굴뚝같지만, 아이도 상쾌하게 잠에서 깨어나길 원한다. 이때는 아이를 부드럽게 다독이며 이렇게 말해 주자.

 "일어나고 싶은데 너무 고단하구나. 씩씩하게 일어나서 신나게 가고 싶은데 눈이 안 떠지지."

이런 말을 들으면 아이는 잠시 어리광을 부리다 쉽게 눈을 뜰 것이다. 무엇보다 아주 중요한 포인트가 있다. "10분 남았어.", "5분 남았어. 지금 안 일어나면 지각이야." 이런 말은 일어나기 싫은 마음만 더 부추길 뿐이다. 그럴 땐 이렇게 바꾸어 말해 보자.

> "10분 더 잘 수 있어. 10분 동안 푹 자."
> "5분 더 잘 수 있어. 아침밥 준비하고 있을 테니 5분 더 자고 있어."
> "시간이 왜 이렇게 빨리 가니? 벌써 시간이 다 되었네."

이렇게 말하면 아이는 어떤 마음이 들까? 일반적으로 아이가 잠에서 깨어날 때까지 5~10분 정도의 시간이 걸린다. 이 시간 동안 "일어나."라는 말을 10번 하는 것보다 얼마만큼 더 잘 수 있다고 말해 보자. 그러면 아이는 분명 잠에서 깨어난다. 더 자고 싶은 마음을 알아주는 엄마에 대한 감사한 마음으로 기분 좋은 하루를 시작한다.

엄마 아빠의 다정한 목소리와 스킨십은 언제나 행복을 느끼게 한다. 아이를 깨울 때는 잠자리의 편안함이 유지되도록 다정한 목소리로 아이의 이름을 부르자. 다정한 손짓으로 등과 머리를 쓰다듬거나 뽀뽀해 주자. 적당한 강도로 아이의 몸을 스트레칭 해 주고 발과 다리를 마사지하는 것도 무척 좋다. 그리고 아이를 사랑하는 마음을 말로 전달하자.

"어쩌면 이렇게 자는 모습도 예쁘기만 하니? 엄마도 너랑 같이 더 자고 싶어. 엄마가 주물러 줄게. 조금 더 자."

"상쾌한 아침! 벌떡 일어날까?"라며 아빠의 든든한 두 팔로 번쩍 안아 올려 주는 것도 무척 기분이 좋다. 이렇게 잠을 깨는데 기분이 나쁠 리가 없다. 그렇게 엄마 아빠의 사랑이 아이의 마음을 가득 채우면 아이도 예쁜 마음으로 눈을 뜰 수 있지 않을까?

바쁜 아침,
아이와 밥 때문에 싸우지 않는 법

"빨리 먹어. 좀 더 먹어."

"씹어서 그냥 삼켜."

"빨리 안 먹으면 치운다!"

아이에게 이렇게 말하며 아침을 먹인다면 그야말로 밥 먹는 일이 전쟁이 되어 버린다. 부모 속도 타들어 가지만 아이도 무척 속상하다. 먼저 아이의 마음을 살펴보자. 6살 아이에게 아침에 가장 속상한 일이 뭔지, 엄마가 어떻게 해 주기를 바라는지 물었다.

"엄마가 억지로 막 먹게 해요. 나한테 묻지도 않고 국에 말아서 막 삼키라고 해요. 짜증 나 죽겠어요! 저는 천천히 먹고 싶어요. 맨날 똑같은 반찬 말고 다른 거 먹었으면 좋겠어요."

아이가 아침에 밥을 천천히 먹을 시간이 있을까? 엄마가 날마다 다른 메뉴를 준비할 수 있을까? 아이의 말은 간단하지만 원하는 대로 해 주려니 엄마가 힘들다. 시간이 촉박한데 천천히 먹는 걸 어떻게 봐주고 있겠는가? 어떻게 날마다 다른 음식을 준비할 수 있겠는가? 그냥 윽박 지르는 것이 훨씬 더 나아 보일 정도다. 하지만 기왕에 시작했으니 아이의 마음을 좀 더 알아보자. '천천히'라는 것이 어떤 의미인지 다시 물었다.

"어차피 먹을 건데 굳이 먹으라는 말은 안 하면 좋겠어요. 몇 시까지 다 먹으라고 한 번만 말하면 좋겠어요."

아이가 이렇게 말하면 엄마도 할 말이 있다. 몇 시까지 먹으라고 해도 그때까지 안 먹으니까 문제라고. 엄마 말이 맞다. 하지만 그렇다면 아이에게 먹으라고 다그칠 것이 아니라 시간을 지키라고 말하는 것이 맞지 않을까?

아침의 감정은 아이의 하루 방향을 결정한다. 아침부터 기분 나쁜 아이가 친구를 만나 반갑게 인사하기란 어렵다. 요즘 아이들은 너나 할 것 없이 스트레스가 많아 친구가 먼저 반갑게 인사해 주길 바라지 먼저 밝게 인사하는 아이가 많지 않다. 표정이 안 좋은 아이에게 말을 걸어 주는 친구도 별로 없고, 공연히 기분 나쁘게 여기는 경우도 많다. 아침 시간에 아이의 감정을 잘 정돈해 주는 일은 무척 중요하다. 그러니 아침 시간에 꼭 하는 일에는 루틴을 만들어 체계적으로 진행하길 권한다. 불필요하게 감정이 동요하는 일을 방지하고, 평화롭고 기분 좋은 아침을 만들어 보자.

아침 행동 순서 정하기

우선 아이가 아침에 해야 하는 행동 목록을 만들어 보자. 대표적으로 기상한 뒤 씻기, 옷 갈아 입기, 식사하기, 양치질하기, 준비물 챙기기, 가방 챙기기 등이 있다.

부모가 생각하는 바람직한 순서가 있겠지만, 그것을 강요하기 전에 아이는 어떤 순서로 진행하기 좋아하는지 물어보자. 일어나서 식사부터 하고 싶은지, 아니면 준비를 다 한 후 먹고 싶은지 의견을 묻자. 아이가 아무리 어려도 자신이 원하는 순서와 방식이 있기 마련이다. 그것을 알아주기만 해도 좋은 습관을 만드는 것은 그리 어렵지 않다.

일주일 정도 실행해 본 뒤 결과를 평가하고 순서를 수정하는 것도 좋은 방법이다. 그러다 보면 대체로 어른들이 바람직하다고 생각하는 방식으로 서서히 변화해 간다. 오랜 경험에서 나온 효과적인 방법이기 때문이다. 이런 과정을 거치지 않고 부모가 지시한 대로 따르라고 하면 아이는 불만스럽다. 스스로 선택한 일이 아니라고 여기기 때문에 자기 일로 느끼지 못하고 결국 남이 시켜야만 움직이는 패턴이 자리잡는다. 부모는 가장 효율적인 방법을 알려 주고, 아이가 시행착오 없이 그 방식을 받아들이기 바란다. 하지만 그럴 가능성은 별로 없다. 결국 아이가 직접 경험하며 깨닫는 과정이 가치 있고, 그 속에서 자신에게 잘 맞는 방법을 빠르게 찾아간다는 것을 기억하자.

아이가 원하는 순서를 말하면 메모해서 아이 책상 앞에 붙여 두자. 눈으로 보고 소리 내어 읽는 것만으로도 실천력이 높아진다. 또한 각 행동 앞에서 시간도 적어야 한다. 다음은 초등학교 4학년 아이의 사례다. 시작한 지 한 달이 지나자 아이의 아침 생활이 확연히 달라졌다. 참고해서 우리 아이의 아침 시간표도 만들어 보면 좋겠다.

7:30 기상 10분 전부터 엄마 아빠가 책 읽어 주기

7:35 씻기

7:45 옷 갈아입기

8:00 밥 먹기

8:20 양치질

8:30 학교로 출발

* 밥 먹고 양치질하고 시간 남으면 책 읽기

* 가방과 준비물은 전날 저녁에 미리 챙겨 놓기

아침밥
잘 먹게 하는 법

식사 시간을 지킨다

아이가 밥을 너무 오래 먹는 경우가 있다. 아무리 아이와 약속을 해도 준비 시간 중 40~50분은 밥 먹이느라 진이 빠진다. 그럴 땐 느리게 먹는 습관을 고쳐 주기 위한 과정이 필요하다.

우선 식사 시간을 아이가 정하는 것부터 시작해야 한다. 부모가 정하면 처음부터 아이는 지키지 않을 이유를 만드는 격이다. 그러니 암묵적 압박이 있다 하더라도 아이가 스스로 정하는 것이 더 효과적이다. 아이가 아침 8시에 밥을 먹겠다고 정하면 그 시간을 지키도록 도와주면 된다. 이렇게 말해 보자.

"8시에 밥을 먹으면 20분 동안 다 먹어야 해. 지킬 수 있겠어?"

분명 말로는 꼭 그러겠다고 장담할 것이다. "20분 동안 먹을게요."

라고 하면 그냥 믿어 주자. 하지만 아이가 무슨 약속을 하든 그 말은 지켜지지 않을 확률이 더 높다. 의지박약이라서가 아니라 어린아이라 그렇다. 이 모든 걸 배우는 과정일 뿐이다.

이럴 때는 아이가 하교한 뒤 아침에 지키지 못한 점을 이야기 나누자. "오늘 지키기 어려웠던 이유가 뭐라고 생각해? 내일은 어떻게 하면 좋을까?" 이렇게 물어보면 아이는 생각하기 시작한다. 하루이틀 만에 완성되는 과정은 아니지만, 점차 아이가 스스로 지키려는 노력을 하게 된다.

아이가 약속을 지키지 못했을 경우 엄마의 반응 방식도 미리 준비해 두어야 한다. 만약 정한 시간까지 다 먹지 못하면 몇 번 정도는 다 먹지 못한 채로 학교에 보내기 바란다. 조금 냉정한 방법 같지만, 좋은 행동을 배우기 위해 꼭 필요한 과정이다. 아이는 아무렇지도 않은데 엄마가 안절부절못하면 아이는 이 모든 과정을 자신의 일로 생각하지 않는다. 아이의 삶을 부모가 대신 살아 주면 안 된다.

아침 식사 메뉴 미리 정하기

아이가 어쩌다 한 번 맛있게 먹으면 엄마는 아이가 그 음식을 좋아한다고 믿는다. 빨리 먹여서 보내야 한다는 압박감에 억지로 먹이려 한다. 어쩔 수 없다고 생각하는 와중에 모두의 아침이 망가지고 있다는 점을 알아차리면 좋겠다.

부모는 아이가 말만 잘 들으면 평화로운 아침을 보낼 수 있을 거라고 말한다. 정말 그렇게 생각하는가? 주는 대로 먹고, 입히는 대로 입고, 씻으라고 명령하면 군소리 없이 씻는 아이를 원하는가? 생각해 보자. 부모가 지시하는 대로만 하는 아이를 정말 아이답다고 생각하는가? 아이는 강아지도 아니고, 말하는 대로 움직이는 로봇도 아니다. 그런데 어리다는 이유로 명령만 하는 것은 옳지 않다. 아이가 아침밥을 잘 먹기 바란다면 부모가 잘 먹을 수 있는 음식과 환경을 준비해야 한다.

전날 미리 아이가 원하는 메뉴를 물어보자. 매번 물어보고 맞추는 게 어렵게 느껴진다면 아이와 협상하면 된다. 학교 급식 식단표처럼 일주일치 아침 메뉴를 미리 정하고 아이에게 보여 주자. 혹시 싫은 메뉴가 있으면 한두 가지만 변경이 가능하다고 한계를 정해도 좋다. 이렇게 정하기만 해도 아침 메뉴로 실랑이 벌이는 일은 확 줄어든다. 처음 몇 번은 아이가 변덕을 부리며 다른 걸 먹고 싶다고 말할 수 있다. 그럴 때는 "지금 바꿀 수는 없어. 다음부터는 전날 저녁에 미리 말해."라고 규칙을 정하면 아이는 의외로 잘 받아들인다.

만약 아이가 원하는 것이 준비하기 부담스러운 음식이라면 "그건 저녁 메뉴로 하자."라고 말하자. 아침에 준비할 수 있는 메뉴 두 가지를 말하고 아이가 그 안에서 선택하게 하자. 아이가 선택하면 탁월한 결정이었음을 말해 주자.

우리 집의 밥상머리 문화 만들기

프랑스, 핀란드 등 유럽 육아법이 인기를 얻으면서 종종 가족 식사 장면이 TV에 보인다. 어린아이도 식사 시간이 끝날 때까지 식탁에서 일어나지 않는다. 자신이 좋아하지 않는 음식이어도 식사가 준비되면 불평 없이 잘 먹는다. 신기하다. 어떻게 이럴 수 있을까?

예전에는 우리나라의 밥상 문화도 이랬다. 어른이 수저를 먼저 들 때까지 기다릴 줄 알았고, 다 먹고 나서도 먼저 일어나지 않고 기다렸다. 골고루 먹으라는 부모님의 말씀에 불만스럽지만 억지로라도 먹었다. 그런데 우리 아이들의 밥상 문화가 어느새 바뀌고 있다. 급하게 챙겨야 할 공부 때문에 훨씬 더 중요한 것을 놓치고 있는 것은 아닌지 걱정된다. 기본이 바로 서지 않으면 아무리 큰 성과를 이룬다 해도 모래성 위에 지은 집이 될 뿐이다.

좋은 식사 습관을 위해 우리 집만의 새로운 밥상 문화를 만들어 보자. 정해진 시간에 식탁에 앉아 짧더라도 규칙적인 식사 형식을 만드는 것이다. 우선 최소한 TV나 스마트폰을 보지 않는다는 원칙을 세우자. 아이에게 아침 식사 시간을 어떻게 준비하고 싶은지 물어보면 좋겠다. 아이가 들으면 도움이 되는 새 소식을 전해 주는 것도 좋다.

아이가 원하는 메뉴를 준비하고 식사 시간도 정했지만, 여전히 밥알만 세고 있다면 어떻게 하면 좋을까? 식사 전에 잠깐 맨손체조라도 하면 도움이 된다. 물을 마시고 조금만 움직여도 아이들은 배가 고파진다. 잠이 덜 깬 상태에서 바로 식탁에 앉지 말고 몸을 좀 움직이게 하자. 전날 미리 아이와 아침밥 메뉴를 협상했다면 성공 확률이 매우 높을 것이다.

참, 아이가 혼자 식사할 때는 책을 보며 먹는 것 정도는 허용해도 된다. 음악이나 동화책 오디오북을 듣는 것도 좋다. 아이의 개성과 취향도 어느 정도 인정하는 게 필요하다.

양치질과 세수하기

밥을 다 먹은 아이는 이제 이를 닦고 세수해야 한다. 혹시 아이가 세수하러 들어가서 오래 걸리는가? 만약 세면대 앞에 오래 머무는 편이라면 아이에게 그 시간이 어떤 의미인지 잠깐 생각해 보자. 많은 아이들이 화장실에서 꽤 긴 시간을 보낸다. 왜일까? 씻는 데 오래 걸리는 것이 아니라 물에 손을 넣고 물방울이나 튀기면서 멍하니 서 있지는 않은가? 잠이 덜 깨서는 아니다. 아직 아이는 반복되는 일상의 활동을 왜 해야 하는지 모른다. 엄마는 무척 바쁜 것 같고, 자신이 유치원이나 학교에 가야 하는 건 알지만 왜 가야 하는지는 모를 수 있다. 자신은 편안한 집에서 엄마랑 즐겁게 지내고 싶을 뿐인데 억지로 가야 하는 것이 마음이 들지 않는다. 그래서 그렇게 멍하니 시간을 보낸다.

또 다른 이유는 엄마의 잔소리에서 벗어난 공간에서 잠시라도 마음대로 장난치거나 다른 생각을 할 수 있기 때문이다. 세수하러 들어간 지 한참 된 아이가 물장난만 하고 있다면 아이는 어쩌면 그 짧은 시간 동안 자유를 갈망하는지도 모른다.

물장난하면서 공상에 잠기기도 하고, 오늘 하루 동안의 에너지를 끌어올리는 것일 수 있다. 한마디로 에너지를 충전하는 중이다. 그러니 이를 방해하기보다는 언제 충전이 끝나는지 물어보는 것이 좋다. 화장실에 시계가 있으면 좀 낫다. 나와야 할 시간을 알려 주면 되니 말이다.

시간을 줄이고 싶다면 영화의 한 장면처럼 아이와 함께 즐겁게 이를 닦아 보자. 아이들은 따라 하기 대장이다. 혼자 하라고 하면 재미를 못 느낀다. 엄마 아빠는 아이를 준비시키는 사람이 아니라 아이와 함께 아침을 준비하는 사람이다. 아이가 밥 먹을 때 함께 먹고, 이 닦을 때 함께 닦으면 어떨까? 밥먹고 식탁 치우느라 아이에게 소리만 지르고 있다면 조금 다르게 해 보기 바란다. 식탁은 좀 나중에 치워도 아무 일이 생기지 않는다. 일의 순서가 바뀜으로써 부모를 괴롭히던 아이의 아침 일과가 수월해진다면 순서 조금 바꾸는 게 뭐 그리 대수일까?

전날 밤에
미리 옷 고르기

아침에 옷을 입히는 데 한참 걸리는 이유는 아이가 입고 싶은 옷을 입는 것이 아니라 엄마가 정해 준 옷을 입기 때문이다. 그러니 전날 미리 다음 날 입을 옷을 정해서 세팅해 두는 것도 한 방법이다. 연예인만 옷을 코디하는 것이 아니다. 아이도 나름 자신의 패션에 신경을 쓴다. 자라면서 아이의 옷 취향도 꽤나 분명해진다. 친구에게 예쁘게 보이고 싶은 마음도 크다. 내일 입을 옷을 미리 정해 두기만 한다면 옷 입는 시간은 확 줄어든다. 아이가 거울 앞에서 자신의 맵시를 뽐내는 모습은 정말 사랑스럽다. 그렇게 맵시를 부려 자신의 외모가 마음에 든다면 하루에 무척 큰 활력소가 된다. 마음에 드는 옷을 잘 차려입었을 때 아이의 마음은 이렇다.

새 신을 신고 뛰어보자 팔짝! 머리가 하늘까지 닿겠네.

동요에서는 새 신을 신은 이야기만 했지만, 마음에 드는 옷을 입은 아이는 옷에 날개가 달린 듯 신나게 학교로 달려간다. 새 옷보다 더 좋은 것은 마음에 드는 옷이다. 아이에게 저녁마다 다음 날 입을 옷을 코디해 옷걸이에 걸어 두게 하면 아침 시간의 작은 행복이 될 수 있다.

어제보다 나은
아침이 되도록

아침에 1분이 얼마나 귀하고 급박한데 아이에게 물어보고 자시고 할 시간이 어딨느냐고 따지고 싶은 마음도 충분히 공감한다. 하지만 아침마다 전쟁을 치르는 현재 상황을 바꾸고 싶다면 미리 물어보기만 해도 된다.

아이를 깨울 때 "오늘의 아침 메뉴는~" 하고 미리 말해 주는 것도 좋다. 기분 좋게 "공주님, 혹시 아침 식사에 필요하신 것 있나요?"라며 한껏 추켜세우는 것도 좋다. 아침부터 왕자님, 공주님 같은 대접을 받는다면 아이의 아침은 훨씬 우아해진다.

초등학생이라면 어린이집 둠워부터 시작된 몇 년간의 경험으로 엄마의 방식에 익숙해져 있다. 억지로 먹게 하고 옷도 정해서 입으라고 하는 엄마에 대응하는 나름의 방법도 발전시키고 있다. 어떤 아이는 엄마가 시키는 대로 하기만 해서 이제는 매사에 엄마에게 질문한다.

"엄마 옷 뭐 입어요? 화장실 갔다 와도 돼요?"

아이가 커 갈수록 한 해 한 해 나아지는 재미가 있어야 하는데 갈수록 더 심해진다고 생각되면 그야말로 악순환에서 헤매는 상황이다. 다시 선순환의 구조로 바꾸어 하루하루 아이가 커 간다고 느낄 수 있어야 한다. 행복한 아침으로 시작하는 하루하루가 모여 아이의 인생을 만든다.

맞벌이 가정을 위한
아침 작별법

맞벌이 부부의 아침은 초 단위를 다투며 준비하는 시간이다. 아이를 깨워 밥을 먹이고 옷을 입히고 등원, 등교 준비를 하는 동시에 자신의 출근 준비도 해야 한다. 집 안은 폭탄 맞은 듯 엉망이 되고, 정리할 틈도 없이 아이를 끌고 달려 나가기 일쑤다. 숨 돌릴 틈도 없이 마치 시간이라는 괴물에게 쫓기는 느낌이다. 이런 상황에 아이에게 책을 읽어 주며 깨우거나 의견을 물어 준비 과정을 거치기엔 너무나 시간이 부족하다.

부부 중에 한 사람이라도 출근 시간이 여유롭다면 괜찮지만, 그렇지 않은 경우엔 조부모님의 도움을 받거나 개인적으로 등교를 도와주는 베이비시터를 구해야 한다. 학교에 아침 돌봄이 있는 경우는 그래도 운이 좋은 편이지만, 아직 정책이 그리 안정화되지 못해 여전히 부모의 고민이 개운하게 해결되기 어렵다. 이렇게 정신없는 와중에 가장 힘든 점은 특히 일하는 엄마의 죄책감이다. 다른 부모들이 아이에게 해 주는 것들을 자신은 해 주지 못한다는 죄책감이 들어 마음이 무겁다.

하지만 너무 걱정하지 않기 바란다. 많은 아이들이 맞벌이 부모에게서 자라고 있다. 2023년 통계에 의하면, 우리나라 부부 중 맞벌이 부부 비중은 48.2퍼센트지만, 유아와 초등, 중등 자녀를 둔 맞벌이 부모는 58퍼센트로 높게 나타났다. 가장 중요한 점은 맞벌이 여부가 아이의 성장에 나쁜 영향을 미친다는 결과는 없다는 점이다. 엄마가 일하지 않기를 바라는 아이들이 가지 말라고 매달리며 울고 일하지 말라고 투정을 부리는 상황이 괴롭겠지만, 아이가 우는 이유는 지금 당장 엄마와 함께 있고 싶은 마음 때문이다. 우는 아이를 두고 출근한다고 해서 우리 아이의 발달에 치명적 상처를 남기진 않는다. 그러니 바쁜 와중에서 가장 중요하고 핵심적인 사항에만 잘 집중하여 아이를 도와주면 얼마든지 잘 자란다.

맞벌이 부모의 아침 시간에서 가장 중요한 건 아이의 마음을 채우는 일이다. 이를 위해 평소 엄마 아빠의 일에 대해 아이가 알아들을 수 있는 말로 자세히 설명하자. 떨어져 있는 시간 동안에 할 일을 열심히 하며 성실하고 건강한 모습으로 시간을 보내고 있음을 알려 줘야 한다. 일하는 엄마 아빠를 자랑스러워하고 자부심을 느끼도록 해 주어야 한다.

  이제 맞벌이 부모의 아침 작별에서 아이의 마음을 챙기는 방법을 알아보자. 첫째, 아이가 엄마 아빠와 떨어져 슬프고 그리운 마음을 위로해 줄 수 있어야 한다. 둘째, 엄마 아빠도 일하는 동안 아이를 보고 싶어 하고 그리워하고 있다고 말해 주어야 한다. 셋째, 엄마 아빠 마음속에 아이가 가장 크게 자리 잡고 있음을 알려 주어야 한다. 넷째, 아이 마음속에 엄마 아빠를 충전해 주어야 한다.

매일 아침
사랑을 전하는 포옹 시간

  해야 할 게 네 가지나 되는 것 같지만, 한 가지 방법으로 네 가지를 모두 충족할 수 있다. 헤어질 때 아이를 8초 정도 꼭 껴안아 주자. 엄마와 아이, 아빠와 아이가 각각 8초씩 양팔로 아이를 감싸고 약간의 압박감이 느껴지는 정도로 안아 주면 된다. 미국 심리학자 크리스티 레이가 제안하는 '8초 포옹법'은 사랑 호르몬이라 불리는 옥시토신 분비를 촉진한다. 그래서 뇌에서 신경전달물질로 작용하여 불안과 우울감을 완화하고, 사회적 상호작용을 개선하는 데 도움이 된다. 날마다 시행하는 아침 포옹은 스트레스 호르몬인 코르티솔을 감소시키고 스트레스 반응도 완화한다.

포옹 지속 시간에 따라 그 효과는 차이가 있다. 많은 학자들의 연구에 따르면, 5~10초 정도의 포옹이 가장 긍정적인 반응을 유도하고, 1초 포옹은 정서 공감이나 옥시토신의 분비에 그리 영향을 주지 않는다. 3초 포옹은 약간의 영향이 있지만 미약한 수준이다. 최소 6초 이상의 포옹에서 옥시토신이 활발이 분비하기 시작하고 심박수도 또렷이 안정되며 강한 정서적 공감을 느낀다.

또한 상상 놀이처럼 엄마 아빠 가슴에 아이를 충전하고, 아이 가슴에 엄마 아빠를 충전하는 방식의 작별식이 꼭 필요하다. 맞벌이 부모의 아침 작별법은 바로 여기에 있다. 아이를 안고 최소 6초에서 10초 정도 꽉 껴안아 주자. 그리고 이렇게 말해 주자.

 "엄마(아빠) 마음에 우리 ○○이 충전!"
"우리 ○○이 마음에 엄마(아빠)를 충전!"

아침에 포옹하며 헤어진 아이는 마음이 충만하기에 하루를 즐겁고 신나게 지낼 수 있다. 가끔 친구 엄마들이 마중 나오는 게 부럽고, 비 오는 날 나만 우산을 가져다 주는 부모가 없어 잠시 쓸쓸할 수는 있겠지만 그건 큰 상처가 되지 않는다.

덤으로 "엄마도 일하는 동안 네가 무척 보고 싶어. 아빠도 계속 네 생각이 나지. 그래도 참고 열심히 일해. 저녁에 반갑게 만나면 되니까." 하고 말해 주는 것으로도 아이는 잘 견딜 수 있다.

《믿는 만큼 자라는 아이들》을 쓴 박혜란 작가는 가수 이적을 포함해 세 아들을 서울대학교에 보낸 것으로 유명하다. 책을 읽어 보면 일반적인 육아법과는 많이 다르다는 것을 알 수 있다. 그녀는 아이들의 학교에 한 번도 가지 않았다. 하지만 아들은 비가 오는 날 우산이 없거나 엄마가 오지 않았다고 슬프지도 주눅 들지도 않았다. 오히려 나가서 물놀이를 시작했고 '우리 엄마는 안 와!'라는 영웅 심리를 느끼며 신나게 뛰노는 시간이 더 뿌듯했다고 말한다.

그녀가 아이들에게 가장 많이 한 말은 "알아서 커라."였다. 그렇다고 방치하거나 무관심한 게 아니었다. 아이들을 어려서부터 자유롭게 놀게 하고, 자연을 많이 접하게 했으며, 유아기부터 아이가 필요한 건 스스로 챙기도록 했다. 나들이를 나갈 때면 각자 준비물은 알아서 챙기라고 하고 챙겨 주지 않았다. 뭔가를 빠뜨려 곤란함을 겪은 아이는 다음 나들이에는 꼼꼼하게 챙길 수 있는 능력을 키운다. 처음부터 아이들의 능력을 믿기에 가능한 일이다. 기본 방향만 잘 잡으면 아이들은 얼마든지 자신의 잠재력을 발휘하면서 잘 자랄 수 있다. 그녀의 지혜로움과 당당함을 많은 부모가 배우면 좋겠다.

매일 말 공부 ①
엄마와 헤어지는 불안함, 이렇게 다잡아 주세요

**맞벌이 부모에게 자란
어느 대학생의 편지**

어렸을 적 나는 엄마와 아빠가 맞벌이라서 집에 누나와 둘만 남겨지는 경우가 많았다. 그때는 그게 너무 당연하다고 생각하고 크게 불안했던 적은 없었다. 잘 보살펴 주시는 할머니가 계셨기 때문이기도 했지만, 더 중요한 이유가 있다. 엄마가 출근할 때 항상 나에게 해 주었던 "도깨비 잡으러 갔다 올게."라는 말 덕분이었다. 도깨비 잡으러 갔다 온다는 말을 어린 나는 그대로 믿었다. 엄마가 그 말을 할 때마다 즐거운 상상의 나래를 펼쳤다.

어렸을 적 TV와 동화책에서 본 대로 도깨비는 별로 무섭지 않고 귀엽게 느껴졌다. 그래서 엄마가 도깨비 잡는 모습을 상상하는 것이 즐거웠다. 매우 설레고 흥미진진했다. "돈 벌러 간다.", "일하러 간다." 라는 말보다 훨씬 더 매력적으로 들렸고, 어린 나는 엄마가 정말 대단한 일을 하러 간다고 생각했다. 그 말 덕분에 엄마와 떨어져서 불안하거나 상실감을 느끼기보다는 왠지 모르게 설레는 기대감이 훨씬 높았다. 엄마가 퇴근하면 난 항상 "오늘은 도깨비 몇 마리 잡았어?" 하고 질문했고, 엄마는 질문에 친절하게 답하면서 나의 즐거운 상상을 절대 깨지 않았다.

나중에 초등학교 고학년이 되어서 엄마한테 왜 항상 일하러 갈 때마다 도깨비 잡으러 갔다 온다고 했느냐고 물어보니, 일하러 간다고 하면 내가 엄마와 떨어지기 싫다고 칭얼거리고 여러모로 불안해하는 반응을 보였기 때문이라고 한다. 그래서 어쩌다 보니 도깨비 잡으러 간다고 했는데 효과가 생각보다 좋아서 이후로 계속 그렇게 했다고 한다. 지금 생각해도 참 탁월한 방법이 아니었나 싶다. 어렸을 때 쉽게 접할 수 있는 도깨비 이야기, 그렇게 무섭지도 않고 왠지 한판 뜨면 내가 이길 수 있을 것 같은 존재, 한 번쯤 만나 보고 싶은 초현실적인 존재의 이미지를 활용해서 나의 불안한 마음을 흥미와 기대감 같은 긍정적인 생각으로 바꾸어 준 것은 정말 신의 한 수였다.

학교:
작은 감정 신호를
캐치하세요

아이가 꼭 채워야 할 마음 준비물

아이는 좋은 하루를 위하여 어떤 마음을 준비하고 있을까? '친구가 나랑 안 놀면 어떡하지?', '친구들은 잘하는데 난 못하면 어떡하지?', '선생님께 혼날까 봐 무서워.' 혹시 이런 걱정과 불안으로 하루를 시작한다면 안타깝게도 그런 일은 꼭 일어난다. 이유는 간단하다. 걱정과 불안이 있는 아이의 표정과 몸짓은 이미 자신이 없고 주눅이 들어 있다. 선생님의 질문에 씩씩하게 답하기도 쉽지 않고, 뭔가를 수행할 때도 망설이다 시간만 끌고 결과물은 부실하다. 그러니 알림장의 준비물만큼 중요한 것이 바로 '마음 준비물'이다.

오늘 아이의 마음속에 무엇을 챙겨 주고 유치원과 학교로 보냈는가? 온종일 딱딱한 의자와 책상에 앉아 지루한 수업 시간을 견뎌 내고, 그리 친절하지 않은 친구들의 눈빛을 받아도 상처받지 않을 마음 준비물은 잘 챙겨서 보냈는가? 부모가 등교하는 아이에게 가장 많이 하는 말은 이렇다.

"선생님 말씀 잘 들어. 수업에 집중 잘하고."

좋은 말이긴 하지만 사실 마음 준비에 그리 도움되지는 않는다. 그렇다면 어떤 준비를 해 주어야 할까? 평소 학교생활을 밝고 당당한 모습으로 잘한다고 평가받는 초등학생들에게 어떤 마음으로 학교에 가는지 물었다. 아이들의 대답은 주로 이랬다.

"친구 만나고 싶은 마음으로 가요."

"오늘은 가서 뭘 하면 재미있을까 하는 마음으로 가요."

"힘들지만 쉬는 시간에 친구랑 놀아야지 하는 마음이요."

이렇게 말하는 아이는 모두 공부 능력도 친구 관계도 좋다. 이상하지 않은가? 재미있게 놀겠다는 말밖에 없는데 왜 학업 성적이 좋은 걸까?

학교생활을 싫어하는 아이들은 반대로 이렇게 이야기한다.

"제발 학교 좀 안 갔으면 좋겠어요. 할 수 없이 가는 거예요."

"진짜 재미없어요."

"발표하는 게 너무 싫어요."

"수업 시간이 너무 힘들어요."

"제가 학교에 안 가면 엄마 아빠가 감옥 간대요."

어떤 차이가 있는 걸까? 학교에 가서 놀 생각으로 가득 차 있는 아이의 가장 중요한 특징은 바로 마음이 긍정적이라는 점이다. 편안함, 열린 마음, 즐기려는 마음으로 가득 차 있다. 이런 마음이라면 친구가 실수로 부딪치거나 연필을 부러뜨려도 화를 덜 낼 것이다. 수업 시간에 잠깐 장난을 쳐도 다시 집중해서 잘 들을 수 있다. 다들 무료하게 쉬는 시간을 보내고 있으면 '지우개로 알까기'라도 제안해서 놀 줄 아는 아이다. 그렇다. 학교에선 놀지도 못한다고 짜증만 부리는 아이와 달리 학교생활을 잘한다고 평가받는 아이는 그 틈에서도 뭔가 즐길 만한 일을 찾아내거나 만들어 내려는 마음가짐을 가지고 있다. 한 아이는 이렇게 말한다.

"숙제를 안 했을 때 빼고는 매번 편안한 마음으로 학교에 가요. 친구도 가리지 않고 나랑 놀겠다는 아이랑은 같이 놀기로 마음먹었어요. 저한테 중요한 건 어떻게든 즐겁게 지내는 거예요. 이 시간을 재미있게 보내려는 마음만 있으면 언제든 즐거운 일이 생겨요. 없으면 우리가 만들면 되고요. 친한 친구들은 빗자루랑 쓰레받기, 대걸레로 음악 공연도 해요. 학교는 의무적으로 가는 곳이니까 스트레스를 받긴 하지만, 어차피 가야 하는 거 즐기다 오자는 생각이 더 좋은 것 같아요."

초등 5학년 아이들에게 마음 준비물에 대해 설명을 해 주었다.
"마음 준비물이란 오늘 수업을 어떤 생각으로 들을까? 친구와 어떤 감정으로 대화할까? 이렇게 미리 준비하는 마음을 말해. '집중해야지, 친절하게 말해야지.'처럼 미리 마음을 준비하는 거지."

그 후 아이들에게 자신이 챙기지 못한 마음 준비물이 무엇인지 물었다.

"전 자꾸 잊어버리고 준비를 안 해서 많이 혼나요. 잘 기억해서 꼼꼼하게 잘 챙겼으면 좋겠어요."

"친구가 장난치자고 했을 때 그게 나쁜 것 같아도 거절을 못 했어요. 두고두고 후회가 돼요. 장난친 아이에게 미안하기도 하고, 거절하면 나랑 안 논다고 할까 봐 그랬어요. 거절을 잘하고 싶어요."

"저는 조심성, 배려심이 좀 없어요. 그래서 자꾸 문제가 생겨요."

"친구는 절 도와줬는데 저는 안 도와줘서 친구가 뭐라고 한 적이 있어요."

"전 장난이라고 생각하고 재미있으니까 했는데 친구가 화내고 속상해해요. 선생님께 혼난 적도 있고요. 장난이 다 좋은 건 아닌 것 같아요."

"전 자꾸 수업 시간에 딴생각을 해요. 집중해야겠다는 마음을 먹어야 할 것 같아요."

"수업 시간에 장난치다가 자주 혼나요. 조금 지루해지면 참지를 못해요. 수업 시간에 장난 안 치면 좋겠어요."

기억력, 단호함, 조심성, 배려심, 집중력, 조절력 등 의외로 꽤나 깊은 생각들을 말한다. 아이들의 생각을 정리해 보면 크게 세 가지 마음 준비물을 이야기하고 있다.

- 나 자신을 위한 준비물
- 친구와의 좋은 관계를 위한 준비물
- 공부를 위한 준비물

아이에게 이 세 가지는 아주 중요하다. 이 세 가지 마음 준비물을 잘 챙길 수 있다면 우리 아이의 심리적 건강, 친구 생활, 공부 생활은 걱정할 필요가 없다. 이제 아이의 마음을 든든하게 채워 주는 부모의 말을 알아보자.

① 자기 돌봄의 힘을 키우는 엄마의 말

　육아의 최종 목적은 아이가 자기 스스로를 잘 돌볼 줄 아는 사람으로 성장하는 것이다. 그러니 아이에게 가장 먼저 가르쳐야 할 것도 바로 자기 자신을 잘 돌보는 일이다. 사람은 자신을 알고 잘 돌보아야 심리적 여유감이 생겨 타인의 마음에 공감도 잘하고 도움도 줄 수 있다. 아이가 자신을 잘 돌보기 위해 꼭 필요한 마음 준비물은 다섯 가지다.

　① 내 감정을 알아차리기
　아이도 상황마다 각기 다른 감정을 느낀다. '부끄럽다.', '억울하다.', '창피하다.', '슬프다.', '긴장된다.' 등 자신의 감정을 인식하고 알아차리는 능력은 매우 중요하다. 그래야 감정을 표현할 수 있고 조절할 수 있기 때문이다. 유치원과 학교에서 감정을 잘 표현하지 못할 때가 많더라도 적어도 집에 와서 엄마 아빠에게는 말하는 것은 매우 중요하다.

 "네가 느끼는 모든 감정은 중요해. 어떤 감정을 느꼈는지 저녁에 얘기해 줘."

자기 감정을 알아차리는 데서 자기 돌봄이 시작된다. 감정 카드나 그림책과 동화로 종종 감정 이야기를 나누는 것이 좋다.

② 힘들 때 도와달라고 말하기

아이는 아직 스스로 해결할 수 있는 것이 그리 많지 않다. 주어진 과제를 해결할 방법을 모를 때, 긴장되거나 뭔가 답답하고 막막할 때 도움을 청하는 것이 매우 중요하다. 도움 청하는 것이 어렵게 느껴지는 아이에겐 약간의 용기가 필요하다고 미리 말해 주자. 상대가 도와주지 않을 수 있다는 사실도 미리 말해 주어야 한다. 더 중요한 건 자신이 말했다는 사실이다. 이것이 아이 마음에 큰 위로가 될 수 있다. 도움을 요청하는 말을 가르쳐 주고 연습시키자.

"이것 좀 도와줄래? 나 좀 도와줄 수 있어?"

이렇게 말했을 때 거절하는 사람은 별로 없다는 사실을 경험하게 될 것이다.

③ 실수해도 괜찮다는 생각

아이는 수없이 실수와 실패를 경험한다. 의외로 많은 아이가 작은 실수를 크게 창피해하고, 지거나 실패하면 다시는 그걸 하지 않으려고 회피하는 모습을 보인다. 그래서는 안 된다. 그러니 아이의 마음 준비에서 실수를 축하하고 그런 상황을 여유롭게 느낄 수 있도록 도와주자.

 "오늘 몇 번 실수할 것 같아? 몇 번 질 것 같아? 지거나 실수하는 건 축하할 일인 거 알지?"

이 마음을 키워 주어야 좌절하지 않고 다시 시도하면서 자존감을 지킬 수 있다.

④ "아니. 난 싫어. 난 못 해."라고 거절하기

싫은 것을 싫다고 말하는 건 기본적인 자기 보호 능력이다. 친구가 무리한 부탁을 하거나 부당한 요구를 할 때, 아이는 자기 경계를 지키고 스스로를 보호해야 한다. 그래서 "아니, 싫어, 난 못해."라는 말을 가르치는 것은 매우 중요하다.

착하고 양보를 잘하고 배려해야 한다는 가르침은 매우 중요하지만, 자기를 돌보지 못한 채 상대의 의견에 끌려가는 건 절대 바람직하지 않다. 먼저 자신의 마음을 솔직히 말하고 그 부탁을 들어주기 어려운 이유를 말하면 된다.

학원 가야 하는데 친구가 놀자고 한다면 "나도 놀고 싶지만, 난 시간을 잘 지키고 싶어."

아끼는 학용품을 빌려달라고 하면 "이건 내가 아끼는 거라서 못 빌려줘. 다른 건 빌려줄 수 있어."

적절한 이유가 없을 때 거절하고 싶다면 부모님의 원칙을 알려 주는 방법도 가르쳐 주자.

만약 친구가 1,000원을 빌려달라고 한다면 "그건 어려워. 엄마가 절대 돈을 빌리지도 말고, 빌려주지도 말라고 했어."라고 말할 수 있어야 한다.

⑤ **자신을 칭찬하기**

유아와 초등 시기엔 자신의 행동이나 결과에 대해 부모님과 선생님, 친구들의 칭찬을 받고 싶다. 이 또한 매우 중요하다. 하지만 그보다 더 중요한 건 스스로 자신을 칭찬할 줄 아는 것이다. 모두가 다 잘했다고 말하지만, 정작 자기 자신은 뭔가 부족하다고 느낀다면 그 칭찬은 별로 힘이 없다. 그러니 타인의 평가보다 자기 스스로 잘한 점을 찾아 스스로에게 말해 주는 것이 곧 자기 인정이다. 이런 말은 자존감을 높여 회복탄력성 높은 아이로 자라게 한다. 종종 이런 말을 해 준다면 아이는 자신을 더욱 아끼고 잘 돌보는 힘을 키울 수 있다.

"엄마 아빠의 칭찬보다 더 중요한 건 너 스스로 어떻게 생각하는지야."
"네가 잘했다고 생각하는 점은 뭐야? 네가 새로 배운 점은?"

우리 아이의 마음 준비물의 첫 번째는 아이 스스로 자신의 마음을 잘 돌보는 일이다. 너무 착한 아이가 되려 자신의 감정을 억누르고, 내 생각과 다른 것에 거절하지 못한다면 겉으로는 괜찮아 보여도 속마음은 병들기 시작한다. 자기 돌봄이 우리 아이의 첫 번째 마음 준비물임을 잘 기억하자.

② 사회성을 키우는 엄마의 말

아이가 학교생활에서 가장 신경 쓰는 부분은 바로 친구 관계다. 친구와 재미있게 놀았다면 학교가 즐거웠다고 말하고, 친구와 문제가 생기면 다음 날 학교에 가기 싫다고 한다. 그러니 꼭 챙겨야 할 마음 준비물 중 하나가 바로 아이의 사회성이다. 하지만 "친구와 사이좋게 잘 놀아, 친구를 배려해야지."와 같은 말들은 정작 친구 관계에 도움 되지 못한다. 시시각각 변하는 다양한 상황과 미묘한 감정 갈등 속에서 어떻게 대처해야 할지 알려 주는 아이디어는 별로 없기 때문이다.

아이의 하루는 생각보다 치열하다. 나에게 먼저 말 걸어 주는 친구가 없을 때, 좋아하는 친구에게 먼저 다가가기 힘들 때, 별 관심없는 아이가 같이 놀자고 할 때 당황스럽기도 마찬가지다. 반칙을 하는 친구에게 뭐라고 말해야 할지, 친구가 제안하는 놀이를 거절하고 싶을 때는 어떻게 해야 할지 혼란스럽다. 심지어 착하게 굴다가 선생님이 자리를 비우면 자기 멋대로 하는 친구 때문에 난감한 상황도 겪는다. 그래서 상담실에서 아이들이 자주 하는 질문은 바로 이거다.

"이럴 때 뭐라고 말해요?"

유치원과 초등 시기는 사회적 기술의 기초를 배우는 단계다. 친구와 잘 사귀고 친하게 노는 방법부터 서로 의견이 다르거나 갈등이 생겼을 때 어떻게 해야 하는지까지 부모의 말은 아이의 사회성 형성에 큰 영향을 미친다. 다음은 갈등이 생겨도 유연하게 잘 해결하며 유대감을 키우는 데 도움되는 친구 관계의 마음 준비물이다. 딱 세 가지만 기억하자. 무엇보다 아이들이 쉽게 따라할 수 있는 표현 간단하고 반복 가능한 말이 가장 효과적이다.

① "누구든 함께 잘 노는 게 중요해."

'친구와 논다.' 이 문장에서 '친구'와 '놀다' 중 더 중요한 것은 무엇인가? 부모는 아이가 좋은 친구 사귀기를 바라는 마음이 커서 '친구'에 더 무게를 두는 경우가 많다. 그런데 친구에 무게를 두게 되면 자꾸 친구를 고르게 되고, 내가 원하는 친구가 없거나 원하는 친구가 나와 놀지 않는 상황에서 더 중요한 '놀기'를 못하게 되는 부작용이 생긴다. 유아기와 초등 시기는 다양한 친구를 경험하며 사람과 세상에 대해 배워 가는 단계다. 청소년기가 되어 '난 이런 사람이다.'라는 자아 정체성이 분명해지면 나에게 잘 맞는 친구, 나와 잘 통하는 친구가 필요하다. 하지만 다양한 친구들과 어울리며 세상 사람들의 특성과 사람마다 다른 기질과 성격을 이해하는 과정을 거쳐야 나에게 소중한 친구도 사귈 수 있다. 그러니 우리 아이가 좋은 친구와 어울리기를 바란다 해도 친구를 가려 내는 말은 조심해야 한다. 이제 "누구랑 놀았어?"라는 질문보다 다음과 같이 물어보자.

"무슨 놀이 했어?"
"오늘 함께 논 친구들은 몇 명이야?"
"같이 논 친구는 이름이 뭐야?"
"놀면서 제일 기분 좋았던 점은 뭐야?"
"놀면서 속상했던 일은 뭐야?"

이렇게 어떤 놀이를 어떤 마음으로 했는지에 초점을 두고 질문하다 보면 아이는 언제든 누구와 놀 수 있는 훌륭한 사회성의 기초를 다지게 된다.

② **친구 감정을 알아차리는 민감성**

친구와 놀다 보면 갈등과 다툼이 생기기 마련이다. 그저 재미있게

만 놀기를 바라는 건 사실 어른들의 욕심일 뿐이다. 갈등과 다툼이 일어난 상황에서 가장 상황을 잘 파악하고 중재할 수 있는 아이는 바로 타인에 대한 공감 능력을 가진 경우다.

다 같이 즐겁게 웃고 있는데 한 아이만 표정이 시무룩할 때 많은 아이들이 그 친구의 감정 신호를 알아차리지도 못하고, 감지하지도 못해 본의 아니게 무시하게 된다. 그럴 때 그 친구의 표정이나 몸짓에서 뭔가 신호를 알아차린 아이는 이렇게 질문한다.

 "왜 그래? 어디 아파?"

이렇게 시작된 질문은 친구의 감정에 더 깊이 다가갈 수 있다.

 "왜? 기분 나쁜 거 있어?"
"이 놀이 싫어? 어떡하지?"

아이의 사회성 발달에서 가장 기본은 공감 능력이다. 그런데 이 공감 능력은 말로 설명해 준다고 해서 잘 배우는 건 아니다. 부모의 공감을 많이 경험한 아이가 자연스럽게 친구에 대한 공감도 잘하게 된다. 그러니 평소 부모가 일상생활에서 아이의 표정이나 몸짓을 세심히 살피고 공감하는 것이 중요하다.

"어? 뭔가 불편해 보이네."

"속상한 거 있어?"

"엄마가 갑자기 소리 질러서 많이 놀랐어? 무서웠구나."

"장난감 정리하라고 하니 대답은 했지만 안 하고 있네. 넌 어떻게 하고 싶어?"

친구에 대해 부모와 이야기를 나눌 때 질문을 통해 아이의 공감 능력을 키울 수 있다. 저녁에 친구들과 놀았던 이야기를 나눌 때 잘 공감하면서 들어주고, 아이가 말한 내용 중에서 좀 더 공감 능력을 키워 주는 질문도 해 보자.

"그랬구나. 그런 점이 재미가 있었어?"

"네가 져서 속상하진 않았어?"

"그래도 금세 마음을 회복했네. 기특해."

"다른 친구들은 졌을 때 어땠어?"

"그 친구는 왜 그렇게 행동했을까?"

"무슨 이유가 있었을까?"

"우는 친구도 있었구나."

"그 친구는 애들이 어떻게 위로해 줬니?"

"어떤 말이 위로가 되었을까?"

"친구가 울 때 넌 어떤 마음이었어?"

"그 상황에서 너라면 어떻게 했을 것 같아?"

이 모든 질문을 다 하라는 의미가 아니다. 이 중 이야기 맥락에 맞게 한두 가지 질문만 해도 아이는 부모와 깊은 대화를 나누어서 만족하고, 친구에 대한 공감 능력도 무척 잘 자란다.

③ 내가 실수하고 잘못했을 때 사과하는 방법

아이들은 늘 실수하고 잘못하지만 사과하는 것은 어려워 한다. 속으로 잘못했다고 생각할 때도 마찬가지다. 사과가 어려운 데는 심리적 이유가 있다.

첫 번째, 자기 행동을 객관적으로 돌아보는 능력이 아직 부족하고 자기중심적 사고에 머물러 있기 때문이다. '왜 내가 사과해야 해? 걔도 전에 나한테 그랬단 말이야.'라는 식으로 상황을 명확히 파악하지 못한다. 그때 일과 지금 일을 구분하는 판단력을 길러 주고, 현재 일어난 일에 대한 사과의 중요성을 가르치는 것이 필요하다.

두 번째는 자신의 감정과 생각을 말로 표현하는 것이 미숙해서다. 사과할 마음은 있지만 입이 떨어지지 않고 어떤 말로 표현할지 모르는 경우다. 이럴 때는 사과하는 방법을 구체적으로 가르쳐 주고 연습하는 과정이 필요하다.

세 번째는 자신이 나쁜 아이가 된 것 같은 수치감을 피하고 싶어서다. 어른들은 사과하는 것이 성숙한 일인 줄 알지만, 아이들은 본능에 충실하다. 그래서 "내가 잘못했어, 미안해." 하고 말하길 회피하고 싶은 마음을 이해하는 것이 중요하다.

네 번째는 사과해도 용서받지 못할까 봐 두려워하는 경우다. 싸운 뒤 화해하고 다시 즐겁게 노는 경험의 부족하기 때문이다. 사과해도 여전히 친구라는 사실을 깨닫는 경험이 필요하다.

아이가 사과하기가 어려운 이유를 알아야 사과하기를 잘 가르칠 수 있다. 사과의 필요성을 느끼지 못하는 경우 비슷한 주제의 그림책이나 동화책을 자주 읽게 하고, 상대의 입장에서 생각해 보는 경험을 마련해 주는 것이 좋다. 그런 과정을 거쳐야 아이의 사회성이 발달하게 된다. 아이가 사과의 필요성을 알게 되었다면, 이제는 사과할 용기를 내도록 도와주면 된다. 어떻게 사과하면 좋은지도 알려 주고, 사과한 뒤 다시 친구와 신나게 어울려 노는 경험을 하게 해 주는 게 중요하다. 다음의 말 중 아이 상황에 맞게 적절한 말을 가르쳐 보자.

"왜 사과해야 돼요?"
"사과는 계속 너랑 놀고 싶다는 마음의 표현이야."
"사과하려면 누구나 용기가 필요해."
"'그건 내가 고칠게.' 하고 말하는 게 진짜 좋은 행동이야."

"사과는 지는 게 아니야."

"친구와 친해지는 가장 중요한 열쇠이야. 그게 없으면 친구를 못 사귀어."

"네가 진심으로 사과할 마음이 생기면 그때 사과하자."

"사과를 언제 할지도 중요해. 조금이라도 잘못했고 미안하다 생각이 들면 바로 해야 해. 시간이 오래 걸리면 네가 사과할 마음이 없다고 오해하게 되니까."

"어떻게 사과해요?"

"사과할 때는 진짜 속마음을 말하는 게 필요해."

"'미안해.' 라는 말과 미안한 이유도 자세히 설명하는 게 중요해."

"'내가 밀어서 놀랐지? 내가 너무 흥분했나 봐. 앞으론 조심할게. 정말 미안해.' 이렇게 구체적으로 말하면 친구도 네 마음을 더 잘 느낄 수 있어."

"말할 때는 친구 눈을 보고, 목소리는 부드럽게, 표정은 진지하게 해 보자."

"'내 사과를 받아 줄래?'라고 말하는 거야."

"사과하면 끝나요?"

"기다림이 필요해. 사과했다고 금방 풀리진 않으니까. 이렇게 말해 보자."

"내가 진심으로 미안하다는 마음만 알아주면 좋겠어."

"지금 당장 사과를 안 받아 줘도 괜찮아. 천천히 생각해 봐."

"네 마음이 풀리면 난 너랑 계속 놀고 싶어. 앞으로 우리 같이 놀 수 있지?"

진심을 다해 사과하고 나면 관계가 새로 시작된다는 것을 아이에게 잘 가르쳐 주자. 사과했는데 친구가 안 받아 줬다고 짜증을 낼 때는 이렇게 말해 주어야 한다. "친구가 놀라서 속상한 마음이 풀리는 데는 시간이 필요해. 네가 사과했다고 그 마음이 금방 풀리진 않아." 또한 "내일 같이 놀자!" 하고 말해 보고, 아직 반응이 없다면 며칠 더 기다려야 한다는 것도 말해 주자.

상대 아이의 상처나 충격이 너무 커서 친구로 지내기 싫을 수도 있다. 이런 경우가 생긴다면 상대의 마음을 인정해 줄 필요가 있다. 그저 멀리서 잘 지내길 바라는 마음이 필요하다는 점도 설명해 주자.

③ 수업 집중력을 키우는 엄마의 말

아이가 유치원과 학교에 다니는 이유는 잘 배우고 공부하기 위해서다. 그래서 엄마는 아이의 수업 태도가 무척 신경 쓰인다. 그래서 늘 말하고 또 말한다.

"선생님 말씀 잘 들어."

"수업에 잘 집중해."

"수업 시간에 장난치지 마."

"발표 잘해."

이렇게 당부하고 또 당부하지만, 그리 효과는 없다. 어떻게 하면 아이가 수업에 잘 집중하도록 도와줄 수 있을까? 수업 시간에 생기는 문제 행동 사례들을 분석해 보면 한 가지 공통점을 발견할 수 있다.

아이들에게 어떤 문제가 발생하는지는 잘 알고 있지만 해결하는 방법을 잘 알지 못한다. 정작 부모는 아이의 수업 집중력을 키우기 위해 뭔가를 가르치거나 연습시킨 적이 없다.

우리 아이의 수업 집중력이 잘 발달하기를 바란다면, 아침 시간에 엄마가 해 주는 말 한마디가 아이의 하루 집중력을 좌우할 수 있다는 사실을 알아야 한다. 아이의 학습 동기를 높여 주고, 장난치고 싶은 마음을 잘 조절할 수 있도록 돕는 엄마의 말을 살펴보자.

① "눈, 귀, 손 삼총사가 수업 어벤져스가 되어 줄 거야."

이는 단순한 격려의 말이 아니다. 아이의 감각 기관에 집중력 삼총사라는 이미지를 형성해 아이 스스로 눈으로 보는 것, 귀로 듣는 것, 손으로 쓰고 조작하는 것을 의식하게 된다는 점이 중요하다. 이렇게 말해 주는 것만으로도 선생님 말씀에 귀를 기울이고, 두 눈으로 정확하게 살펴보며, 자신의 생각을 손을 들고 표현하는 게 나아진다. 실제로 이 말을 통해 늘 산만하고 장난이 심하던 아이가 수업 시간에 연필을 잡고 칠판을 똑바로 보는 시간이 길어졌다는 평가를 듣기도 했다.

② "수업 시간에 집중이 안 될 때는 중요한 어휘 세 가지만 기억해."

유치원은 수업 시간에 일어날 수도 있고, 중간에 화장실 가는 것도 편하다. 하지만 초등학교는 전혀 다른 세상이다. 수업에 집중하지 못해도 내내 앉아 있어야 한다. 다른 놀이를 해도 안 되고, 장난을 칠 수도 없다. 그래서 아이들은 앉아서 머릿속으로 다른 상상을 하며 그 시간을 버티는 때가 많다. 이래서는 그 많은 시간을 그냥 허비하게 된다. 사실 수업 시간 내내 집중하라는 말을 아이가 실천하기는 어렵다. 수업 집중이 어려운 아이에게는 끝까지 집중해야 한다는 말보다 "수업에서 배운 것 중에 중요한 어휘 세 가지만 기억해."라는 말이 필요하다. 아이에 따라 3개가 어려우면 1개부터 시작하면 된다.

"오늘 학교에서 딱 한 가지만 잘 배워 와도 잘하는 거야."라고 말해주자. 수업에 대한 부담과 집중력이 부족한 것에 대해 주눅 들어 있던 아이가 다시 힘을 얻기 시작한다.

어떤 아이는 "한 가지만 골라서 집중하려고 계속 선생님 말씀을 들으면서 찾았어요."라고 말한다. '한 가지만'이라는 말이 이렇게 자기도 모르는 사이 아이를 수업에 집중하게 만든 것이다.

③ 집중 단추 만들기

아이의 신체 중 한 곳을 정해 집중 단추라 이름 붙이자. 만약 손바닥을 집중 단추로 정한다면, 집중이 안 될 때 손바닥 단추를 꾸욱 누르는 방식이다. 집중이 안 되고 산만해질 때 몸에 자극을 주는 방식은 매우 효과적이다. 신체 감각 자극을 받으면 아이는 '다시 집중하자.'라고 되뇌게 되고, 이런 경험이 쌓여 집중력을 스스로 조절하는 힘이 길러진다. 이는 감각 체계를 활용한 신체 자극 전략이다.

감각 자극 기반의 집중 전략은 아이가 직접 몸을 자극하면서 산만한 뇌를 다시 집중 상태로 돌아가도록 도와준다. 신체 특정 부위에 가볍고 반복적인 자극을 주면 뇌는 감각 정보를 새롭게 받아들인다. 주의 회복, 긴장 완화, 감정 안정 효과를 함께 얻을 수 있게 되는 것이다. 집중력 회복에는 손바닥, 손끝, 발바닥, 귓불, 어깨와 팔 등이 좋다.

손바닥과 손끝

집중력이 흐트러질 때 손바닥을 꾹 누르거나 쥐는 동작을 반복한다. 리듬을 세며 손가락 움직이기, 양 손끝 부딪치기도 도움이 된다. 손은 가장 빠른 집중 스위치로, 감각 정보가 뇌로 빠르게 전달되어 주의 전환과 집중력 회복에 효과적이다. 특히 손끝은 감각 피질과 연결되어 있어 뇌를 깨우는 데 탁월하다.

귓불

부드럽게 주무르고 당기고 마사지하면 적은 자극으로도 뇌 활성화에 효과적이다.

> **어깨, 양팔**
> 양팔을 교차해 스스로 안아 주면 몸의 중심을 느끼게 되면서 자연스럽게 긴장도 풀린다.

학교에서 혼자서도 쉽게 실천할 수 있다. 이렇게 작은 동작 하나만으로도 집중력이 회복되는 것을 경험한 아이는 언제 어디서든 스스로 집중력을 잘 조절하게 된다. 지금 아이가 집중하지 못하고 있다면 이렇게 말해 보자. 아이의 하루 집중력을 바꿔 줄 수 있다.

"손바닥 꾹! 이제 집중 마법 시작이야."

④ 질문을 만들며 궁금증 키우기

궁금한 게 있는 아이는 졸리지도 않고, 산만해지지도 않는다. 수업 시간에 아이가 질문하는 행동은 단순히 '모르는 걸 묻는 것' 이상의 의미가 있다. 질문은 주의 집중력, 이해력, 자발적 학습 태도를 함께 키워 주는 아주 중요한 학습 전략이다.

수업 중 그저 듣고만 있는 것은 산만해지기 가장 쉬운 방법이다. 아이가 의지를 가지고 노력해도 선생님의 설명에 집중을 유지하기는 어렵다. 정도의 차이는 있지만 아이라면 누구나 이런 증상을 보인다.

우리 아이가 수업 내용에 더 잘 집중하기를 바란다면 질문하기 활용해 보자. 스스로 궁금한 점을 떠올리거나 직접 질문을 하면, 뇌가 정보를 처리하고 연결하는 과정에서 자연스럽게 집중력이 높아진다. 아이의 뇌에서 놓치지 말아야 할 정보에 초점을 맞추면서 주의가 분산되지 않고 한 방향으로 모이기 때문이다. 바로 이 원리를 이용하자. 아이의 수업에 더 잘 집중할 수 있도록 질문을 만들어 보자.

만약 내일 네 과목 수업이 있다면 엄마 아빠가 각 교과서를 보고 내일 배울 내용에 대해 미리 질문해 보자. 아이가 수업 내용을 아는지 모르는지 질문하는 것이 아니다. 아이가 그런 부담을 갖지 않도록 대화를 시작해야 한다.

"이건 정답 맞히는 질문이 아니야."
"네가 이 내용이 궁금한지 아닌지 말해 줘."
"궁금한 점은 학교에서 어떻게 질문하면 좋을지 의논해 보자."

아이가 궁금해하는 점을 찾아 질문으로 만드는 방식이다. 이렇게 만든 질문을 수업 시간에 하도록 격려하면 된다. 질문을 잘하는 아이는 집중력만 좋아지는 것이 아니라 공부에도 더 관심을 가지게 된다. 국어에서 어떤 작가의 동화나 시가 나온다면 이런 질문이 가능하다.

"이 작가님은 어떻게 작가가 되었어요?"

"이 작가님의 또 다른 작품은 뭐가 있어요?"

"어떻게 하면 동화를 쓸 수 있어요?"

"저도 동화 작가가 될 수 있을까요?"

질문 만들기가 부담스럽다면 하루에 한 가지 질문에서 시작해 보자. 앞으로 우리 아이는 인공지능과 함께 살아갈 것이다. 특히 챗지피티로 대표되는 AI를 잘 활용하려면 질문하는 능력이 중요하다. 아이들에게 똑같은 주제에 대해 검색해 보라고 하면, 질문을 어떻게 하는가에 따라 결과물이 그야말로 천차만별이다. 우리 아이의 집중력과 질문력, 이 두 가지를 모두 키워 주는 질문 만들기를 활용해 보자. 좋은 부모의 말은 아이를 성장하게 한다.

유치원 가기 싫다는
아이의 감정을 보살피는 법

**유치원 안 가겠다고
투정 부리는 아이**

4살 승민이네는 아침마다 전쟁이다. 아이가 유치원에 가지 않겠다며 울고 떼쓰기 때문이다. 우는 아이를 억지로 유치원에 밀어 넣고 "재미있게 놀다 와. 엄마가 맛있는 간식 해 놓을게."라는 선심성 공약만 남발하며 도망치듯 달려 나온다. 물론 그렇게 들여보내고 난 다음 한참 동안 속이 상한다.

엄마와 떨어지기 힘들어하는 아이의 마음을 보살필 때 가장 먼저 살펴볼 부분은 주 양육자인 엄마와의 애착 안정성이다. 아이가 불안정한 애착 관계로 분리불안이 생긴 건 아닌지 살펴보자. 안정 애착이 잘 형성된 아이는 잠시 떨어져도 엄마가 돌아와서 자신을 돌봐 주고 사랑해 줄 것을 알기에 더 이상 불안하지 않다. 하지만 그렇지 못한 아이는 엄마와 떨어지는 일이 너무 불안하다. 왜 이런 증상이 생겼을까?

첫째, 아이가 태어난 이후 주 양육자와 상호작용을 어떻게 했는지 살펴보아야 한다. 상호작용은 함께 있는 시간의 양보다 어떻게 함께 있는가 하는 질적인 차원에 따라 결과가 달라진다. 미소 띤 표정으로 아이에게 눈을 맞추고 말을 걸어 주고 아이의 눈빛에 잘 반응하면 된다. 함께 웃고 마음을 잘 알아주는 사랑과 돌봄을 충분히 받은 아이는 엄마와 떨어져 세상으로 나갈 때 두려움보다 기대와 용기가 더 크다.

둘째, 엄마가 아이를 두고 외출하거나 유치원에 보내는 방식을 돌아봐야 한다. 아이의 울음을 감당하기 어려워 몰래 나가거나 갑자기 사라지는 것은 절대 안 된다. 애착에서 가장 중요한 엄마에 대한 신뢰가 깨지기 때문이다. 아이는 엄마가 언제나 자신을 지켜 주고 거짓말하지 않을 거라 굳게 믿었는데, 눈을 떠 보니 곁에 있던 엄마가 사라져 있었다. 아이의 심정이 어떨지 짐작해 보라. 웬만해서는 용서해 주고 싶은 생각이 들지 않는다.

아이가 헤어지기 싫어 울고 떼를 써도 아이의 힘든 마음에 함께 머무르자. 헤어지는 시간의 아픔은 아무리 길어도 10~20분 정도다. 아이가 울어도 보는 앞에서 이별하는 것이 낫다. 엄마가 가는 모습을 보아야 돌아왔을 때 안심하고 회복할 수 있다. 아이가 보는 앞에서 헤어지고 다시 돌아오기를 반복하다 보면 아이는 서서히 엄마에 대한 신뢰를 형성한다. 지금은 마음 아프게 헤어지지만, 우리 엄마는 틀림없이 돌아온다는 믿음이 다시 생긴다. 불안정 애착이 형성되었더라도 다시 이런 과정을 거듭하다 보면 안정 애착으로 회복이 가능해진다. 그러지 않고 몰래 사라지기를 계속하면 아이의 분리불안은 더욱 커질 뿐이다. 크게 살펴보면 이 두 가지가 아이의 마음에 가장 큰 영향을 미친다.

세 번째는 어린이집이나 유치원, 학교에서 아이가 감당하기 어려운 문제가 있는 경우다. 아이는 아주 작은 일에 미묘한 마음의 변화를 일으킨다. 유치원에 들어서는 순간, 아무도 자신을 향해 웃어 주지 않거나 아는 척을 하지 않으면 들어가기 싫은 마음이 생겨 버린다. 이때 아이가 "아무도 인사하지 않아서 들어가기 싫어졌어요."라고 말해 주면 얼마나 좋을까? 하지만 대부분 아이는 이런 말을 하지 못한다. 마음에서 왠지 모를 거부감이 느껴지는 순간 아이가 하는 말은 "안 가. 가기 싫어. 엄마 가지 마! 집에 갈래." 하는 울음뿐이다. 엄마가 이유를 물어도 "몰라, 그냥."이라는 말만 반복한다.

이럴 때는 잠시 아이를 데리고 조용한 공간으로 옮겨 가자. 사람들과 거리를 두고 잠시 몇 걸음만 옆으로 옮겨도 된다. 미리 집에서 이야기를 나누는 것도 좋다. 포근하게 아이를 보듬고 눈을 바라보며 엄마의 전문용어로 질문하자.

"유치원에 들어가기 싫은 이유가 있을 것 같아. 왜 그런지 이유를 말해 줄 수 있어?"

아이들의 이유가 어떨 때는 너무나도 사소하다. 전날 급식을 먹을 때 선생님이 자신이 싫어하는 당근볶음을 억지로 (딱 한 번) 먹게 했기에, 좋아하는 친구가 자신의 말에 대답하지 않았기에, 친구가 밀쳐서 선생님께 말했는데 선생님이 별일 아니라고 말해서 등 어른으로서는 사소하기 그지없는 일이 아이의 마음에는 커다란 바위 덩어리가 되어 있기도 한다. 그 불편한 점 하나 때문에 아예 가기 싫은 마음이 든다. 이런 아이에게 훈계와 설교는 별 소용이 없다. 아이의 마음을 보살피는 것이 특효약이다.

아이의 마음을 보살피는 특별한 방법

걱정 인형을 만들자

걱정 인형은 옛 마야 문명의 발상지인 중부 아메리카의 과테말라에서 오래전부터 전해 내려오는 인형이다. 아이가 걱정이나 두려움으로 잠들지 못할 때 부모가 작은 인형을 만들어 아이에게 선물한다. 인형에게 자신의 걱정을 말하고 베개 밑에 넣어 두면 아이가 잠든 사이 부모는 베개 속의 걱정 인형을 치워 버린다. 그리고 아이가 잠에서 깨면 걱정은 인형이 가져가 버렸다고 말해 준다. 아이는 인형이 자신의 걱정과 함께 사라졌다는 사실을 믿게 된다. 상상의 놀이지만 그 상징성은 유아기의 아이에게는 매우 큰 효과가 있다. 마음속의 걱정과 불안을 구체적 형상인 인형으로 만들어 자신의 걱정이 인형과 함께 사라지는 과정을 경험하는 것이다. 걱정 인형을 어떻게 만들지 걱정하지 않아도 괜찮다. 간단한 인형이면 된다. 종이 상자나 포장지 같은 부피감 있는 종이를 오려 눈, 코, 입만 그려도 충분하다. 조금 더 정성 들여 만들고 싶다면 천을 두르거나 실로 감아 모양을 낸다. 머리카락을 표현해 주면 더 멋있어진다. 자기 전에 베개 밑에 넣어 두고, 다음 날 아침 이렇게 말해 주자.

"걱정 인형이 사라졌네. 네 걱정을 다 가지고 갔어. 오늘은 뭔가 즐거운 일이 생길 거야. 혹시 걱정이 생겨도 즐거운 일이 걱정을 없애 줄 거야."

엄마의 분신 같은 마스코트가 필요하다

아이와 함께 그림책 《엄마의 뽀뽀손》(오드리 펜 글, 루스 하퍼&낸시 리크 그림, 스푼북, 2018)을 읽어 보자. 숲속 학교가 개학했지만 엄마랑 떨어져서 학교에 가기가 두려운 체스터에게 엄마는 사랑을 전해 주는 뽀뽀손을 만들어 준다. 체스터의 손바닥에 엄마가 사랑을 담아 뽀뽀를 하면 뽀뽀손이 만들어지는 것이다. 유치원에서 엄마가 보고 싶어지면 손바닥을 뺨에 대고 "엄마는 나를 사랑해."라는 주문을 외우라고 가르쳐 준다. 이제 아이는 엄마의 뽀뽀손으로 용기를 내어 학교에 간다. 뽀뽀손을 만들어 주는 엄마의 말과 행동이 아이에게 두려움에서 벗어나 새로운 세상으로 나아가는 원동력이 된 것이다.

《요셉의 낡고 작은 오버코트가》(심스 태백 지음, 베틀북, 2000)를 읽고 응용해 보는 것도 좋겠다. 요셉은 자신이 아끼던 오버코트가 낡고 작아지자 버릴까 말까 고민하다가 좋은 아이디어를 떠올린다. 코트를 잘라 조끼로 만든 것이다. 다시 그 조끼가 낡자 이번에도 버리지 않고 목도리로 만든다. 이렇게 자신이 아끼던 옷이 점점 작은 물건으로 변화하더니 결국에는 단추가 된다. 이 단추 하나에 오버코트의 추억이 고스란히 담겨 있다.

아이에게 엄마에 대한 기억도 이와 비슷하다. 꼭 엄마와 함께 있지 않아도 엄마와 함께 있는 것 같은 느낌이 필요하다. 그림책 속의 이야기처럼 아이가 엄마 냄새가 난다고 좋아하던 어릴 적 이불을 조금 잘라 작은 손수건으로 만들거나 헝겊 인형을 만들어 달고 다녀도 좋겠다. '엄마 속에 너 있고, 네 속에 엄마 있다.'라는 사실을 확인시켜 주는 효과적인 활동이다. 엄마의 분신 같은 마스코트가 아이의 마음을 단단하게 지켜 준다.

선생님과 친구에게 미리 도움 청하기

유치원 앞에서 엄마와 떨어지지 않겠다고 울던 아이가 친구가 와서 손을 잡아 주니 갑자기 울음을 멈추고 친구를 따라 들어간다. 엄마에게 마구 매달려 있던 아이가 갑자기 엄마를 밀치고 아무 일 없다는 듯 "빠이빠이!" 하고서는 언제 울었느냐는 표정이다. 아이가 엄마와 떨어지기 어려워한다면 미리 친구에게 도움을 요청하자. 유치원 버스에서 좋아하는 친구를 만날 수 있게 작전을 짜거나, 선생님에게 부탁해서 친구와 만나 들어가는 방법을 계획한다. 어떤 식으로든 선생님과 친구의 힘을 빌리는 방법을 의논하면 생각보다 수월하게 아이가 유치원에 가기를 즐거워하기 시작한다.

매일 말 공부 ②
친구 때문에 속상한 아이, 어떻게 달래 줘야 할까?

초등 3학년 민지 엄마는 걱정이 크다. 요즘 들어 민지가 종종 "학교 안 가면 안 돼요?"라고 말하는데 그 표정이 마치 학교에 자신을 괴롭히는 괴물이라도 있는 말투다. 분명 친구 문제가 생긴 것 같다. 초등학생이 학교에 가기 싫다는 말을 할 때는 친구 간에 갈등이 생긴 경우가 대부분이다. 공부를 잘하고 못하고를 떠나 초등학생들에게 친구 문제는 등교 자체를 결정짓는 가장 핵심 문제이기도 하다. 특히 친구들이 자기를 싫어한다고 말하는 아이라면 틀림없이 친구 관계에 어려움을 겪고 있다고 봐야 한다.

여기서 고려해야 할 점은 실제 사건의 경중이 아니라 아이가 어떻게 느끼고 생각하는가의 문제다. 큰 상처를 받을 만한 일인데도 생각보다 가볍게 넘어가는 아이가 있고, 별일 아닌데 큰 걱정과 불안이 생길 수도 있다. 그러니 걱정거리가 있는데 엄마가 몰라 주고 그저 등교를 밀어붙이기만 하면 아이는 엄마가 더 원망스럽게 느껴진다. 전자의 경우라면 아이의 훌륭한 점을 칭찬해 주면 되지만, 후자의 경우라면 섬세하게 신경을 쓰는 것이 중요하다. 자신은 학교에서 괴로운 시간을 보내야 하는데 엄마는 괜찮다고 말하고 있으면 자기 마음을 몰라주는 엄마에게 화가 나 2차적인 문제가 발생할 수도 있다. 이제 아이가 학교 가기 싫다는 말을 하면 우선 첫 번째 엄마의 전문용어 "힘들구나."를 말하며 대화를 시작해 보자.

"학교 가기 싫을 정도로 마음이 힘들구나."
"뭐가 제일 힘든지 말해 줄 수 있어?"
"엄마 아빠가 힘이 되어 줄게."
"엄마 아빠는 무조건 네 편인 거 알지?"

이렇게 아이 마음에 깊이 공감해 주어야 한다. 그래야 아이는 엄마를 믿고 마음을 열어 진짜 자신의 어려움을 표현할 수 있다.

단단한 마음을
만들어 주는 엄마의 말

심호흡으로 몸과 마음을 안정시키기

아이의 감정이 이렇게 해도 진정되지 않는다면 좀 더 깊이 이해해 보자. 심리적으로 불안감을 느끼면 몸에도 변화가 생긴다. 감정의 뇌가 활성화되면 두뇌의 전전두엽 기능이 저하되어 논리적인 판단력이 흐려진다. 이런 아이에게는 힘든 마음을 읽어 주어 극한 감정을 해소하고 감정이 증폭되는 걸 멈추게 하는 것이 중요하다. 하지만 대부분 이 지점에서 실수를 한다. 부모가 감정을 과도하게 표현해 아이가 상황을 심각하게 오해하게 만들 때가 있다. 또 반대로, 힘들어도 학교는 가야 한다며 밀어붙이거나 무슨 일인지 궁금해 자꾸 캐묻는 경우도 있다. 이러면 아이는 더 감정의 홍수에 빠져든다. 오히려 대화를 멈추고 아이가 안정될 수 있도록 함께 심호흡하는 것이 더 바람직하다. 아이와 마주 보고 앉아 두 손을 잡아 보자.

> "자, 지금 엄마와 함께 있어. 여긴 안전해."
> "엄마 따라서 숨을 크게 들이쉬고 내쉬는 거야. 자, 같이 해 보자."

숨을 깊게 들이마신 뒤 잠시 멈추고 다시 길게 내뱉는 심호흡을 5~10회 정도 하면 안정감을 찾는 데 큰 도움이 된다. 불안한 마음을 가라앉히니 마음도 진정된다. 그런 다음 아이와 다음과 같은 이야기를 나누자.

"뭐가 우리 ○○이 마음을 힘들게 할까?"
"학교에 가면 무엇이 제일 걱정이 되니?"

엄마 전문용어는 마음이 안정된 상태에서 훨씬 더 큰 효과를 가져온다. 아이가 다쳐서 피가 나면 대뜸 반창고부터 발라 주지 않는다. 피를 닦아 내고 상처의 정도를 확인하면서 소독을 한 다음, 약도 바르고 상처를 보호할 수 있도록 밴드를 붙이는 것으로 마무리한다. 그리고 심한 상처라면 병원을 찾아간다. 함께 마주 앉아 잠시 숨을 고르는 일은 바로 이런 역할이다. 상처를 닦아 내고 소독하며 그 마음을 진정하는 일이다. 바쁜 시간에 아이와 앉아서 심호흡할 틈이 어디 있느냐 싶겠지만 마음 먹기가 어렵지 실제로는 전혀 어렵지 않다. 1분이면 충분하다. 1분을 투자해서 아이의 마음이 진정되고 다시 학교에 갈 마음이 생긴다면 심리치료사의 한 시간만큼이나 효과가 있다. 그러니 꼭 해 보기 바란다.

감정의 기능과 에너지에 대해 가르치기

친구 관계에서 어려움을 겪는 아이는 감정적으로 무척 과민해져 있다. 자신이 느끼는 감정에 매몰되어 주변 상황을 실제보다 심각하게 느껴 더 힘든 것이다. 인지 왜곡 현상이 일어나기도 한다. 그러니 아이 마음이 조금 편한 시간에 나누어야 할 중요한 대화가 있다. 바로 불편하고 불안한 감정에 관한 이야기다. 어떤 상황에 맞닥뜨렸을 때 순간 느껴지는 걱정, 불안, 두려움은 바로 우리 자신을 보호하기 위해 울리는 중요한 신호다. 위험한 일이 생길 것 같을 때 울리는 경보음처럼 우리를 보호하는 시스템인 셈이다.

'조심해. 위험해. 멈춰. 잘 살펴봐. 준비를 잘해야 해.'

따라서 아이가 걱정할 때는 그럴 만한 이유가 있을 거라 믿어 주어야 한다. 두 번째 전문용어 "이유가 있을 거야."가 그래서 중요하다.

"네가 그렇게 느끼는 데는 이유가 있을 거야."
"어떤 일 때문에 그런 마음이 들었을까?"
"엄마 아빠에게 말해 줄 수 있겠니?"

이 정도로 부모가 아이에게 이유가 있다는 것을 믿는다고 말하면 대부분의 아이는 조금 망설이다가 학교에 가기 싫은 진짜 이유를 털어놓는다. 이유를 듣고 나면 아이가 왜 그런 마음이 들었는지 이해가 된다. 이런 대화를 나누지 않으면 아이는 부정적인 감정을 자주 느끼는 자신이 잘못됐다고 생각하고 더 괴로워질 수 있다.

아이의 감정을 있는 그대로 인정하고, 걱정에는 이유가 있을 거라 믿어 주는 대화는 매우 중요하다. 그렇게 해야 아이는 자신이 느끼는 감정이 존중받고 있음을 알게 되고, 걱정에도 이유가 있다는 걸 깨닫게 되어 비로소 감정의 홍수에서 빠져나올 수 있다. 종종 아이가 느끼는 감정은 매우 중요하다는 사실을 알려 주자.

> "어떤 감정이든 중요해. 중요한 사실을 알려 주는 거니까."
> "네가 걱정하는 건 분명 이유가 있어서일 거야."
> "너를 보호하기 위해 겁이 나는 거야. 조심하라는 뜻이지."

또 한 가지 중요한 사실이 있다. 감정에는 에너지가 있다는 점이다. 화가 나서 버럭 할 때 그 힘은 어디서 오는 걸까? 놀라고 당황할 때 후다닥 달려가는 힘은 또 어디서 나오는 걸까? 힘이 하나도 없다고 주저앉아 있다가도 위험이나 공포감을 느끼면 갑자기 에너지가 솟아나 달음질도 치고 소리도 지른다. 이것이 모두 감정이 주는 에너지다.

엄마는 부모 교육을 듣거나 자녀 교육서를 읽거나 관련 영상을 보고 나서 늘 아이에게 미안함과 죄책감을 느낀다. 이 감정이 힘들어서 피하고 싶은 마음이 들지만, 사실 이런 감정을 느낀 날 아이를 대하는 태도를 떠올려 보자. 아이에게 느끼는 미안함과 죄책감 때문에 엄마는 그날 하루만이라도 피곤을 무릅쓰고 맛있는 간식을 해 주거나 아이 방을 대청소하거나 아이를 위한 쇼핑에 나선다. 바로 이것이 감정이 주는 에너지다.

아이들도 마찬가지다. 엄마 전문용어로 대화를 하다 보면 아이는 마음을 회복해 씩씩하게 등교한다. 친구 문제를 해결할 방법에 대한 대화를 나누지 않아도 아이 마음에서 그 문제에 대해 객관적으로 생각하고, 다시 친구를 만나 사과를 하거나 화해하고 같이 놀 힘이 생긴다.

만약 이런 대화 이후에도 힘들어한다면 담임 선생님이나 주변 친구의 도움이 필요한 경우도 있다. 친구 사귀기가 어렵고, 친한 친구가 없어서 학교에 가기 싫은 아이도 있고, 다른 아이들의 거친 말투에 상처를 잘 받아 모든 아이들이 자신을 싫어하고 공격한다는 피해의식이 생긴 경우도 있다. 친구 관계로 힘들어하는 아이를 위해 엄마는 담임 선생님께 도움을 청했다. 선생님은 사회성이 좋은 아이에게 '비밀 친구'가 되어 달라고 부탁했고, 그 친구가 "내일 같이 등교하자!" 하고 다가오자 아이는 다음 날 아침에 기쁘게 일어나 학교에 갈 준비를 했다. 신기한 변화다. 이것은 순전히 친구의 힘이다. 자라는 아이에게 친구란 참 신기한 존재다. 아이가 울고 웃는 이유 중 가장 큰 부분을 차지한다.

아침에 학교 가기를 거부하는 초등 아이들의 가장 큰 어려움은 대부분 친구 관계 문제다. 가장 좋은 방법은 아이의 손을 잡아 주는 친구가 있는 것이다. 이런 경험들이 누적되면 아이는 자신의 마음을 잘 추스르고 건강하게 회복할 수 있다. 아이가 자신의 마음을 다시 잘 세울 수 있도록 도와주면 좋겠다. 특히 사춘기 전에 이런 문제에 대한 해결력을 키우지 못하면 중학생이 되어 등교 거부 증상이 심각해질 수 있다. 미리미리 예방하는 것이 무척 중요하다.

방과 후:
아이의 하루를
말로 정돈해 주세요

휴식과 놀이는
둘 다 꼭 필요해요

"엄마!"

아이가 집으로 돌아온다. 이 순간 당신은 아이를 어떻게 맞이하는가? 아이를 반갑게 맞지 않는 부모는 없다. 아이를 안아 주고 눈을 맞추며 힘들지는 않았는지, 재미있게 놀았는지 세심하게 살핀다. 대부분 아이의 마음이 흡족하도록 잘 맞이해 준다. 그런데 아이가 학교에 입학하면서부터는 뭔가 달라지기 시작한다. 엄마는 아이를 맞이하는 태도에 달라진 것이 없다는데 아이는 다르게 느낀다. 왜 그럴까?

연아가 초등학교에 입학하자 엄마는 유치원 때와는 좀 달라야 할 것 같다는 생각에 선배 엄마들에게 아이가 학교에서 돌아오면 무엇을 챙겨야 하느냐고 물었다.

- 아이가 오면 가방을 열어 알림장을 확인하고 숙제와 준비물을 챙겨야 한다.
- 책과 공책을 확인해서 아이가 공부를 제대로 했는지, 수업을 잘 들었는지 확인한다.
- 필통을 살펴보며 잃어버린 것은 없는지, 깎아야 할 연필이 있는지 본다.
- 학교생활에 대해 질문해도 아이가 대답을 잘 안 하거나 표정이 안 좋으면 같은 반 엄마와 통화해 그 집 아이를 통해 우리 아이에게 무슨 일이 있었는지 알아보는 것도 중요하다.
- 숙제를 꼼꼼히 잘하게 한다.
- 준비물도 미리 준비하고 책가방도 잘 챙겨 둔다.

연아 엄마는 문득 이상하다는 생각이 들었다. 이렇게 적어 놓고 보니 챙겨야 할 것은 엄청 많은데 정작 중요한 것이 빠진 것만 같았다. 학교에 다녀온 아이를 챙기는 일이 회사에서 일하듯 사무적인 일로만 가득 채워져 있으니 말이다. 몇 시간 동안 학교에서 정해진 규칙을 지키고, 선생님의 말씀에 집중하고, 머리를 써서 공부하고 돌아온 아이에게 지금 당장 필요한 것이 이것뿐이라면 좀 쓸쓸해진다. 학교에서도 힘들었을 텐데 집에 와서도 엄마에게 학교생활을 잘했는지 점검받고, 숙제해야 하는 압박감을 받고, 내일 등교를 위한 준비에 마음을 써야 한다는 것 아닌가.

연아 엄마는 생각해 보았다. 만약 내가 아이라면 학교를 나서면서 엄마에게 무엇을 기대할지, 만약 엄마가 앞에서 예를 든 것처럼 사무적으로 대하면 아이의 마음이 어떨지 말이다. 10초도 되지 않아 이건 아니라는 생각이 들었다. 사랑하는 엄마가 자신을 보자마자 가방과 필통부터 열어 본다면 죄지은 것도 없는데 갑자기 조사받는 느낌이 들 것 같다.

아이의 방과 후 시간이 이런 식으로 시작되는 것은 정말 말리고 싶다. 쉬고 싶은 마음, 이제야 자유롭게 놀 수 있겠다는 기대를 충족해 주자. 엄마의 사랑을 다시 확인하게 하고, 학교에 무사히 다녀온 아이를 칭찬해 주는 말이 먼저여야 한다. 유대인 부모처럼 학교에서 돌아오면 "오늘 선생님께 무슨 질문했어?"라고 물어보는 것도 좋지만, 그것도 아이가 휴식을 취하고 간식을 먹으면서 엄마와 마음 편히 나눌 이야기다. 그래야 아이도 신나서 오늘 하루 자신의 생활을 말할 수 있지 않을까?

학교 다니는 아이는 엄마와 떨어지는 것이 힘들다. 어떤 아이는 엄마 냄새로 향수를 만들어 갖고 다니면 좋겠다는 말도 한다. 아이는 학교에 갔다 오자마자 품에 안겨 엄마 냄새를 맡고 지친 몸과 마음을 쉬고 싶다. 사랑한다는 말도, 보고 싶었다는 말도 듣고 싶다. 이런 마음을 충분히 품어 줄 때 아이는 엄마가 세상에서 둘도 없는 자기 편임을 확인한다. 이런 아이가 자존감이 높고 자신감도 충만하다. 해야 할 일을 챙겨야 한다는 조바심을 잠시 미루자. 연아 엄마는 다시 마음을 정리한다. 환하게 웃으며 아이를 따뜻하게 품어 주는 엄마가 되어 주기로 마음먹는다.

유치원과 학교에서 돌아온 아이를 만나면 아이의 눈을 바라보며 꽉 껴안아 주자. 알림장을 확인하거나 시험 성적부터 확인하지 말자. "선생님 말씀 잘 들었어?" 이런 말로 아이에게 압박감을 주지 말자. 혹시 아이가 시무룩하거나 뾰로통해 있다면 아이의 신호를 잘 해독해 보자. 아이는 분명 엄마에게 말로 전하지 못하는 힘든 마음을 표현하고 있다. 말하라고 다그치지 말고 엄마의 전문용어를 사용할 때다.

아이가 불편함을 표현할 때

- 어? 힘들어 보이네.
- 힘들었구나.
- 뭔가 불편한 일이 있었나 보네.
- 엄마가 위로해 줘야겠다. 이리 와, 엄마가 안아 줄게.

아이가 힘들다고 표현할 때, 혼났다는 말을 들었을 때

- 수업 내용이 지루했구나.
- 다른 걸 먼저 하고 싶었구나.
- 혼나서 많이 속상하겠다.

유치원, 학교에 다녀온 아이가 밝고 환한 표정일 때 엄마는 무척 행복하고 뿌듯하다. 눈부시게 예쁜 아이의 모습이 엄마의 가슴을 가득 채운다. "엄마!" 하고 부르며 달려온 아이를 와락 껴안고 행복해하면 된다. 굳이 말로 하고 싶다면 이렇게 해 보자. 사랑하는 연인에게 했던 말 그대로 말이다.

"보고 싶었어. 사랑해."

정서 발달에 꼭 필요한
휴식과 놀이 시간

하교한 아이가 손을 씻고 간식을 먹었다. 그저 뒹굴거나 좋아하는 노래를 들으며 춤을 추거나 편안한 자세로 좋아하는 만화책을 보며 30분의 시간을 보냈다. 이제 부모는 아이가 오늘 해야 할 숙제를 빨리 시작하기를 바란다. 그래서 이렇게 말한다.

- "많이 놀았잖아. 이제 숙제해야지."
- "내가 언제 놀았어요. 그냥 쉰 거지."
- "쉰 게 논 거잖아."
- "하나도 못 놀았는데……."

이런 실랑이가 계속되는 이유는 부모가 휴식과 놀이를 구분하지 않기 때문이다. 실제로 '휴식'과 '놀이'는 성격도 다르고, 아이에게 주는 정서적, 인지적 효과도 다르다. 이 둘의 차이를 명확히 알고 아이의 하루를 설계하는 것이야말로 건강한 성장의 시작이다.

휴식은 말 그대로 '쉬는 것'이다. 방전된 에너지를 충전하는 시간이기에 아무것도 하지 않아도 되는, 온전한 회복의 시간이다. 하루 4~6시간을 학교의 딱딱한 의자에 앉아서 긴장한 상태로 시간을 보낸 아이, 쉬는 시간과 급식 시간의 규칙이 엄격해 학교에서 자유롭게 몸을 움직이는 시간이 절대적으로 부족한 아이에게 가장 먼저 필요한 건 바로 휴식이다.

뇌과학자 대니얼 레비틴은 뇌의 정보 처리 시스템이 과부하 상태일 때 가장 효과적인 회복법으로 '멍 때리기'나 '산책'과 같은 비의도적인 활동을 꼽았다. 초등학생에게도 휴식은 감정 조절력을 회복시키고 학습 효율을 높이며 스트레스를 완화하는 중요한 역할을 한다.

특히 낮잠, 조용히 누워 있기, 음악 듣기, 창밖 바라보기 같은 비자극적인 활동은 아이의 신경계를 안정시킨다. 이 시간 동안 아이의 뇌는 스트레스를 조절하고, 감정을 정화하며, 뇌의 에너지를 회복하는 과정을 동시에 수행하고 있다. 아이의 마음은 복잡한 감정을 정리하고, 생각을 재정비한다. 따라서 휴식은 배움과 공부를 위한 에너지 충전 시간이다. 아이의 뇌를 다시 배움을 준비하는 상태로 되돌리는 '재부팅 버튼'인 셈이다. 그러니 바쁜 하루 속에서 '쉬는 시간'은 단순한 여유 이상의 가치를 지닌다는 사실을 기억하자.

다만 아이의 휴식에는 어느 정도 제한이 필요하다. 게임이나 유튜브 등 스마트폰과 미디어를 보기 시작하면 휴식의 의미는 사라지고 영상 자극에 노출되어 쉬지 못하게 된다. 에너지가 많이 필요한 운동도 어느 정도 제한하자. 긴장된 몸과 마음을 이완하고, 쌓인 스트레스가 풀리는 시간이 필요하다. 그러니 최소 30분에서 최대 1시간 정도의 편안한 휴식 시간이 좋다.

쉬었으면 이제 숙제를 해야 한다. 하지만 놀았으니 숙제하라는 말을 하면 반발심만 생긴다. 부모의 말은 섬세함이 필요한 경우가 많다. 놀이와 휴식을 구분해서 말하자.

"쉬고 바로 숙제하면 집중이 잘 돼서 빨리 끝낼 수 있어."
"숙제 끝내고 나가서 놀면 더 재미있겠지?"

유아는 유치원 다녀온 후 하루 종일 놀아도 되지만, 초등학생의 하루는 생각보다 분주하다. 숙제도 하고 학원도 다녀와야 한다. 식사 씻고 정리한 뒤 다음 날 등교 준비도 해야 한다. 혹시 학원과 학교에서 시험이라도 있는 주간이면 따로 시험 공부도 해야 한다. 하지만 아무리 바빠도 초등학생에게 놀이를 빼앗으면 안 된다.

놀이는 휴식과 달리 아이가 주도적으로 움직이고, 그 속에서 상상력을 적극적으로 발휘한다. 휴식이 뇌의 회복이라면, 놀이는 뇌의 확장이다. 아이의 놀이는 크게 두 종류로 나뉜다. 동적 놀이와 정적 놀이다. 놀이터에서 친구들과 신나게 뛰고 달리는 놀이는 감각을 조율하고, 방향과 속도를 계산한다. 이 과정에서 소뇌, 전정계, 대뇌피질 등 다양한 뇌 영역이 동시에 활성화되어 운동 협응 능력이 발달한다. 실제로 신체 놀이는 집중력, 읽기, 쓰기 같은 학습 능력과도 밀접한 관련이 있다는 연구가 많다. 꾸준히 신체 놀이를 한 아이는 문제 해결력, 창의적 사고에서 더 높은 성과를 보인다.

블록 놀이, 그리기, 만들기, 종이접기, 미니 자동차 만들기처럼 혼자 몰입하는 정적인 놀이도 집중력과 창의성을 자극하는 중요한 경험이다. 놀이 없는 성장은 없다. 놀이를 통해 아이는 문제를 해결하는 능력, 사회적 규칙 이해, 감정 표현, 인내력과 협상력 등을 배우고 익힌다.

　우리 아이가 알찬 하루를 잘 보내기 바란다면 휴식 시간과 놀이 시간을 확보하자. 하루 계획 안에 가장 먼저 자리 잡아야 할 것이 바로 이 두 가지다. 일주일치 학원 스케줄은 엑셀에 빽빽하게 정리했지만, 그 틈 사이에 휴식과 놀이 시간을 제대로 확보해 놓는 경우는 많지 않다. 그래서는 우리 아이는 오래 버티지 못한다. 아이를 잘 키우고 싶다면 휴식과 놀이가 있는 집을 만들자. 잠자기 전에 아이의 휴식 시간과 놀이 시간을 꼽아 보는 것만으로도 아이가 잘 자라고 있는지 가늠할 수 있다.

아이의 영혼을 망가뜨리는 부모의 행동

'7세 고시'에 대해 어떻게 생각하는가? 대부분 처음엔 7세 고시를 위해 4세 고시까지 준비한다는 내용에 경악을 금치 못한다. 한창 즐겁게 뛰어놀아야 할 나이에 저렇게 과도하게 공부를 시키는 건 너무하다고 입을 모은다. 그런데 부모의 마음 한 편에는 또 다른 감정과 생각들이 들기도 한다. 7살 아이가 A4 용지 한 페이지를 가득 채우는 긴 지문을 읽고 문제를 풀어 가는 모습은 감탄스럽기도 하고, 동시에 두렵기도 하다. 그 아이들은 어린 나이에 벌써 영어도 유창하고, 발표도 잘하고, 열심히 공부도 하는데 우리 아이만 뒤처지면 어떡하나 하는 불안감이 생긴다. 아무 생각 없이 놀면서 환하게 웃는 아이가 왠지 답답해 보인다. 또 저렇게 시키는 것도 다 부모가 능력이 있어서인데, 우리 아이는 그렇게 시키지 못해서 씁쓸한 마음이 들기도 한다.

　과열된 입시 교육으로 사교육을 시키지 않으면 내 아이만 낙오될 것 같은 불안 시대에 살면서 이런 생각이 드는 건 자연스럽다. 하지만 거기에서 멈춰서 잘 생각해 보아야 한다. 그리고 그 뒤에 숨겨진 진실도 알아야 한다. 잘하는 아이들의 소문은 널리 퍼져 있다. 하지만 유아 영어 학원에 입학하기 위해 영어 과외를 준비하고, 어렵게 합격하더라도 그 과정을 따라가기가 어려워 중도에 그만두는 아이도 있다. 억지로 공부하다가 정서 문제가 생겨 어쩔 수 없이 그만두거나, 심리치료를 병행하면서 겨우 다니는 아이도 있다는 사실은 잘 알려지지 않는다. 한 현직 영어 교사는 만 5세의 아이들에게 이런 문제를 풀라고 하는 것, 아이가 힘들어하는 교육을 계속 시키는 것은 정서적 학대에 속한다고 말한다.

　요즘은 유명 수학 학원에 들어가기 위한 시험도 있다. 그 학원에 합격하기만 하면 우리 아이의 인생에 비단길이 깔릴 것 같은 느낌이 든다. 과연 그럴까? 아이가 그곳에 수준을 맞추기 위해 겪는 고통과 불안은 어떻게 할 것인가? 학원 숙제가 너무 많아 학교 수업 시간에 하다가 선생님께 들켜 지적받고 혼나는 아이, 학원 레벨이 하락할까 봐 시험 며칠 전부터 심한 틱 증상을 보이는 아이, 시험 시간에 손을 벌덜 떠는 아이도 있다. 이런 모습이 아이의 정상 성장이라 말할 수는 없다.

아이의 정서 발달과 인지 발달 두 가지 모두를 위해 가장 필요한 것은 명확하다. 부모 역할의 방법과 태도에 따라 아이 성장의 질은 확연히 달라진다. 학원을 열심히 보내는 부모도, 즐겁게 놀이처럼 가르치는 부모도, 공부보다 인성과 친구 관계를 더 소중히 생각하는 부모도 목표는 모두 똑같다. 아이를 잘 키우는 것이다. 잘 키운다는 의미가 조금씩 다를 수는 있지만, 아이의 성장에 초점을 맞추는 것은 똑같다. 그렇다면 아이의 마음에 가장 도움이 되고 성장의 에너지가 되는 것은 무엇일까?

정서만 돌봐도 안 되고, 정서를 무시하고 공부만 시켜도 안 된다. 지금까지 아이의 정서를 돌보는 것에 대한 이야기를 했으니 이제 안정된 정서를 기반으로 하는 공부에 관한 이야기를 살펴보자.

숙제와 공부에 대해 말하기 전에 부모가 스스로 질문해야 할 것이 있다.

'공부시키느라 사랑하는 내 아이를 학대하고 있지는 않은가?'

이 질문에 그렇다고 대답할 부모는 없다. 어떻게 사랑하는 아이를 학대하겠는가? 그런데 학대의 의미를 정확히 알고 나면 절대 아니라는 답을 하기엔 왠지 망설여진다. 많은 부모가 잘 몰라서, 혹은 아이를 위해서, 잠시 욱하는 감정에 휘둘려서 아이를 혼내고 다그치고 강요하거나 억압했을 뿐이라 변명한다. 부모라면 꼭 짚어 보아야 할 부분이다.

보건복지부의 2023 아동학대 주요 통계에 따르면, 2023년 만 0~17세 아동 학대 판단 사례는 2만 5,739건이었고, 그중 만 4~12세 학대가 1만 7,885건이었다. 학대 행위자의 86퍼센트가 부모였고, 아동 학대 유형은 신체 학대 5,643건, 정서 학대 1만 235건, 나머지는 성 학대와 방임, 그리고 중복 학대도 있다. 무엇보다 아동 학대 중 전체 연령의 절반에 속하는 만 4~12세 아동 학대가 약 70퍼센트를 차지하고, 그중에서도 네 가지 학대 중 정서 학대가 약 57퍼센트를 차지한다. 이는 시사하는 바가 크다.

우리 아이들의 정신건강에 적신호가 들어오는 큰 이유는 정서 학대에서 비롯된다. 아이를 공부시켜야 한다는 부모의 당위성 때문에, 공부를 열심히 하지 않는 아이 스스로의 자책감 때문에 서로가 정서 학대에 대해 무감각해지는 건 아닌지도 잘 살펴보아야 한다. 아동복지법에서 정한 학대, 그중에서도 정서 학대의 법적인 의미를 살펴보자. 아이를 키우는 양육 행동의 기준선으로 삼아도 좋겠다.

> **아동복지법 제3조 제7호(용어의 정의)**
>
> "아동"이라 함은 18세 미만의 자를 말한다. "아동 학대"란 보호자를 포함한 성인이 아동의 건강·복지를 해치거나 정상적 발달을 저해할 수 있는 신체적·정신적·성적 폭력이나 가혹행위를 하는 것과 아동의 보호자가 아동을 유기하거나 방임하는 것을 말한다.

아동에 대한 적극적인 가해뿐 아니라 소극적 의미의 방임 행위까지 아동 학대에 포함된다는 사실이 중요하다. 사람들은 신체적 성적 폭력은 학대라는 사실을 정확히 알고 있지만, 정서적 학대와 방임은 학대라고 생각하지 않는다. 이제 우리의 생각 체계를 바꿀 필요가 있다. 정서적 학대의 구체적인 모습도 알아야겠다.

> **정서 학대의 내용**
>
> 보호자나 양육자가 아동에게 언어적 모욕, 정서적 위협, 감금이나 억제, 기타 가학적인 행위를 하는 것을 말한다. 언어적·정신적·심리적 학대라고도 한다. 정서 학대는 눈에 두드러지게 보이는 것도 아니고 당장 그 결과가 심각하게 나타나지 않기 때문에 그냥 지나칠 수 있다

는 점에서 더욱 유의해야 한다.

구체적인 정서 학대 행위

- 원망적·거부적·적대적 또는 경멸적인 언어 폭력 등
- 잠을 재우지 않는 것
- 벌거벗겨 내쫓는 행위
- 형제나 친구 등과 비교하는 행위, 차별, 편애
- 가족 내에서 왕따 시키는 행위
- 아동이 가정 폭력을 목격하도록 하는 행위(아동이 보는 앞에서 자주 부부싸움을 하거나 배우자를 폭행하는 행위 등)
- 아동을 시설 등에 버리겠다고 반복적으로 위협하거나 짐을 싸서 내보내는 행위
- 미성년자 출입금지 업소에 지속적으로 아동을 데리고 다니는 행위
- 돈을 벌어 오라고 위협하거나 아동의 나이에 적절하지 않은 과도한 일을 시키는 행위
- 다른 아동을 학대하도록 강요하는 행위 등

출처: 아동권리 보장원, 아동학대 유형 및 징후

다음은 실제 법원 판결에서 아동 학대로 인정된 사례들이다.

사례 1

피해 아동에게 수학 문제를 알려 주다가 피해 아동이 이해하지 못하자 화가 나 피해 아동에게 "이것도 모르냐. XX."이라는 등의 욕설을 하고, 파리채로 피해 아동의 종아리 부위를 약 10회 때리는 등 신체, 정서적 학대를 하였다. 법원은 부모가 친아들에 대한 신체적 및 정서적 학대 행위를 여러 차례 반복하였고 그로 인한 피해 아동의 정신적 피해가 가볍지 않은 것으로 보이므로 그 죄책이 가볍다고는 할 수 없다고 판단하고 아동 학대로 인정하였다.

사례 2

초등학생 자녀에게 새벽 늦게까지 잠을 못자게 하면서 억지로 공부를 시켰고, 성적이 좋지 않다는 이유로 인격적인 모독을 서슴지 않았다. 또한 자는 아이를 발로 차 깨우는 등 폭력 행위까지 했다. 아이에게 과외를 붙이면서 부모는 과외 선생님에게 못하면 때려도 좋다고 했다. 실제로 과외 선생님은 아동이 제대로 문제를 풀지 못하거나 하면 때리면서 가르쳤고 이후 아동 폭행으로 조사를 받게 되자 몰랐다며 책임을 피하려고 했지만, 아동이 부모님은 문 밖에서 지키고 서 있었다고 진술하고 그 사실이 입증되어 처벌받은 사례가 있다.

정도 차이는 있지만, 아이가 꼭 해야 할 숙제를 하지 않을 때 부모는 화가 나서 소리치거나 등을 때리거나 벌을 세우기도 하고 심하면 집에서 나가라고 소리친다. 이런 행위가 바로 학대라는 사실은 인식하는 것이 중요하다. 아이의 발달에 적합하지 않은 과도한 과제를 시키는 일도 마찬가지다. 소중한 우리 아이의 영혼을 망가뜨리는 불행한 일은 없어야겠다.

"숙제가 힘들구나"
아이를 움직이는 마법의 한마디

**우리 아이는
학습 동기가 있을까?**

학습 동기란 공부와 숙제를 만드는 하는 매우 중요한 원동력이다. 학습 동기만 있다면 약간의 유혹과 흔들림이 있어도 결국엔 공부하는 사람으로 성장할 수 있다. 아이들은 원래 학습 동기를 가지고 태어났다. 어린아이는 무엇이든 궁금하고 알고 싶고 배우고 싶다. 한 연구에 의하면, 3살 아이는 하루에 300번 넘게 질문을 한다고 한다. "이건 뭐야? 왜?" 억지로 노력하는 게 아니라 궁금해서 저절로 질문이 터져 나온다. 사람은 원래 새롭게 알고 배우기를 즐기는 존재다. 그런데 한글, 수학, 영어를 공부하면서부터 이상하게 그 학습 동기가 자취를 감춘다. 타고난 것이 그리 쉽게 사라질 수는 없다. 어떻게 된 일일까?

사실 사라진 게 아니라 학습 동기가 작동하는 원리를 놓치는 경우가 대부분이다. 한번 생각해 보자. 숫자 놀이를 좋아하는 아이는 초등생이 되어도 수학을 싫어하지 않는다. 그저 학습지의 방식이 싫고, 싫을 때도 억지로 해야 하는 것이 힘들어 도망가는 것이다. 공부 방식에 대한 어른들의 고정관념이 우리 아이의 학습 동기를 고장나게 만들고 있다. 물론 싫어하면 시키지 말라는 의미가 아니다.

아이가 학습 동기를 발휘해서 열심히 공부할 때 지지하고 격려하는 것이 먼저다. 좋아하는 건 제한하고, 싫은 걸 억지로 시키는 방식이 아이의 학습 동기를 시들게 한다. 궁금한 것을 배우며 반짝이던 두 눈이 총기를 잃어 가는 건 너무 슬픈 일이다.

이제 재미없는 과제 앞에서 힘들어하는 아이의 학습 동기를 다시 찾아 주어야 한다. 아이에게는 내재된 학습 동기가 있으니 다시 힘을 얻어 활발하게 작동하도록 이끌어 주는 것이 중요하다. 그러기 위해 공부의 의미를 부모가 먼저 정리해 보자.

공부란 무엇인가? 공부(工夫)는 학문이나 기술을 배우고 익힘을 의미한다. 그런데 원래 공부란 공부(功扶)를 의미했다. 공(功)은 성취하다, 부(扶)는 돕는다는 뜻으로 '성취해서 남을 돕는다.' 혹은 '무엇을 도와 성취하다.'라는 의미로 해석된다. 도와서 성취하든 성취해서 남을 돕든 중요한 것은 '성취'와 '도움'이라는 의미다. 그렇다면 우리 아이의 공부는 학문이나 기술을 배우고 익혀서 성취하고, 궁극적으로 남을 도와주는 공부가 되어야 한다.

이런 의미에서 공부와 성적을 구분하려 한다. 공부는 살아가면서 평생 필요한 것이다. 우리 아이가 진짜 공부의 의미를 살린 공부를 하도록 도와주자.

현실적으로는 오늘의 숙제를 잘하게 하는 것도 중요하다. 숙제는 부모가 신경을 써야 할 부분이 있다. 엄마의 말이 아무리 효과적이라 해도 숙제가 아이에게 너무 어려운 수준이거나 버거운 양이라면 그 어떤 말로도 힘든 마음이 사라지지도 않고 좌절감만 심해질 뿐이다. 그러니 항상 아이가 거뜬히 해내고 뿌듯함을 느낄 수 있는 난이도와 양을 잘 가늠하는 것이 중요하다. 이런 배경에서 좋은 부모의 말은 자기 주도적 학습자로 자라게 한다.

먼저 아이가 숙제를 기꺼이 하기 위한 원칙이 있다. 숙제 주도권을 아이가 갖게 하는 것이다. 이렇게 대화해 보자.

"숙제를 언제 하고 싶어?"
"오늘은 어디서 숙제하면 집중이 잘될까?"
"숙제할 때 도움이 필요하면 언제든 말해."

"네가 쉽게 잘되는 방식으로 하는 게 좋아."

"숙제는 꼭 하는 거라는 생각을 하는구나. 정말 기특해."

아이의 의견을 물어봐 주면 처음엔 억지로 시킬 때보다 수행력이 떨어질 수도 있다. 하지만 한 달 정도 계속하면 달라지는 점이 보이기 시작한다. 숙제하는 아이의 표정에서 짜증이 사라지고, 자신에게 잘 맞는 방식을 찾기 시작하고, 집중력도 좋아져 훨씬 쉽게 숙제를 끝내는 모습이 나타나기 시작할 것이다.

관심 주제에 대한 공부는 책 읽기, 영상 보기 등 아이가 온전히 원하는 방식으로 해도 좋다. 궁극적으로 자신이 궁금하고 더 알고 싶은 주제의 책과 자료를 찾아보고, 직접 체험해 보는 과정이 진짜 공부하는 아이로 성장하게 한다는 점을 강조하고 싶다.

아이의 공부가 실패하는 가장 큰 원인은 결국 부모가 주도권을 가지고 아이에게 명령하기 때문이다. 그래서는 아이의 학습 동기가 파괴될 뿐이다. 공부 주도권, 숙제 주도권을 절대 빼앗으면 안 된다. 부모가 플랜을 짜고 아이를 거기에 끼워 맞춰 시키는 방식이 초등 저학년 땐 잘 통할 수 있다. 사춘기가 되고 중학생이 되면 그런 방식으로 공부한 아이는 거의 손을 놓거나 좋은 성적은 유지하지만 그로 인한 스트레스를 건강하지 못한 방식으로 풀게 되는 경우가 많다. 명문대생이 저지르는 범죄가 보도될 때마다 저렇게 대단한 아이들이 왜 저럴까 하는 생각이 들지 않는가? 아이들의 공부 스트레스는 병리적으로 나타날 때가 많다. 건강한 주도성을 통해 효과적인 방식으로 공부하면 올바른 공부의 길로 들어설 수 있다.

'안 하기'를 '하기'로 바꾸는 신기한 대화법

"숙제 하기 싫어요. 안 하면 안 돼요?" 아이가 숙제를 앞에 놓고 또 징징거린다. 정말 듣기 싫다. 다른 집 아이들은 군말 없이 잘하는데 왜 우리 아이만 이러는지 정말 속 터지고 답답하다.

"빨리 해!"라고 소리치니 "하면 되잖아요."라며 입을 삐죽 내민 채 다시 책상에 앉는다. 문제를 제대로 풀 수나 있을지 속이 터진다. 이렇게 공부 앞에서 늘 안 할 궁리만 하는 아이에게는 마음을 읽어 주기도 쉽지 않다. "숙제가 힘들지."라고 한마디 했다간 안 하겠다고 더 투정부릴 게 뻔하기 때문이다. 그러니 혼내고 윽박질러서 시키는 수밖에 없었다. 하지만 3학년인데도 아직 스스로 숙제도 못하는 아이가 고학년이 되고 사춘기 증상이 오면 어떻게 될지 걱정이 크다. 도대체 이럴 때 어떤 말을 해야 군소리 없이 숙제를 할 수 있을까?

공감 대화를 아무리 배워도 잘 되지 않는 이유가 바로 이 지점에 있다. 공감해 주면 부모가 나의 힘든 마음을 다 알아주니 왠지 안 해도 될 것 같다. 공감이 중요한 이유는 그 힘든 마음을 알아주어야 힘든 감정을 해소할 수 있기 때문이다. 하지만 그 이후 대화는 엉뚱하게 흘러가는 경우가 많다. 그래서 그다음 대화는 아이 마음의 방향을 전환시키기 위해 이유를 물어보는 대화가 되어야 한다. 이 지점이 대화의 터닝 포인트가 된다. '안 하기'가 '하기'로 달라지는 대화다.

"숙제 안 하면 안 돼요? 너무 힘들어요."
"힘들구나. 어떤 점이 힘들어?"
"숙제가 너무 많아요."
"숙제가 너무 많아서 힘들었구나. 그럼 숙제 양이 적당하다면 할 수 있는거야?"
"네, 당연하죠. 그럼 할 수 있어요."

숙제를 안 하겠다는 대화가 숙제를 한다는 대화로 방향이 완전히 바뀌었다. 어떤가? 과도하게 감정을 읽어 주지도 않았다. 자신이 공부를 열심히 하고 싶어 한다는 진심을 끌어내기 위한 대화를 이끌었다. 하기 싫다는 데는 항상 이유가 있다. 그 이유를 이해하고 적절하게 해결해 주는 과정이 중요하다. 숙제가 너무 어렵다고 말하는 경우도 마찬가지다. 이 말을 뒤집어 생각하면 적당한 난이도라면 얼마든지 할 수 있다는 의미이다. 아이에게 맞지 않는 난이도와 숙제 양을 강요하는 학원은 과감히 그만두는 용기가 부모에게 필요하다.

숙제를 앞에 두고 짜증 내는 아이를 보면 부모 입장에서는 아이가 하기 싫어 핑계를 대고 징징거린다고 오해하기 쉽다. 하지만 잘하기를 바라는 마음은 아이가 훨씬 더 크다. 이 순간 부모의 역할은 그 마음을 알아주는 것이다. 힘들어 하는 이유를 알아주고, 그런데도 불구하고 계속 노력하는 아이의 긍정적 의도를 알아주자. 숙제 때문에 괴로워하는 아이에게 이렇게 말해 주자.

🧒 "숙제가 쉽게 풀리면 좋겠지."
🧒 "응, 숙제가 왜 이렇게 어려운지 모르겠어. 좀 쉬우면 금방 다할 텐데."
🧒 "숙제를 정말 잘하고 싶구나. 기특하다. 훌륭해."

숙제를 잘하기를 바라는 아이의 긍정적 의도를 읽어 주니 대화의 방향이 확 달라졌다. 분명한 것은 이런 대화를 하고 나면 아이가 자신에 대해 부정적인 결론을 내리지 않는다는 점이다. 양과 난이도가 적당하면 얼마든지 잘하는 아이라는 긍정적 자아 개념으로 자리 잡는다. 부모의 말은 이렇게 아이를 성장하게 한다.

억지로 하는 아이에서
스스로 하는 아이 되는 법

**공부 스트레스가
아이의 공부를 망친다**

사교육에 관한 의견 차이는 부부 싸움의 큰 원인이 되기도 한다. 한쪽은 남들 다하는 사교육을 무리해서라도 시켜야 한다는 쪽이고, 다른 쪽은 그런 건 돈만 낭비할 뿐이지 효과도 없고, 그것 때문에 부모와 애가 맨날 싸우는 꼴이 싫다고 반대한다. 그럴 거면 아예 보내지 말라고 소리치다 애꿎은 부부 싸움을 하게 된다. 아이 학원 문제로 집안 분위기가 엉망이다.

왜 이런 현상이 자꾸 나타나는 걸까? 가장 중요한 이유는 공교육과 사교육의 틈새에서 중심 잡기가 힘들기 때문이다. 학교에서 가장 긴 시간을 보내지만, 그 교육 내용에 대해서는 신뢰가 부족해 사교육으로 공부량을 채워야 한다는 신념이 팽배하다. 현재 초등 이상의 학생이 국·영·수 사교육을 받지 않는 경우는 매우 드물다. 아이가 학원 가는 것에 스트레스 받지 않고 힘겨워하지 않는다면 괜찮다. 그런데 만약 아이가 학원에 갈 때마다 힘들어한다면 그 원인을 잘 알아야 제대로 도와줄 수 있다. 이럴 땐 사교육에 대한 생각을 먼저 정리하는 것이 매우 중요하다. 우선 사교육의 효과 유무이다.

약 20년 전의 연구에서는 사교육의 효과가 없다는 연구들이 있었다. 대표적으로 2004년 김태일 교수 연구진이 사교육을 받은 집단과 받지 않은 집단의 내신 성적, 수능 점수, 대학 학점을 비교 분석한 결과, 사교육을 받지 않은 집단이 사교육을 받은 집단에 비해 모든 영역에서 더 높은 점수를 얻는 것으로 밝혀졌다(〈사교육의 효과, 수요 및 그 영향요인에 관한 연구〉, 한국교육개발원, 2004).

그 후 부분적으로 사교육의 효과가 있다는 연구도 찾아볼 수 있다. 2017년 초등 고학년을 대상으로 한 3년간 연구에 의하면, 국어 사교육에 참여한 초등학생의 시간과 비용의 투자는 학업성취도 향상에 유의한 영향을 주지 못하지만, 수학과 영어 사교육 참여에 대한 시간과 비용의 투자는 학업성취도 향상에 효과가 있는 것으로 나타났다(〈초등학생의 사교육 참여가 학업성취도에 미치는 영향〉, 한국교육재정경제학회,

2017). 여기서 중요한 점은 시간과 비용이 늘어나서 효과가 있었다는 점이다. 무작정 시간과 비용을 투자를 높이면 더 효과가 좋아진다는 의미일까?

2023년 초등 고학년(4~6학년) 아동 1,226명을 대상으로 사교육 이용 개수와 사교육 부담감과 아동의 학업 스트레스의 관계를 살펴본 연구에서는 초등 고학년이 이용하는 사교육은 1~10개 사이였으며 평균 2.76개였다. 결론은 초등 고학년의 학업 스트레스는 사교육 개수보다는 아동 스스로 본인이 받고 있는 사교육을 어떻게 수용하고 있는지, 그 부담과 스트레스가 더 중요한 요인임을 밝히고 있다(《한국 초등학교 고학년 아동의 사교육 이용 개수와 사교육 부담감이 아동의 학업 스트레스에 미치는 영향》, 생애학회지, 2023). 2024년 초록우산어린이재단 아동행복지수에 따르면, 사교육 부담이 더 큰 아동의 행복지수가 더 낮았다. 결국 사교육 부담감이 학업 스트레스에 부정적인 영향을 끼친 것은 상식적인 결과다.

그렇다면 어떤 아이가 건강한 정서로 공부를 잘하게 되는 걸까? 2025년 한국교육개발원에서 국제학업성취도평가(PISA)를 분석한 결과, 한국의 상위집단은 하위집단보다 호기심 점수가 월등히 앞선 것으로 나타났다. 경제협력개발기구(OECD)는 학업 성취에 영향을 주는 사회정서역량으로 '호기심, 끈기, 정서 조절, 스트레스 저항력'을 꼽는다. 스트레스를 주는 공부는 아이의 학업 성취의 방해꾼이라는 사실이 매우 중요하다.

아이가 학원에 가기 싫어한다면 어떤 스트레스를 받고 있는지 알아야 한다. 그럴 땐 "어디가 힘들어?"라고 물어보자. 아이는 약간의 불편감만 있어도 싫다고 말하지만, 힘든 점에 대해 구체적으로 묻다 보면 학원 교육을 계속할지 말지, 옮기는 게 나은지 아닌지, 개선 여지는 없는지 지혜롭게 의논하며 방법을 찾아갈 수 있다.

 "어떤 점이 힘들어?"
"선생님과 의논해 보면 어떨까?"
"네가 말하기 힘들면 엄마가 도와줄게."
"이야기해 보고 나서 다시 의논할까?"
"네 부담이 너무 큰 건 좋지 않아."
"네 생각이 가장 중요해."
"힘든 점을 솔직히 말해 줘서 고마워."

아이에게 비싼 사교육을 시키지 못하는 걸 아쉬워하지도 말고, 많이 보낼수록 효과가 좋을 거라는 착각 속에 빠지지도 말자. 많이 하고 적게 하고의 문제보다는 아이가 사교육에 대한 부담과 스트레스를 어떻게 느끼는가에 따라 학업 성취가 달라진다는 점에 더 주목해야 한다. 다음 연구를 살펴보자.

2020년 2,219명의 초등학생을 대상으로 한 연구에서 초등학생의 독서 시간이 학업성취에 미치는 영향과 사교육 시간이 학업성취에 미치는 영향에 대해 각각 분석한 결과, 독서 시간의 영향력 정도가 사교육 시간의 간접 효과보다 더 큰 영향을 미치는 것으로 나타났다(〈초등학생의 사교육시간과 독서시간이 학업성취에 미치는 영향〉, 한국청소년복지학회, 2020). 이 점을 잘 기억하면 좋겠다. 아이가 좋아하는 주제의 책을 실컷 읽게 하는 것이 사교육보다 학업 성취에 훨씬 더 효과적이라는 사실이다.

　몇 년 전부터 대치동을 중심으로 한 학원가는 사교육의 효과를 높이기 위해 교육 시간을 엄청나게 늘리고 있다. 초등 3, 4학년만 되어도 일주일에 2번, 한 번에 네 시간을 수업하고, 방학 때는 그 시간을 더 늘리는 이상 현상이 나타나고 있다. 이런 상황에서 학업 스트레스를 받지 않는 것이 비정상이다. 게다가 책 읽을 시간이 없다는 것 역시 안타까운 일이다. 다양한 배경지식을 얻고 사고력과 문해력을 저절로 키울 수 있는 독서 시간마저 빼앗아 가며 학원에 매달리지 않아야 한다. 사교육은 건강하게 활용해야 한다. 꼭 보내야 할 과목만 보내고, 보내고 한두 달 뒤에는 시간과 비용과 노력을 투자한 만큼의 도움이 되는지 아이와 꼭 의논하고 평가하는 과정이 중요하다.

매일 말 공부 ③
돌봄의 공백을 채우는 퇴근 후 대화법

워킹맘에게 가장 큰 숙제는 아이의 방과 후 시간이다. 워킹맘이 퇴사를 고민하게 되는 첫 번째 시점이 아이를 출산했을 때라면, 두 번째 시점은 아이가 학교에 입학할 때다. 영유아 시기에는 어린이집과 아이 돌보미 등을 통해 그런대로 무사히 지냈지만, 학교에 입학하면 챙겨야 할 게 많고, 돌봄의 공백도 많아 직장을 그만두어야 할 것 같은 위기감이 든다.

입학 후 딱 1년만 잘 견디기 바란다. 그동안 아이는 학교생활에 적응할 것이고, 일하는 엄마의 자녀로 살아가는 새로운 방법을 터득할 것이다. 준비물을 챙기고 숙제와 공부를 봐 주는 일은 루틴을 만들어 조금만 익숙해지면 그리 어렵지 않다. 오히려 일하는 엄마를 보면서 아이가 배우는 것도 무척 많다. 함께 보내는 절대적인 시간은 적지만,

그 시간을 혼내거나 다그치지 않고, 서로 위로하고 힘이 되어 주면서 아이와 함께 커 갈 수 있다. 아이가 방과 후 시간을 어떻게 보내게 할지 고민해 보자.

조금씩 제도적으로 개선되고 있기는 하지만 여전히 아이를 부모 대신 안전하게 돌봐 줄 기관은 불안정하다. 그래서 방과 후 교실, 돌봄교실, 늘봄학교, 지역 아동센터, 베이비 시터, 조부모님, 학원 등을 돌며 엄마 아빠 중 누군가 먼저 퇴근할 때까지 버텨야 한다. 계속 이리저리 왔다 갔다 하는 아이를 보며 워킹맘은 더 마음이 힘들어진다. 하지만 하교하는 아이를 맞이하지 못하는 죄책감을 가질 필요는 없다. 가수 이적의 형제들처럼 일하는 엄마의 자식으로 자라게 하면 된다. 비 오는 날 데리러 오지 않는 것에 더 자부심을 느끼는 아이로 자라게 하면 된다.

단 아이를 언제나 안전하게 보호하자. 그리고 아이를 맡길 때 죄인처럼 부탁하는 자세는 지양하자. 엄마 아빠가 아이를 직접 돌보지 못하면 사회 전체가 아이를 보호해야 한다. 아이를 돌봐 주는 분들과 지혜롭게 소통하며 부모가 없는 시간 동안 우리 아이를 돌봐 주는 분들에게 무엇이 필요한지 알아보자.

돌봄 원칙 정하기

부모가 바라는 걸 모두 부탁할 수는 없다. 기관에 아이를 맡기는 경우라면 큰 걱정이 없지만, 조부모님이 아이를 돌봐 주신다면 마음에 걸리는 것들이 생긴다. 미디어 노출, 음식 무절제, 아이에 대한 끊임없는 잔소리 등 부모 입장에서 불편하게 여겨지는 특성이 있을 수도 있다. 부모가 부탁하는 걸 잘 들어주면 감사하겠지만, 그렇지 못한 경우 가족 갈등의 원인이 되는 경우도 꽤 있다.

이럴 땐 현명하게 판단하고 선택해야 한다. 아이가 조부모님과 시간을 보낼 경우 아이를 안전하게 보호한다는 기본 원칙이 가장 중요하다. 그 다음에 조부모님이 수용할 수 있는 제안을 하는 것이 필요하다. "TV나 핸드폰 보여 주지 마세요. 간식 너무 많이 주지 마세요. 잔소리 하지 마시고 그냥 두세요." 이런 말은 오히려 조부모님에게 상처를 줄 수 있다. 이렇게 서로 스트레스가 된다면 부차적인 방법을 찾아보자. 놀이터에서 노는 시간, 아이가 좋아하는 태권도나 미술학원에 데리러 오가는 활동처럼 조부모님이 좀 더 수월하게 할 수 있는 방식을 찾는 것이 바람직하다.

돌봐 주는 분에게 항상 감사의 마음 전하기

아이 돌보는 모습이 부모 마음에 쏙 들지 않아도 애쓰는 분들께 감사함을 전하는 말은 매우 중요하다. 그래야 아이를 돌보는 분의 마음이 편안해지고, 우리 아이와의 시간을 잘 보낼 수 있다. 말 한마디로 천 냥 빚을 갚는다고 했다. "아이 돌볼래? 일할래?"라고 물으면 솔직히 일하는 게 훨씬 쉽다. 그만큼 아이 돌보는 일은 에너지가 많이 소진된다. 아무리 마음에 걸리는 점이 있다 해도 말 한마디와 다정한 인사로 늘 감사의 마음을 전하는 것이 중요하다.

담당 선생님과 상담하기

초등 방과 후 교실과 돌봄교실이 점점 확대되어 늘봄학교 제도로 확장되고 있다. 맞벌이 부부가 이렇게 많은데 진작에 만들었어야 할 제도다. 우리 아이가 돌봄교실에서 잘 지내는지 궁금하면 담당 선생님과의 상담을 신청하자. 교실에서는 잘 지내는데 돌봄교실에서는 잘 통제되지 않고 마음대로 행동하는 아이도 있다. 아마 수업과 다르다고 생각하기 때문일 것이다. 문제가 생기고 나서야 담당 선생님의 연락을 받게 되는 경우가 대부분이다. 한 달에 한 번 정도는 상담을 신청해서 우리 아이의 상황을 확인하는 것이 좋다.

아이 마음 돌보기

아이의 마음을 돌보는 일은 여전히 부모의 몫이다. 아이를 돌봐 주는 선생님이나 조부모님이 아이의 마음까지 잘 보살피는 분이라면 정말 감사할 일이다. 하지만 그러지 못한 경우가 더 많다.

저녁에 아이와 대화를 나누면서 아이가 엄마 아빠를 기다리는 시간 동안 무엇이 힘들었는지 듣고 위로와 공감의 시간이 필요하다. 힘들었을 아이의 마음을 다독여 주자. 엄마도 아이가 보고 싶었음을 말해 주고, 그 시간을 잘 견딘 아이를 칭찬하는 것도 필요하다.

주의 깊게 살피기

방과 후 시간을 보내고 엄마를 만났을 때 아이의 표정과 몸 상태를 주의 깊게 살피자. 아이가 밖에서 있었던 좋지 않은 일을 엄마에게 다 말하지 않을 수도 있다. 이상하게 공격적이거나, 짜증을 내거나, 뭔가 평소와 다른 모습을 보이면 잘 다독여서 아이가 말할 수 있도록 도와주자.

"뭔가 속상한 일이 있는 것 같아. 어린이는 엄마한테 다 말해야 하는 거야. 엄마는 무조건 네 편이야. 무슨 말이든 다 괜찮아. 엄마가 지켜 줄게. 아빠가 힘이 되어 줄게."

이런 말을 자주 들려 주는 것이 좋다.

숙제 돌보기

퇴근 후 해야 할 일이 많다 보니 숙제도 아이를 맡긴 곳에서 해결하기를 바라는 마음도 있다. 그게 가능하다면 감사한 일이지만 그래도 부모가 할 일은 남아 있다. 관심 있게 살피고 빠진 부분을 챙기는 것이 필요하다. 격려하고 지지하는 일은 온전히 부모의 몫이다. 다른 사람이 아무리 칭찬해도 아이는 결국 엄마 아빠의 칭찬을 받고 싶기 때문이다. 제발 부족한 것만 지적하고 칭찬에 인색한 모습은 줄여 가기 바란다.

아이와 방과 후 루틴을 의논하기

아이와도 방과 후 루틴에 대해 한 달에 한 번 정도는 의논하는 시간이 꼭 필요하다. 아이가 느끼고 생각하는 걸 기반으로 방식을 수정해 가는 것이 좋다.

"넌 학교 끝나고 방과 후 수업받고, 돌봄교실에서 지내다 5시에 학원 가고 7시에 집에 오잖아. 혹시 바꾸고 싶은 점 있어? 불편한 점은 없어?"
"그 부분을 지금 당장 바꾸기 어렵다면 어떡하지?"

"이번 학기 끝날 때까지 견딜 수 있겠니?"

"네가 잘 지내는 데 도움이 되는 건 뭘까?"

"엄마 아빠가 어떻게 도와줄까?"

맞벌이 부모의 자녀는 자신의 일과를 어떻게 느끼고 생각하는가에 따라 그 생활의 질은 매우 달라진다. 엄마가 없어서 싫고, 기다리기 힘들다고만 생각한다면 그 시간은 뭘 해도 힘겹게 느껴진다. 반대로 하교 후 엄마 아빠와 만날 때까지 자신이 좋아하는 걸 배우고, 돌봄교실에서 친구들과 함께 놀며 지내고, 좋아하는 과목의 학원에 갔다가 저녁이 되어서야 엄마 아빠를 만나는 걸 당연한 루틴으로 생각하면 그 모든 시간은 아이가 성장하는 시간이 된다.

유아와 초등학생 시기의 아이들이 심리적 어려움을 겪어 놀이 치료를 받는 경우를 생각해 보자.

보통 아이의 심리 상태에 따라 주 1, 2회 방문하고, 한 번에 40~50분 정도를 진행한다. 길어 봤자 일주일에 40~90분 정도의 시간이다. 신기한 건 이 정도의 시간 동안 치료사가 아이와 좋은 관계를 맺고, 아이와 즐겁게 놀고, 아이가 얼마나 훌륭한 점이 많은지 찾아 말해 주고, 꼭 배워야 할 기본적인 말과 행동을 가르치면 몇 달 후부터는 정말 큰 변화가 생기기 시작한다.

일하는 부모는 늘 아이와의 시간이 부족해서 미안해하지만, 그러지 않아도 괜찮다. 하루에 아침 30분, 저녁엔 못해도 두세 시간 아이와 함께 시간을 보내도 충분하다. 시간의 양보다 함께 있는 시간의 질이 아이의 성장을 결정한다.

우리 아이가 자신의 일상 루틴을 잘 습득하고, 이를 당연시 여기고 오히려 잘 수행한다면 무척 잘 커 가고 있음을 기억하면 좋겠다. 아침에 등교하는 아이에게 이렇게 말해 주자. 아이도 하루를 알차게 보내겠다고 다짐하게 될 것이다.

"엄마는(아빠는) 오늘 아침에 네가 등교하고 나면 ○○시까지 지하철 타고 회사에 출근해.
12시에 동료들과 점심을 먹고, 오후에도 열심히 일하고, 6시에 퇴근해서 집에 오면 7시가 될 거야. 우리 7시에 만나자.
사랑해. 엄마 아빠도 열심히 일하고 올게."

저녁: 함께하는
저녁이 아이를
단단하게 만듭니다 "

가족 활동 세 가지로 문해력 키우기

유아기는 많은 것이 결정되는 시기다. 공부를 좋아하는 아이/공부를 싫어하는 아이, 배우기를 즐기는 아이/배우는 것이 힘든 아이까지 다양하다. 우리 아이는 어느 쪽으로 나아가고 있는가? 만약 아이가 공부라는 말만 나오면 고개를 돌려 버린다면, 글자 하나를 더 알게 하거나 덧셈 하나 더 맞추게 하려는 노력보다 더 중요한 것은 방향을 바꾸는 일이다.

유대인의 하브루타 놀이가 특별히 인정받는 이유는, 일상 생활용품까지 놀잇감으로 활용하고 그 속에서 자유를 누리며 창의력이 자라기 때문이다. 그 속에서 자유롭게 놀면서 터져 나오는 아이의 질문은 무궁무진하다. 비결이 이것이라면 우리도 얼마든지 가능하다.

아이는 늘 질문한다. "해는 왜 맨날 같은 쪽에서 떠요?"라는 과학적인 부분부터 "엄마는 왜 맨날 숙제하라고 해요?"라는 철학적인 부분까지 무엇이든 물어본다. 만약 아이가 자동차 바퀴는 왜 둥그냐고 질문한다면 어떻게 대답해 주겠는가? "둥글어야 굴러가지! 네모가 어떻게 굴러가니?"라며 아이를 면박 주지 않기 바란다. 너무나도 당연하기에 말도 안 되는 소리라고 말하지 않기를 바란다.

"좋은 질문이야. 왜 그럴까? 왜 다른 모양의 바퀴는 만들지 않았을까?"

서로 질문하고 자기 생각을 토론하는 과정을 통해 아이는 창조적인 생각을 키워 간다. 8살이 되어서야 글자를 가르쳐도 세계 1위의 교육 수준을 보이는 핀란드에서는 자기만의 방식대로 자유롭게 놀수록 집중력과 책임감이 높아진다는 믿음으로 아이를 마음껏 놀게 한다. 아이가 무엇을 하고 놀지 스스로 선택하게 하고 자유롭게 놀이를 전개해 가도록 한다. 이들은 물 흐르듯이 자연스럽게 생각의 흐름을 따라가는 놀이여야 아이가 더 많이 생각하고 배우는 강한 원동력이 된다는 믿음으로 아이를 가르친다. 바로 여기에 우리가 배울 점이 있다. 우리는 아이가 자기만의 방식으로 자유롭게 놀게 하고 있는가? 저녁 시간이 되어야 아이와 만날 수 있고 주로 아파트 생활을 하는 부모는 아이에게 이렇게 자유로운 놀이를 제공하기에 한계가 있다. 그래도 가능하다. 그 짧고 귀한 저녁 시간에 부모가 적절한 놀이 자극을 주고, 그다음은 온전히 아이의 몫으로 남겨 두면 된다. 무엇을 선택하고 어떤 생각을 하고 어떤 엉뚱한 발상을 해도 흘러가는 대로 놓아두자. 아이의 놀이가 진행될 때 엄마가 할 일은 지지하고, 격려하고, 노력을 칭찬해 주는 것이다.

지금의 놀이는 부모가 너무 많이 개입하고 아이의 생각과 판단을 특정 방향으로 이끌어 가려고 애를 쓴다. 부모가 아이의 놀이에 지나치게 개입할 경우 어떤 부작용이 있는지 살펴보자.

미네소타대학교 심리학자 캐서린 보스는 의사결정이 업무 실행에 어떤 영향을 미치는가를 연구하기 위해 실험 대상자를 두 그룹으로 나누었다. A 그룹의 사람은 다음 세 가지 선택을 요청받았다. 다양한 색깔의 색연필 중 1개를 고르기, 여러 종류의 티셔츠 중 한 벌을 선택하기, 여러 강의 중 한 곳에 수강 신청하기. 그리고 나머지 B 그룹은 다음 실험을 기다리기만 했다. 다음으로 두 그룹의 참가자 모두에게 자제력이 필요한 과제를 주었다. 아주 차가운 물에 손을 얼마나 오래 담글 수 있는가 하는 것이었다. 어느 그룹이 더 오래 담글 수 있었을까? 결과는 선택을 요청받지 않은 B 그룹이 선택과 의사결정을 내렸던 A 그룹보다 더 오랫동안 손을 담글 수 있었다.

비슷한 다른 연구도 있다. 다양한 선택지 중 하나를 고르는 과정이 수학 문제를 푸는 능력에 어떤 영향을 미칠까 하는 것이다. 수학 문제를 풀기 전에 의사결정에 참여한 참가자는 그렇지 않은 사람에 비해 문제풀이 능력이 떨어졌을 뿐 아니라 포기도 쉽게 한다는 결론이 나왔다. 의사결정 과정이 사람들의 에너지를 고갈한다는 의미다.

결국 사소한 일에서 자꾸 부모가 잔소리하고 선택을 요구하는 것이 아이의 자제력에 부정적인 영향을 미칠 수 있다는 의미다. 아이의 놀이에 부모가 불필요하게 개입해서 이것저것 지시하면 오히려 아이의 발전을 방해한다. 아이가 자유로운 의식의 흐름대로 놀아보는 경험이 중요하다. 그렇다면 아이를 방해하지 않으면서 잘 놀고도 배우는 방법은 어떤 것이 있을까?

아이들이 좋아하는 수학 놀이

초등학교 3학년 지혁이는 5살부터 수학 학습지를 했다. 주로 연산과 사고력 수학 등을 공부했는데, 하루 분량의 학습지를 풀고 채점하고 다시 고치는 방식이었다. 지혁이는 시작한 지 한 달이 채 안 되어 제일 싫어하는 공부가 수학이 되었다. 한 번 싫다고 새겨진 마음은 변할 줄 모른다. 싫고 재미 없는 것을 억지로 하려니 잘되지 않는다. 잘되지 않고 자주 틀리니 이제 수학은 세상에서 제일 싫을 뿐 아니라 점점 어렵게 느껴진다. 이제 겨우 3학년이 된 아이가 "수학이 싫어요. 어려워요."라는 말을 달고 산다. 엄마가 수학을 가르치기 위해 들인 공과 노력에 따라 얻은 것은 이뿐만이 아니다.

이제 아예 공부에 대해 마음의 벽을 쌓아 버렸다. 한 번만 더 생각하면 쉽게 풀 수 있는 문제조차도 그냥 틀려 버린다. '시험 공포증' 증상이 나타나기 시작한 것이다. 차라리 아무것도 시키지 않고 학교 수업만 배웠어도 이보다 더 나은 점수를 받았을 것 같다. 사랑하는 우리 아이가 왜 이런 악순환을 겪어야 하는가?

현지 엄마도 비슷하다. 주변 아이들이 모두 학습지로 공부를 시작하자, 현지가 5살이 되던 해에 따라 해 보았다. 그런데 아이가 처음에는 흥미를 보이더니 일주일도 지나기 전에 학습지를 거들떠보지도 않았다. 엄마는 아이를 설득하여 가르치려 했고, 아이는 그럴수록 싫다며 도망쳤다. 엄마는 슬슬 수학 공부를 싫어하는 아이에게 화가 나기 시작했다. 결국 아이에게 소리 지르며 화를 내고 다그쳤다. 울며 억지로 연필을 잡는 아이를 보며 그날 밤 엄마는 자신이 한 행동이 무슨 의미인지 곰곰이 생각해 보았다.

아이를 가르친 것이 아니라 아이에게 성질만 냈다. 그러면서 아이가 숫자를 싫어하게 만들었다. 자신은 '못 하는 사람'이라는 부정적인 자아 개념을 심어 주었다. 무엇보다 아이가 엄마에게 상처받았을 테고, 과거의 기억하지 못하는 상처와 더해져 점점 엄마와의 관계에 문제가 생겼음을 깨달았다. 엄마는 아이를 질리게 한 학습지를 미련 없이 쓰레기통에 넣어 버렸다. 아까웠지만 그러다 자신이 또 아이를 다그치게 될까 걱정되었기에 과감해야 한다고 생각했다. 지금 현지는 초등학교 3학년인데 수학을 좋아한다.

현지는 어떻게 수학을 좋아하는 아이로 탈바꿈할 수 있었을까? 학습지를 없앤 후 현지 엄마는 아이와 숫자 놀이를 하기 시작했다. 거실의 이쪽 끝에서 저쪽 끝까지 아이의 발걸음이 몇 걸음인지 세어 보고, 주사위 놀이도 하며 수를 세었다. 길을 걷다 눈에 보이는 사물의 이름을 부르거나 끝말잇기 놀이를 했고, 말놀이가 지루해지면 동물을 몇 마리 발견했는지 세기 놀이를 반복했다.

6살 때는 현지가 초등학생 언니의 구구단 소리를 듣더니 따라 하겠다며 2단을 외웠다. 모두 놀이였다. 가로수가 몇 그루인지 세었고, 빵집 앞에서 자신이 좋아하는 빵이 몇 개나 진열되어 있는지도 세었다. 그렇게 세면서 덧셈도 하고 뺄셈도 했다. 집에서 놀 때는 아이가 좋아하는 카드놀이를 통해 몇 장을 얻었는지 세며 놀았고, 다양한 보드게임을 할 때도 숫자를 세며 놀았다. 학습지 3~4장을 푸는 것보다 더 많은 숫자를 세어 보고 더하고 빼고 때로는 곱하기도 하였다.

배움이 진짜 놀이가 되는 것과 놀이를 가장한 배움은 분명히 차이가 있다. 가장 중요한 차이는 아이가 느끼는 즐거움이다. 배움이 없는 순수한 놀이는 없다. 다만 가르치기 위해 놀이를 잘못 이용할 때 문제가 생긴다. 배우는 일이 놀이가 되면 아이는 즐겁고 뿌듯하다. 아이들이 모두 그렇게 놀았으면 좋겠다.

아이들이 좋아하는 말놀이와 퀴즈 내기

세 아이를 모두 명문대에 보내 부러움을 사는 집이 있다. 그 부모에게 아이 교육을 위해 무엇을 했는지 질문했더니 의외의 답이 돌아온다. "사교육은 꼭 필요할 때 아니면 거의 시킨 적이 없어요." 꼭 필요할 때가 언제인지 좀 더 구체적으로 물어보았다. 각 아이들이 중고등학교에 다니는 동안 학원에 다닌 기간은 겨우 두세 달 정도였다고 한다. 거의 다니지 않은 셈이다. 그렇다면 세 아이가 다 공부를 잘할 수 있었던 비결은 뭘까? 흔히 말하듯이 교과서 중심으로 공부해서? 그렇지는 않았다. 그 부부의 특징은 아이들과 여행을 자주 다니는 것이었다. 아이들이 주도적으로 계획하여 가고 싶어 하는 곳으로 여행을 다녔으며, 늘 수다와 대화와 놀이가 끊이지 않았다. 달리는 차 안에서 엄마 아빠와 함께 혹은 아이들끼리 끝말잇기, 재미있는 수수께끼나 난센스 퀴즈 맞히기, 사물 찾기, 신기한 것 발견하기 놀이 등 시간이 갈수록 아이들이 창조해 내는 놀이로 늘 시끌벅적하였다.

아이들은 말놀이를 통해 끊임없이 지적 자극을 받았고, 더 재미있는 퀴즈를 내기 위해 서로 열심히 문제를 찾고 만들었으며, 지지 않으려고 새로운 것을 창조해 내었다. 놀면서 배우고 더 잘 놀기 위해 애쓰고 노력하는 과정이 다시 배움이 되어 지금의 결과를 가져왔다.

이런 이야기 들으면 엄마들은 말한다. 그렇게 놀기만 했는데 어떻게 학교 공부를 잘 할 수 있느냐고. 그 아이들이 특별하거나 천재이거나 영재가 아니었는지 의심을 품는다. 절대 그렇지 않다. 비결이 있다면 바로 독서다. 아이마다 각자 관심 분야가 달라 아이들이 스스로 원하는 책을 자유롭게 읽도록 했고, 무슨 일이 있어도 하루 중 책 읽는 시간은 최소 한 시간 이상이 보장되도록 노력했다.

만약 당신이 이런 방식으로 아이와 시간을 보낸다면 틀림없이 아이의 성적이 우수해질 것이다. 이런 말놀이와 독서가 곧바로 아이에게 진정한 배움이 된다는 사실은 틀림없으니 말이다. 하지만 정작 주변에서 들려오는 건 학원을 보내면 입시에 유리하다는 이야기뿐이라 불안해진다. 앞에서도 강조했지만, 사교육은 아이가 스트레스받지 않게 효율적으로 다녀야 한다. 무엇보다 사교육 의존성을 키우다 보면 주도적인 학습을 못하게 된다는 사실을 기억하자. 바람직한 방법과 성공 사례들이 있어도 불안한 마음에 믿지 못하는 부모는 돈과 시간을 들여 오히려 아이가 공부를 싫어하도록 만들고 있을 뿐이다.

어떤 질문이 아이들의 생각을 키우고, 언어 표현력을 높여 주고, 학습 동기도 키워 주었을까? 궁금하다면 다음 질문에 대답해 보자.

Q: 누군가 물에 빠졌는데 나는 수영을 하지 못한다면 어떻게 해야 할까?
Q: 집에 가는 길에 지갑을 주웠는데 아무도 보는 사람이 없다면 어떻게 하고 싶은가?
Q: 빨강 신호등에서 7살 정도 되는 아이가 혼자 길을 건너려 한다면 나는 어떻게 할 것인가?

아이마다 자신의 경험과 지식을 바탕으로 독특한 대답을 떠올리고 말로 표현한다. 문제 해결을 위해 다양한 가설을 세우고 함께 토론하고 검증하며 생각을 발전시켜 가는 것이다. 만약 다른 사람의 대답이 나의 것보다 더 훌륭하다고 느끼면 다음에는 자신이 더 좋은 생각을 해내려 애쓰게 될 테니 이런 과정 자체가 아이에게 도움이 되고 배움이 된다. 어떤가? 아이와 이런 대화를 종종 나누어 보자. 더 간단한 수수께끼와 스무고개 놀이도 무척 좋다. 이런 놀이는 계속 질문하고 생각하게 한다. 좀 더 지적 호기심을 키우는 질문도 좋다.

Q: 내가 좋아하는 초콜릿은 내 손에 오기까지 몇 개의 나라를 여행했을까?
Q: 동전을 똑바로 세워서 10번 던졌을 때 앞과 뒤가 나오는 비율은 몇 대 몇 일까?
Q: 손톱, 발톱은 뼈일까?

이 질문들에 대한 답을 찾기 위해서는 책과 자료를 찾아보거나 직접 실험해 보아야 한다. 이 과정이 모두 흥미가 있고 자신도 모르는 사이에 공부를 하게 되는 것이다.

저녁 시간은 부모와 아이가 가장 여유롭게 만나 기분 좋고 편안하게 지적 흥미를 키우는 놀이를 하는 시간이다. 수 놀이와 말놀이, 퀴즈만으로도 하루 중 가장 재미있고 의미있는 시간을 보낼 수 있다.

내일을 기대하게 만드는 효과적인 부모의 한마디

숙제와 놀이도 끝나고 이제 잠자리에 들 시간이다. 자고 나면 또다시 새로운 하루가 시작된다. 하루를 행복하게 시작하기 위해 잠자기 전에 꼭 할 일이 있다. 바로 내일을 준비하기다. 아이의 준비물을 당일 아침에 챙겨 본 엄마는 알고 있다. 아침에 정신없이 준비하면 하루의 시작이 엉망이 되고, 그 여파가 하루 전체에 영향을 미쳐 공연히 어수선하고 정신없는 하루를 보내게 된다.

현진이 엄마는 어릴 적에 준비물을 제대로 챙길 줄 몰랐다. 덤벙거리는 성격 탓이기도 했지만 애초에 친정엄마가 자신에게 그런 것을 가르쳐 주지 않았기 때문이다. 그래서 그녀의 학교생활은 늘 친구에게 준비물 빌리기로 시작됐고, 빌리지 못하는 날에는 선생님에게 혼이 나고 벌을 서는 등 수업 시간에 불편을 겪어야 했다. 학창 시절 내내 그랬다. 성인이 되고 직장 생활을 하면서도 그런 실수를 했지만, 중요한 회의에서 크게 혼쭐이 나는 경험을 하면서 서서히 고칠 수 있었다. 그래서 현진이 엄마는 현진이가 유치원에 다니면서부터 알림장 챙기는 일만은 제대로 해야겠다고 다짐했다. 이렇게 엄마가 알아서 열심히 챙기니 아이는 자기 준비물 챙기기에 관심이 없다. "엄마, 다 챙겼지?" 하고 확인만 한다. 준비물을 가방에 넣으라고 하면 "엄마가 넣어 줘."라며 떠맡긴다. 이래서는 안 되겠다 싶어 아이가 초등학교에 들어가면서 현진이에게 이야기했다.

"초등학생은 자기 알림장과 준비물을 스스로 챙기는 거야. 엄마가 도와줄 테니 잘해 보자."

아이는 건성으로 알았다고 대답했다. 아이에게 습관이 될 때까지 연습해야겠다는 생각에 내일을 준비하는 시간을 만들었다. 미리 구입해야 하는 준비물은 낮에 아이와 함께 사 두기로 했다. 저녁에 다시 알림장을 보며 하나씩 체크하니 그리 어렵지 않았다. 아이도 준비물을 다 챙긴 뒤 뿌듯한 표정이었다. 생각보다 쉽게 해결할 수 있었다.

이제 내일 할 일에 대해 함께 이야기를 나누어 보자.

🙎 "엄마는 내일 할머니 댁에 갈 거야. 감기 걸리셨다는데 한 번 뵈러 가야겠어."

🙍 "난 학교 가야지."

🙎 "학교에서 특별히 할 일은 없어? 친구에게 말하고 싶은 건? 선생님께 부탁할 거 없어?"

🙍 "없는데. 아, 있어요! 친구가 자꾸 수업 시간에 쪽지를 보내는데 하지 말라고 말해야겠어."

🙎 "그럼 쪽지를 언제 보내라고 하면 좋을까?"

🙍 "응? 아! 쉬는 시간에 달라고 하지 뭐."

엄마와 아이가 함께 웃는다. '이렇게 시시한 게 내일 할 일이야?'라는 생각은 하지 않기 바란다. 지금 아이는 아주 중요한 일을 계획하고 있다. 친구 관계에서 일어나는 문제에 불편한 점을 분명히 표현하고, 엄마의 도움으로 서로에게 도움이 되는 방법까지 생각했다. 이런 방법을 사용한다면 분명 친구와 앞으로 좋은 관계를 유지할 것이다. 게다가 친구가 수업에 집중할 수 있게 도와주었다.

사소한 행동이 큰 방향을 결정지을 때가 많다. 이런 행동을 계획하는 것부터 해야 공부를 계획하는 일도 가능해진다. 내일 할 일을 마음에 떠올리고 대화를 나누는 것만으로도 그 행동을 실천할 가능성이 무척 높아진다. 계획을 글로 써 두면 성공 확률은 훨씬 더 높아진다. 글로 남겨 두는 방법을 알아보고 그것이 왜 중요한지 살펴보자.

글쓰기의 막강한 힘

1953년 미국 예일대학교에서 졸업반 학생을 대상으로 한 특별 설문조사가 있었다. 질문의 내용은 "목표를 명확하게 써 두고 있는가?"였다. 학생들이 얼마나 확고한 삶의 목표를 가지고 있는지 알아보기 위한 것이다. 설문조사 결과는 이렇다.

> 아무런 목표도 설정한 적이 없다. 67%
> 목표가 있으나 글로 적어 두지 않았다. 30%
> 목표를 글로 적어 두었다. 3%

20년이 지난 1973년, 사회에 진출한 이들을 대상으로 다시 조사를 했다. 그 결과, 자신의 목표를 글로 썼던 3퍼센트의 졸업생이 축적해 놓은 재산이 나머지 97퍼센트의 졸업생 전부가 축적한 것보다 훨씬 더 많았다. 경제적으로 부자일 뿐만 아니라 건강하고 행복감도 훨씬 높은 것으로 조사되었다. 이들 간에는 학력, 재능, 지능 면에서 아무런 차이가 없었음에도 목표를 글로 썼느냐의 여부에 따라 재산, 소득, 사회적인 영향력의 격차가 무려 10배에서 20배 이상 차이가 났다.

사소해 보이는 '목표를 글로 쓰기'가 인생을 어떻게 바꾸는지 조사 결과가 말해 준다. 물론 목표를 종이에 쓰기만 한다고 무조건 목표를 달성하는 것은 아니다. 성공학자들은 '종이에 쓰고 매일 집중하는 것'이 중요하다고 이야기한다. 지금 아이와 나눈 대화를 글로 쓰는 것이 그렇게 큰 영향을 줄까 싶지만, 학자들의 연구를 보면 아주 믿을 만하다. 한 달이나 두 달만 실천해 보면 안다. 공책에 기록한 글은 자연스럽게 다시 글을 쓸 때마다 뒤적여 보게 된다. 오늘 적은 글은 그야말로 한 것보다 아이의 뇌리에 더 강하게 기억된다. 행동으로 옮길 확률도 높아진다.

만약 아이가 어제 계획한 일을 오늘 실천한다면 아이의 내일은 분명 오늘보다 더 성장한 모습일 것이다. 오늘 말하는 내일의 계획은 분명 좀 더 다른 모습을 갖게 될 것이다.

연구 결과를 믿고 한 번 따라 해 보자. 공책 하나를 마련해서 '내일 공책'이라 이름 붙이고, 아이와 내일 할 일에 대해 나눈 대화를 메모해 두어도 좋겠다. 글쓰기는 아이가 싫어할 수 있으니 10번 정도는 아이가 하는 말을 엄마 아빠가 받아 써 주면 좋다. 아이는 방법을 배우고, 자신이 해도 재미있겠다는 생각을 한다. 부모가 몇 번 시범을 보여 주면 분명 아이는 스스로 쓰겠다고 할 것이다. 다음 날 저녁에 실행한 것에는 동그라미 표시를 해 주고, 하지 않은 것에 대해서는 다시 이야기를 나누자. 이때 엄마 아빠의 역할은 들어주기, 지지해 주기이다. 왜 안 했는지 다그치는 역할이 아님을 꼭 기억해야 한다.

잠자리에 든 아이의 마음을
조용히 정돈하는 말

**오늘 하루 감사한 일,
잘한 일**

진정한 행복은 물질적 풍요가 아니라 긍정적 사고에서 나온다.

— 마틴 셀리그먼, 미국 심리학자

아이가 행복해지기 위한 긍정적 사고는 어디서 시작되는 걸까? 셀리그먼이 말하는 긍정심리학의 훈련 방법 두 가지를 배워 보자. 첫 번째는 감사 일기다. 매일 밤 잠들기 전 종이 위에 그날 감사한 일 세 가지를 적고 그 이유도 함께 적는 방법이다. 아이에게 감사한 일을 찾아보라고 하면 그런 게 별로 없다는 말이 제일 먼저 나온다. 왠지 좀 큰일이 생겨야 감사한 마음이 든다고 여겨져서 그렇다.

감사란 그런 것이 아니다. 아주 작은 일에서 감사함을 찾는 것이 중요하다. 연필을 빌려준 친구에게 감사하고, 미안하다고 사과한 사람에게 감사하다. 오늘도 밥을 먹게 해 준 부모님께 감사하고, 잘한다고 칭찬해 준 어른들께 감사하다. 하나하나 찾아 보면 하루 동안 감사한 일이 정말 많다. 감사 일기는 그런 것을 찾아 적는 일이다. 셸리 그먼은 감사 일기를 6개월 정도 계속하다 보면 어느새 전보다 훨씬 행복해졌음을 실감하게 될 것이라고 했다. 실제로 아이와 함께 경험해 보면 한 달도 되지 않아 아이가 무척 긍정적이고 밝아졌다는 것을 알 수 있다.

첫 번째로 아이가 감사함을 찾는 일에 부모가 모델이 되면 좋겠다. 부모가 먼저 아이에게 감사한 일을 찾는 것이다. 오늘 하루 아이가 밥을 잘 먹어 주어서 고맙고, 제시간에 학교에 갔다가 건강한 모습으로 집으로 돌아온 것도 고맙다. 밝게 웃어서 고맙고, 형제들과 다툴 때도 있지만 즐겁게 놀 때도 있어서 고맙다. 투정은 좀 부렸지만 힘든 숙제를 끝까지 잘 해내서 정말 감사하다. 엄마 아빠가 아이에게 먼저 감사한 일을 찾아 주자. 그렇게 '즐거운 나의 집'이 완성된다.

이렇게 감사한 일을 먼저 말해 주면 고맙게도 아이도 부모에 대한 감사함도 말해 줄 것이다. 참 행복한 순간이다.

두 번째는 아이가 잘한 점을 찾는 것이다. 엄마의 전문용어에서 강점을 찾는 방법을 이야기했다. 하루가 끝나기 전에 아이의 강점을 찾아 들려주자. 엄마의 말을 통해 자신이 강점을 많이 가졌음을 알게 된 아이는 마음이 부풀어 오르고 내일은 더 알찬 하루를 보내겠다고 다짐하게 된다. 만약 아이의 강점이 보이지 않는다면 엄마가 아이의 부족한 점만 보고 있기 때문이다. 아니면 부모가 아이에게 어떤 역할을 해야 하고, 어떤 존재가 되어야 하는지 생각이 뚜렷하지 않아서일 수도 있다.

카우아이섬의 회복탄력성 연구를 다시 생각해 보자. 그 열악한 환경에서도 모범적이고 학교 성적이 우수하며 훌륭하게 성장한 아이들의 비밀은 의외로 단순했다. 그 아이들에게는 자기의 처지를 이해하고 믿어 주고, 편이 되어 주고, 응원해 주는 어른이 한 명 이상 있었다. 자신을 믿어 주는 한 사람만 있으면 아무리 끔찍한 일이라도 견뎌 내고, 밝고 건강한 사회인으로 성장한다는 놀라운 결론이었다.

회복탄력성은 제자리로 되돌아오는 힘, 시련을 이겨 내는 긍정의 힘, 내면의 심리적 근육을 단련하는 도구를 말한다. 아이들은 살아가면서 크고 작은 위기와 시련을 맞게 될 것이다. 우리 아이의 회복탄력성은 어떨까?《욕심쟁이 거인》의 작가 오스카 와일드는 "우리는 모두 시궁창 속에서 살아가고 있지만, 그중 어떤 사람들은 하늘의 별을 쳐다본다."라고 했다. 오늘 하루 감사한 일, 잘한 일을 아이가 잘 찾을 수 있으면 좋겠다. 하루하루 쌓이면 우리 아이는 따가운 햇볕이 싫고 추적추적 내리는 비가 싫다고 말하지 않고, 따스한 햇볕도 감사하고 비 오는 날씨도 감사할 줄 아는 아이로 자랄 것이다. 따스한 햇살 아래에서 자신이 할 수 있는 수만 가지 일을 상상하고, 비가 내리면 무엇을 할지 또 상상하는 아이로 자랄 것이다. 부모의 말이 아이의 마음 길을 만들어 주고 있음을 기억하기 바란다.

하루의 마지막은 책 읽어 주기

핀란드 아이들은 8살에 글자를 배우지만 읽기 성적은 세계 최고다. 왜 그럴까? 아기 때는 그림책을 읽어 주고, 2살 이후부터는 글자가 좀 더 많은 책을 읽어 준다. 대부분 유치원에서는 선생님이 매일 15분씩 낮잠 자기 전에 꼭 책을 읽어 준다. 잠드는 아이의 상상이 한껏 펼쳐진다. 어릴 때부터 귀로 책을 읽으며 자라니 언어에 대한 관심과 상상력이 높다. 이후 8살이 되어 글자를 배우면 쉽게 익힐 뿐 아니라 성적도 좋다.

책 읽어 주기가 중요한 줄은 다 알지만 어떻게 읽어 주는지 오해하는 경우가 많다. 글자를 알고 지식을 채우는 것은 저절로 따라오는 이차적인 이득일 뿐이다. 그것을 앞세워 얻으려고 하는 순간 책 읽어 주기의 힘은 사라진다.

사랑하는 엄마의 품에서 향기롭고 포근한 엄마 냄새를 맡으며 이야기 세상으로 들어가는 기분은 언어로 표현하기 어렵다. 분명한 것은 이때 아이가 느끼는 행복은 하루의 피곤함을 씻어 주고 하루 동안 느꼈던 슬픔과 괴로움, 원망과 분노를 사라지게 할 만큼 강력하다는 점이다.

글자를 알아도 혼자 책을 읽는 것보다 엄마 아빠가 읽어 주는 것이 더 좋은 과학적인 이유도 있다. 부모가 책을 읽어 주면 뇌의 알파파가 40퍼센트 이상 증가한다. 알파파는 마음이 안정되고 명상할 때 늘어나는 뇌파다. 책 읽어 주기는 책만 읽는 단순한 활동이 아니다. 이 시간에 아이는 하루 동안 부족했던 정서적 충족감을 가득 채운다. 부드러운 엄마의 목소리를 통해 부모의 사랑을 확인한다. 이 시간이 아이가 가장 행복한 시간이다.

유대인의 책 읽기에서도 한 가지 배우면 좋겠다. 유대인의 교육 방법 중 늘 이야기되는 부분이 잠자리에서 책을 읽는 방식이다. 아이가 잠들기 전 엄마는 두꺼운 책을 읽기 시작한다. 어느 정도 시간이 되면 "오늘은 여기까지. 다음 내용은 내일 읽어 줄게."라고 말하고 책을 덮는다. 아이는 잠이 든다. 듣다 만 미완성의 이야기는 아이에게 상상의 날개를 달아 준다. 날마다 반복되는 이 경험이 아이 상상력의 보물창고가 된다.

우리에게는 어떤 전통이 있었을까? 유대인에게 잠자리에서 책 읽어 주기가 있었다면 우리나라에는 할머니의 무르팍에서 듣던 옛이야기가 있었다. 하지만 아쉽게도 우리의 전통은 급변하는 세월 속에서 잘 전수되지 못했다. 참 아쉬운 일이다. 수백 년간 '이야기 들려주기'로 이어져 오던 우리의 좋은 전통을 현재에 맞게 이어 가는 노력이 필요하다.

아이들 잠자리에서 옛이야기를 들려주면 좋겠다. 다른 책도 좋지만 옛이야기가 좋은 특별한 이유가 있다. 안정된 이야기 구조와 특징 때문에 아이에게 심리적 안정감을 준다. "옛날 옛날에……."로 시작하는 이야기는 아이를 환상의 나라로 훌쩍 옮겨 주고 마음껏 상상의 나래를 펴게 한다. 바로 자신이 이야기 속의 일을 겪는 것처럼 쉽게 동일시하고, 주인공처럼 슬퍼하고 외로워한다. 용감하고 씩씩하게 나쁜 적을 물리치기도 한다. 옛이야기의 끝이 항상 "모두가 행복하게 잘 살았답니다."로 끝나는 이유가 바로 여기에 있다. 즐겁고 안전하게 이야기 여행을 마무리한 뒤에 아이는 안심하고 꿈나라로 빠져 든다. 아무리 무서운 악당이 나오고 괴물이 나타나도 결국 주인공은 그들을 물리친다는 전형적인 구조, 나쁜 놈은 벌을 받고 착한 사람은 복을 받는다는 확실한 권선징악의 구조가 자라는 아이에게는 심리적 안정감을 준다. 잠자리에서 들려주는 옛이야기는 참 귀한 존재다.

정신의학과 전문의 하지현 교수는 옛이야기가 아이에게 현실을 판단하는 힘, 위기 상황을 해결하는 힘, 충동을 조절하고 죄책감을 다루는 힘을 길러 준다고 말한다. 그는 전래동화를 충분히 경험하는 것이 마음의 기초 공사를 하는 일과 같다고 비유한다. 기초가 튼튼해야 그 위에 상상력과 창의력이 건강하게 자라날 수 있고, 그렇지 않으면 모래 위에 세운 집처럼 쉽게 무너질 수 있다는 뜻이다. 그래서 엄마가 읽어 주는 옛이야기 한 권은 아이에게 단순한 이야기가 아니라, 하루를 따뜻하게 마무리하고 내일을 살아갈 힘을 길러 주는 소중한 시간이 된다.

바쁜 부모도
충분히 연결되는 잠자리 대화법

 엄마가 꼭 기억해야 할 것은, 아이는 하루 종일 엄마를 그리워했다는 사실이다. 그러니 아무리 바빠도 꼭 아이를 위해 할 일이 있다. 아이의 허전한 마음, 지친 마음을 알아주고 보듬는 일이다. 생각해 보면 다양한 방법이 있지만, 엄마도 아이도 편안하고 행복한 시간이 되기 위해서는 잠자리 대화가 제일 좋다. 포근한 이부자리에서 편안하게 아이와 함께 누워 잠자리 대화를 나누어 보자.
 아이에게는 편안한 마음으로 오늘 하루를 마무리하면서 동시에 내일을 기대하는 대화가 필요하다. 잠들기 전 함께 누워서 마주 보며 얼굴을 쓸어 주고 뺨과 코도 비비며 이야기를 나누어 보자. 이 시간은 서로의 친밀감을 높여 줄 뿐 아니라 아이가 마음속 이야기를 털어놓고 숨겨진 스트레스를 풀어낼 수 있게 해 준다. 하루를 정리하고 새로운 마음으로 내일을 맞이하며, 엄마에 대한 사랑과 감사하는 마음이 생겨나고, 긍정적인 마음이 커진다. 자존감이 높아지고 회복탄력성도 쑥쑥 자라는 시간이다.

아이와 잠자리 대화법

이제 불을 끄고 잠자리에 눕는다. 아이가 잠들 때까지 엄마나 아빠가 옆에 있어 주기를 바란다면, 함께 누워 도란도란 얘기를 나누자.

속상한 일을 씻어 내는 대화

아이가 미처 말하지 못한 속상한 일이 남아 있으면 아이는 불편하다. 아이가 먼저 말해 주면 좋겠지만 그렇지 않다면 부모가 먼저 대화의 모델을 보여 주자.

"오늘 엄마는 회사 동료가 부탁을 안 들어줘서 속상했어. 내일은 그 친구한테 왜 그랬는지 물어봐야겠어. 아마 이유가 있겠지? ○○이는 오늘 어땠어?"

아이의 경험과 비슷한 사례로 엄마의 이야기를 들려주는 것이 더 좋다. 아이가 느끼는 속상함의 종류는 그리 많지 않다. 누가 약속을 안 지켜서, 내 말을 무시해서, 친구가 놀려서, 공부가 어려워서 등이다. 엄마가 자신과 비슷한 경험을 했다고 말하는 것을 들으면서 아이도 자기 이야기를 쉽게 할 수 있다. 아이가 이야기하면 엄마의 전문용어를 사용하면 된다.

"힘들었겠다. 세상에, 그랬구나. 훌륭하구나. 다음엔 어떻게 하면 좋을까?"

전문용어만 말해 줘도 아이는 속이 후련하고 개운해지고 다음에는 더 당당하게 문제를 해결할 것 같은 자신감이 생긴다. 자기 말을 잘 들어준 엄마에게 감사함과 사랑을 느낀다.

내일을 기대하는 대화

잠자리에서 내일을 생각하면 어떤 느낌이 드는가? 내일 할 일이 무겁게 느껴져서 한숨이 나올 수도 있지만 아이에게 그런 모습은 보이지 않는 것이 좋다. 엄마 아빠가 가볍게 한숨만 쉬어도 아이는 엄청난 먹구름처럼 느낀다. 반대로 "내일 하고 싶은 일은 뭐야? 우리 내일 뭐 할까?" 하고 질문해 보자. 혹은 아이가 내일 하는 일 중에서 기분 좋고 즐거운 일을 찾아 말해 보자.

"내일 미술 시간에는 뭐 그리고 싶어?"
"쉬는 시간에 요즘은 무슨 놀이해?"
"엄마가 내일은 몇 번 전화할까? 전화해서 무슨 말을 해 주면 기분이 좋아?"

오늘 아이가 노력한 점, 열심히 한 점 세 가지 찾기
언제나 가장 힘이 되는 말은 나의 노력과 긍정적 의도를 부모가 알아줄 때이다.

"동생이 과자 더 먹으려 할 때 니게 나눠 줬잖아. 그 모습이 참 보기가 좋았어."
"그림 그리다 망쳤는데도 다시 지우고 더 잘하려고 노력했잖아. 정말 훌륭해."

엄마가 자주 찾아서 말해 주면 어느새 아이가 스스로 자신이 잘한 점을 찾아 말하기도 한다. 당당한 자존감이 생겨난 증거다. 부모가 시작해서 아이 스스로 자신이 잘한 점, 자신의 강점을 찾는 것이 자존감을 높이고 긍정적인 아이로 자라는 데 가장 큰 효과가 있다.

할 말이 없을 때는 '아이를 사랑하는 100가지 이유'를

"태어나 줘서 고맙고, 엄마를 사랑해 줘서 고마워."
"웃는 모습을 너무 사랑하고, 이렇게 엄마를 안아 줘서 고맙고 사랑해."

이런 대화가 정말 필요하다. 처음에는 어색하고 서툴 수 있지만 일주일 정도만 계속하면 아주 자연스럽다. 아이의 태도가 점점 밝고 긍정적으로 바뀌고, 더 의욕적인 모습을 보인다. 내일을 기대하는 마음으로 잠들면 아침에 눈을 뜰 때도 좋은 느낌이 이어진다.

매일 말 공부 ④
엄마의 하루 언어 점검표

아이의 마음과 공부, 그리고 친구 관계를 챙기는 부모의 체크 리스트다. 부모는 여러모로 아이를 신경을 쓰고 챙기지만 늘 놓치는 부분이 있고, 나중에 보면 어딘가에 구멍이 생긴다. 이를 위해 부모의 말을 챙겨 보자. 날마다 하면 더 좋겠지만, 쉽지는 않다. 그래도 일주일에 한 번씩만이라도 체크해 보면 우리 아이에게 부족한 부모의 말이 무엇이었는지 확인할 수 있다. 아이에게 중요한 것들을 챙기지 못한 미안함이나 죄책감이 들 수도 있지만 다 괜찮다. 오늘 미안한 만큼 내일부터 아이에게 좋은 부모의 말을 들려주면 된다. 이 모든 과정이 부모도 아이도 함께 성장해 가는 과정이다.

영역		질문 내용	O/X
정서 돌봄	1	아이의 언어·비언어적 표현을 알아차리고 뭘 원하는지 읽어 주었다.	
	2	아이의 언어적·비언어적 표현에 "말해 줘서 고맙다."라고 말했다.	
	3	아이가 보이는 소소한 강점 행동을 찾아 지지했다.	
	4	부모가 말 실수를 했을 때 기꺼이 사과하고 다시 바꾸어 말했다.	
	5	"힘들었겠다."라며 마음을 알아주고 인정하는 말을 1회 이상 건넸다.	
	6	문제가 있을 때 "이유가 있을 거야."라고 아이를 믿고 이유를 물었다.	
	7	대답 못 할 때 "천천히 생각해. 말하고 싶을때 말해도 좋아."라 말해 주었다.	
	8	아이가 노력한 점을 찾아 "잘하려고 노력했구나."라고 북돋았다.	
	9	곤란을 겪은 문제에 대해 "다음엔 어떻게 할까?"라고 묻고 의논했다.	
	10	아이의 질문에 호기심을 가지고 대화를 이어 갔다.	
공부 돌봄	1	하교 후 30분 정도의 휴식 시간을 가지게 했다.	
	2	숙제하기 전 "뭐부터 하면 좋을까?"라고 선택권을 주는 질문을 했다.	
	3	숙제 시간 계획을 '20분 집중+5분 휴식'같이 구체적으로 제안했다.	
	4	짜증 내는 아이에게 "뭔가 힘들구나."라고 공감해 주고 진정시켜 주었다.	
	5	숙제 어려운 점을 질문하거나 쉽게 해서 효율성을 높여 주었다.	
	6	공부 태도의 강점을 찾아 구체적으로 칭찬해 주었다.	
	7	"끝까지 해냈구나, 뿌듯하지?"라며 숙제 완성 후 성취감을 확인해 주었다.	
	8	아이가 원하는 놀이 시간을 한 시간 정도 확보해 주었다.	
	9	숙제의 양과 난이도가 적절한지 평가하고 도움을 주었다.	
	10	흥미 있는 주제의 책을 제공하거나 대화하면서 인지적 재미를 키워 주었다.	

학교 수업 돌봄	1	오늘 수업 시간표와 각 과목의 배울 내용이 무엇인지 이야기 나누었다.	
	2	수업 준비물이 모두 준비되었는지 묻고 챙기도록 도왔다.	
	3	학교 수업에서 어려운 점을 질문하고, 마음 준비물을 챙겼다.	
	4	오늘 교과목 중 예습 질문을 1개 이상 준비해 수업 집중력을 높여 주었다.	
	5	학교에서 선생님께 질문할 내용을 사전에 아이와 의논했다.	
	6	학교 수업에서 집중이 흐트러질 때 사용할 전략을 연습했다	
	7	수업 시간에 손 들고 질문한 경험을 집에서 재연하고 칭찬했다.	
	8	발표가 힘들었는지 질문하고, 잘한 점을 찾아 칭찬했다.	
	9	쉬는 시간의 수업 준비 행동에 대해 질문하고 잘한 점을 칭찬했다.	
	10	어떤 내용에서 집중이 잘되거나 안 됐는지 질문하고 대화를 나누었다.	
사회성 돌봄	1	오늘 고마웠던 친구가 있었는지 질문했다.	
	2	"어떻게 하면 둘 다 즐거울까?"라고 윈-윈 해결책을 찾도록 이끌었다.	
	3	친구와 교실 놀이 한 가지를 가르쳐 주었다.	
	4	"친구에게 그 말을 한 건 좋은 뜻이 있었구나."라고 긍정적 의도를 찾아 주었다.	
	5	갈등 후 다시 함께 노는 방법에 대해 대화했다.	
	6	친구에게 실수한 게 있는지 질문하고 공감해 주었다.	
	7	사과하기, 거절하기, 도움 청하기 등에 대한 생각을 나누었다.	
	8	"친구가 그 말을 한 이유가 뭘까?" 친구 마음 추측하기를 도왔다.	
	9	도움이 필요한 친구가 있는지 질문했다.	
	10	부모가 먼저 친구를 도와준 경험에 대해 이야기를 나누었다.	

주말과 방학:
아이 주도적으로
계획하고 실행하는 휴일 ❞

주말과 방학에만
할 수 있는 일이 따로 있습니다

**주말엔
꼭 뒹구는 시간을**

고된 한 주를 보낸 아이에게 주말은 귀하다. 그래서 가장 먼저 생각한다. '뭐 하고 놀까?' 한 주를 바쁘게 보낸 부모도 쉬고 싶지만, 놀고 싶어 하는 아이를 위해 또 뭔가를 계획하게 된다. 한편으로는 밀린 숙제나 공부를 시켜야 하는 건 아닌지 갈등이 된다. 그래서 주말과 방학엔 잘 놀기도 해야 하고 부족한 공부도 해야 하는 두 가지 과제가 주어진다.

마음을 비우고 생각해 보자. 주말과 방학에서 가장 중요한 점은 휴식과 에너지 재충전이다. 쉬어야 다시 놀 수 있고 밀린 숙제를 할 의욕도 생긴다. 순서대로 해 보자. 우선 잘 쉬기 위해 주말 중 하루는 그냥 뒹구는 날로 정하자. 뒹굴다 심심하면 편안한 옷차림으로 놀이터에 나가서 놀아도 좋다. 아무것도 하지 않아도 되는, 마음이 여유롭게 흘러가는 대로 편안하게 노는 날을 가져 보자.

월요일마다 주말을 어떻게 보냈는지 발표하는 시간에 아이들이 하는 말을 들어 보면, 큰돈 들여 체험 활동이나 여행을 다녀왔는데 아이는 수영장에서 물놀이한 게 제일 좋았단다. 박물관이나 역사 체험을 다녀오고도 무엇을 했는지 기억하지 못하는 초등학생이 더 많다.

어떤 부모는 8살 아들, 6살 딸과 주말에 실컷 노는 날을 정해 온종일 놀았다. 주사위 놀이도 하고, 윷놀이도 하고, 전지에 커다랗게 그림도 그리고, 낙서도 했다. 잘라서 퍼즐처럼 맞추기도 하고, 다시 더 잘라서 눈처럼 뿌리며 즐거워했다. 치우느라 고생했을 것 같지만 그조차 놀이처럼 진행했다. 비닐봉지에 종이 부스러기를 담아 다시 던지고 주고받는 공놀이를 했다. 딸아이가 유치원에서 주말 이야기를 하는데, 시간이 부족했다. 아이가 하고 싶은 말이 너무 많은 것이다. "엄마 아빠랑 이것도 하고 저것도 해서 너무 재미있었어요. 내가 이러려고 했는데 엄마는 다르게 해서 너무 웃겼고, 그건 이렇게 하는 놀이예요. 선생님도 해 봤어요?"

8살 아들도 그렇게 하루 놀더니 일기를 쓰는 데 막힘이 없다. 평소에 한쪽 쓰는 것도 부담스러워하던 아이가 두 쪽이나 써 내려간다. 주말에 뭘 했는지 물으면 "학원에 갔어요. 밀린 숙제 하느라 하나도 못 놀았어요."라고 말하는 아이들과는 확연히 다르다.

아이가 바라는 것은 거창한 게 아니다. 엄마 아빠가 자신에게 관심과 사랑을 주기를 바라고, 함께 하는 시간이 즐겁기를 바라고, 그 와중에 뭔가 새로운 것을 배우기를 원한다. 스마트폰을 내려놓고 TV도 끄고 아이에게 집중해 보자. 손을 잡고 동네를 산책하고, 함께 마트에 가고, 집에 와서 함께 요리를 만드는 것이 아이에게는 행복이다.

이불 위에서 뒹굴거리며 아이를 얇은 담요로 인간 김밥처럼 말기도 하고, 힘들면 거꾸로 엄마 아빠도 김밥처럼 싸 달라고 해도 좋다. 짧은 시간 동안 진하게 놀아 줘야 한다는 생각으로 돈 들여 뭔가를 해야 한다고 여기기 쉽지만, 놀이공원에 가서 아이를 혼내지 않는 부모가 없는 것을 보면 별로 바람직하지 않다. 아이에게 집중하자. 아이의 눈을 보고 여유롭게 미소 지으며 웃는 시간이 바로 주말이 있는 이유다.

특히 주말에 너무 거한 외출을 하면 오히려 피곤해서 부작용이 큰 경우가 많다. 주말을 겨냥한 온갖 교육 상품이 난무하니 아무것도 하지 않으면 마치 부모 역할을 제대로 하지 않는 것 같은 죄책감이 든다. 하지만 우리 아이가 정말 좋아하고 도움이 될 만한 것이 아니면 관심을 접자. 남들이 아무리 좋은 곳을 다녀왔고 엄청나게 도움이 되었다고 떠벌려도 현혹되지 말자. 부모는 그렇게 말하지만 정작 아이는 하나도 못 놀았다고 불만인 경우가 더 많으니 말이다.

아이가 주체가 되어
탐구 프로젝트를

연휴가 길거나 방학 때는 조금 더 교육적이면서도 인지적 재미를 충족할 수 있는 탐구 프로젝트를 진행해 보자.

- "엄마, 망원경으로 보면 별 볼 수 있어?"
- "망원경으론 안 보여."
- "그럼 어떻게 봐?"
- "글쎄."

별에 관심이 없는 엄마는 자신이 아이의 호기심을 무시하고 있다는 사실을 전혀 알아차리지 못했다. 그러고는 아이가 활달하지 않고 태권도도, 축구도 몸을 움직이는 건 싫어한다고 걱정한다. 아빠는 엄마의 잔소리에 아들에게 나가서 같이 농구하자고 한다. 아이는 거절한다. 이제 아빠까지 가세해서 아이가 문제가 있다고 걱정한다. 아들이 물어본 것은 엄마 아빠가 다 거절하고 막아 버리고는, 엄마 아빠가 제안한 것을 아이가 거절하니 문제라고 몰아붙이는 격이다. 아이에게 다시 한번 해 보자고 제안해 보자. 엄마가 별에 관해 몰라도 된다. 그저 아이의 호기심을 인정하고 어떻게 하면 볼 수 있는지 질문하면 된다.

- "엄마, 망원경으로 보면 별 볼 수 있어?"
- "망원경으론 안 보일 거야."
- "그럼 어떻게 봐?"
- "별 보고 싶어?"
- "네."
- "그럼 별 보는 방법을 좀 알아볼래?"
- "어떻게?"
- "인터넷에 검색해 보자. 검색창에 뭐라고 치면 될까?"
- "별 보는 법."
- "그래? 네가 한번 쳐 봐."

인터넷에 뜬 여러 가지 정보를 아이에게 클릭해서 읽어 보라고 하면, 한참 이것저것 뒤지던 아이가 소리친다.

🧒 "천문대에 가면 된대요. 우리 천문대에 가요!"

👩 "좋아. 근데 천문대가 어디에 있어? 제일 가까운 곳이 어디야?"

🧒 "잠깐만요."

　서울에 사는 아이는 '서울에 있는 천문대'라고 검색한다. 거의 한 시간 동안 아이는 천문대를 검색했다. 그중에 마음에 드는 천문대를 찾았고, 홈페이지에서 다양한 프로그램을 살펴봤다. 아이는 다시 엄마를 불러 자신이 참여하고 싶은 프로그램을 정하고 미리 공지된 일정 중에 엄마 아빠가 갈 수 있는 날을 확인한 다음 예약까지 했다. 엄마는 마지막에 신용카드로 결제만 했다. 이렇게 하는 데 세 시간 정도가 걸렸다. 전에는 뭔가를 체험하거나 프로그램에 참여할 때마다 모두 엄마의 몫이었다. 엄마는 초등학교 3학년밖에 안 된 아이가 이렇게 주도적으로 자신이 원하는 것을 찾고 신청하는 것을 보면서 신기했다. 무엇보다 아이의 눈빛이 살아난 것을 보았다.

　엄마는 내친 김에 천문대에 가는 경로도 알아보라고 했다. 지하철을 어떻게 타야 하는지, 어디서 갈아타야 하는지도 모두 아이에게 맡겼다. 엄마는 보호자로 따라가기만 할 거라고, 네가 시키는 대로 할 테니까 준비물과 미리 알아야 할 사항도 모두 알아보라고 했다. 그 후 천문대에 가는 날까지 아이의 탐구 생활은 계속되었다. 별자리를 끊임없이 찾고 검색했으며, 별을 관측하는 방법과 관측 기구에 관해서도 조잘대며 엄마에게 설명해 주었다. 아이의 별 보기 프로젝트가 멋지게 시작되었다.

아이가 주도적으로 무언가를 탐구하고 계획하도록 해 보자. 아이가 관심 있는 주제라면 뭐든 좋다. 산에 가기를 좋아하는 아이라면 방학마다 조금씩 백두대간을 가 보는 것도 좋겠다. 여행을 좋아하는 아이라면 아이가 주도적으로 계획해서 여행을 가는 것도 좋겠다. 궁금한 것을 직접 알아보고 찾아가는 경험이야말로 아이가 제대로 배우는 방법이다.

초등학생 100명에게 만약 자유롭게 뭔가를 탐구할 수 있다면 무엇을 연구해 볼 건지 물었다. 60명 정도는 별로 하고 싶지 않다고 대답했다. 이유를 물으니 귀찮다고 말한다. 30명 정도는 영어나 수학을 이야기하며 좀 더 잘했으면 좋겠다고 했다. 아마 질문의 뜻을 정확히 이해하지 못했을 것이다. 자발적으로 탐구한다는 의미를 모르는 것일 수도 있겠다. 머리로는 알지만 어떻게 하는 것인지 모른다는 말이다. 그런데 10명 정도는 좀 다른 말을 한다. 정말 자유롭게 해도 된다고 생각하니, 마음껏 가고 싶은 곳에 갈 수 있다는 전제가 깔리면서 이야기가 터져 나오기 시작한다.

"해적에 대해서 더 알고 싶어요. 해적이 있던 나라에 가 보고 싶어요."

"전 휘발유 대신 물로 움직이는 친환경 자동차를 만들어 보고 싶어요."

"천만 명이 보는 영화는 어떤 영화인지 분석해 보고 싶어요. 나도 그런 거 만들고 싶어요."

"기차 종류를 전부 다 보고 싶어요."

"레고 블록 만드는 회사에 가 보고 싶어요."

"애들은 왜 커피를 마시면 안 되는지 알고 싶어요."

아이들의 궁금증을 그대로 프로젝트 삼아 방학 중에 제대로 탐구해 보면 좋겠다. 자료를 모으고 직접 가 볼 수 있는 곳은 여행 삼아 가 보면 얼마나 좋을까? 이 모든 과정을 사진 찍고 기록하면 그야말로 최고의 탐구 보고서가 된다. 부족한 공부를 위해 학원을 하나 더 다니는 게 전부인 방학은 아니길 바란다. 학원에 다니기 힘들어 방학이 빨리 끝났으면 좋겠다고 말하는 아이로 키우지 않아야 한다.

미국의 천재 로봇과학자 데니스 홍의 특별한 자녀 교육법이 소개된 적이 있다. 아이가 우유를 먹고 싶어 냉장고를 열고는 아빠한테 달려간다. 냉장고에 불이 켜져 있는데 어떻게 불을 꺼야 하느냐는 것이다. 보통의 부모라면 "냉장고는 문을 열 때만 불이 켜지는 거야."라고 설명할 것이다. 하지만 데니스 홍 교수는 휴대폰을 꺼내 동영상 녹화를 시작하고 냉장고에 넣으며 말한다.

"우리가 냉장고 안에 들어가 볼 수는 없으니 대신 녹화되는 휴대폰을 넣고 문을 닫은 다음 어떤 일이 일어나는지 살펴보자."

데니스 홍 교수는 어렸을 때부터 부모님께 물려받은 교육법을 아직 학교에 들어가지 않은 아들에게 전수하는 중이라고 한다. 무엇이 아이에게 중요한지 잘 짚어 주는 일화라 할 수 있다.

공부만 하는 주말?
배움이 넘치는 주말!

"심심해."

주말과 방학에 아이가 가장 자주 하는 말이다. 심심하면 책을 보거나 숙제를 하면 될 텐데, 할 일을 잔뜩 쌓아 놓고 심심하다고 투정만 부리는 아이가 답답해 보일 수 있다. 하지만 이는 아이가 아무것도 없을 때 놀 줄 모른다는 의미이고, 안타깝지만 부모가 그런 아이에게 좋은 놀이를 제공하지 못했다는 의미다.

아이에게 혼자서도 할 수 있는 놀이, 혹은 별다른 놀잇감이나 재료가 없어도 놀 수 있는 능력을 키워 주는 건 매우 중요한 일이다. 이 능력이 얼마나 중요한지는 공부 잘하는 사람들만 모인 하버드대학교에서 '놀이의 교육학' 프로젝트를 만들어 연구한다는 사실만 보아도 알 수 있다. 이 프로젝트는 놀이를 통한 배움의 가치를 지지하는 학교 문화를 만드는 프로젝트다. 놀이의 중요성은 많이 알려져 있지만, 정작 놀이를 정규교육의 중심에 두는 것을 탐구한 연구가 없다는 배경에서 시작했다. 이들은 배움에서 '놀이'가 넘치게 하기 위해 교육자들이 만들어야 하는 조건을 연구하고 있다.

부모가 꼭 거창한 연구를 하지 않아도 일상 속에서 아이와 함께 배우고 노는 놀이를 알고 실천할 수 있어야 한다. 놀듯이 배우고 놀다 보면 배움이 되는 그런 놀이 말이다. 아이에게 "너 그렇게 놀기만 하다 큰일 난다."라는 경고성 협박은 말도 안 된다. 완전히 틀렸다. 놀기만 하면 큰일 나는 게 아니라 놀 줄 모르면 큰일 난다. 아이는 충분히 놀면서 정서적 발산을 해야 정서 조절력이 발달한다.

그렇다고 너무 정서적으로 재미있기만 하면 아이는 더 센 자극을 자꾸 추구한다. 신나게 논 아이가 오히려 지나치게 흥분해서 말을 듣지 않는 경우도 있다. 지나치게 흥분하게 하는 놀이는 오히려 정서 발달에 좋지 않다. 기분 나쁘고 화가 날 때와 지나치게 좋아서 흥분할 때 모두 감정의 평정심이 깨지기 때문에 충동적 행동이 나타날 수 있다. 아이들이 놀이공원을 좋아하는 이유는 몸을 신나게 움직일 수 있다는 점과 동시에 일상에서 경험하지 못하는 놀이기구의 짜릿함 때문일 것이다. 이런 것들은 가끔 경험하는 것은 좋지만, 너무 자주 그럴 필요는 없다.

놀기만 하면 큰일 나는 게 아니라
놀 줄 모르면 큰일 난다

아이는 자유롭게 놀면서 여러 시행착오를 겪고 그 과정에서 사회적 규칙을 배우며 사회성과 문제 해결 능력을 키운다. 동네마다 있는 정형화된 놀이터에서 아이들이 생각보다 신나게 놀지 못하는 이유도 바로 여기에 있다. 규칙이 너무 많고 활용법도 제한되어 자유로운 놀이가 이루어지기 어렵기 때문이다. 아이들은 오히려 흙과 돌이 있는 빈 땅에서 더 재미있게 논다.

놀이의 본질은 상상이다. 잘 노는 아이는 다양한 상황에 대처하는 능력이 뛰어나다. 가상의 상황에서 자신을 돌아보고 온갖 시나리오를 경험한다. 때로는 영웅이 되고 때로는 죽는다. 죽었다 살았다를 반복하는 동안 아이가 배우고 깨닫는 생각과 깊고 넓은 창의적 사고는 책상에 앉아 문제만 푼 아이의 그것과 비교할 수 없다.

아이는 놀아야 산다. 그런데 현실은 노는 아이가 점점 사라지고 있다. 동네마다 놀이터가 많이 생겼는데 놀이터를 꽉 채워야 할 아이들은 모두 학원 버스를 기다리느라 줄을 서 있고, 스마트폰에 얼굴을 박고 있다. 학원 가는 버스에서 친구와 수다를 떨지만, 학원에 가자마자 볼 시험 때문에 스트레스를 받는다. 아이의 일상이 이렇게 채워지면 안 된다. 주말과 방학이라도 제대로 놀아서 진짜 놀 줄 아는 아이가 되어야 한다.

부모는 아이와 어떤 놀이를 하면 좋을까? 우선 아이의 놀이 방향을 잘 잡아 주는 일부터 해야 한다. 즉 부모는 정서적 즐거움과 인지적 즐거움 모두를 채울 수 있는 놀이를 제공할 줄 알아야 한다. 배움과 놀이가 함께 있는, 즐거움과 동시에 뭔가 배우고 익히는 뿌듯함을 함께 경험하는 놀이가 좋다. 그런 경험이 쌓이면 아이는 스스로 자신의 성장에 도움이 되는 활동을 놀이처럼 즐기고 성장할 수 있게 된다. 흔히 뛰는 놈 위에 나는 놈이 있고, 그 위에 노는 놈이 있다고 말한다. 이때 노는 놈은 자신의 전문 분야를 낑낑대며 열심히 하는 것이 아니라, 즐기고 놀면서 창의성을 발휘해 엄청난 생산성을 발휘하는 것을 말한다. 대부분의 전문가와 학자들도 잘 노는 아이가 성공하는 세상이 되었다고 말한다. 이제 진짜 놀이는 어떤 놀이인지 알아보자.

놀이 속의 반복되는 작은 행동이 큰 열매를 거둔다

어느 도자기공예학과 교수가 학생을 두 그룹으로 나누고 채점 기준을 제시했다. A 그룹에는 도자기를 50개 만든 학생은 A 학점, 40개를 만든 학생은 B 학점을 주겠다고 했다. 많이 만들수록 좋은 학점을 받는 것이다. B 그룹에는 한 학기 동안 만든 작품 중에서 최고로 잘 만든 작품 한 점만을 평가해 점수를 주겠다고 설명했다. 개수가 중요한 게 아니라 질적으로 높은 작품 하나를 집중해서 만들라는 주문이었다. 이제 한 학기가 끝났다. 어느 그룹에서 더 훌륭한 작품이 나왔을까? 초등학생부터 고등학생에 이르기까지 수백 명의 아이에게 질문하니 대부분 멋진 작품 하나를 만든 B 그룹에서 더 좋은 작품이 나왔을 거라고 답했다. 부모 교육에서 만난 수많은 부모들도 마찬가지였다. 약 70퍼센트가 넘는 사람들이 모두 B 그룹에서 우수한 작품이 나왔을거라 확신했다. 그런데 한 학기가 끝난 후 작품을 평가하면서 교수는 흥미로운 사실을 발견했다. 미적 완성도뿐 아니라 기술적인 섬세함 면까지 따져도 최고의 작품은 '많이 만든 그룹', 즉 A 그룹에서 나왔다.

왜 이런 결과가 나타났을까? A 그룹 학생들은 그저 개수만 채우면 됐다. 그러니 별 부담 없이 별로 정성을 들이지 않고 도자기를 반복해서 빚었을 것이다. 그러는 동안 자신도 모르게 흙을 다루는 일 자체에 점점 능숙해졌을 것이고, 무조건 하나씩 만들기만 하면 되니 뚱뚱한 도자기, 길쭉한 도자기, 꼬마 도자기 등 여러 형태를 만들어 보았을 것이다. 그러다 보면 당연히 어떤 도자기가 예쁘고 아름다운지 볼 수 있는 심미안도 발전했을 것이다. 흙을 빚는 기술뿐 아니라 미적 감각도 향상되니 시간이 갈수록 더 좋은 작품을 만들게 될 수밖에 없었다. 부담 없이 놀이처럼 반복적으로 만드는 행위를 통해 많은 것을 배운 결과였다.

왜 최고의 작품을 만들려 애쓴 학생들의 작품은 완성도가 떨어졌을까? 그들은 완벽하고 정교한 하나의 작품을 만들기 위해 고민도 많이 하고 계획도 세웠다. 하지만 학기가 끝날 때까지 작품을 몇 점 만들지 못했고 제출한 작품의 완성도도 많이 부족했다. 이유는 간단하다. 실제로 만들어 본 경험이 턱없이 부족해 실력이 나아지지 않은 것이다. 이것은 《예술가여, 무엇이 두려운가!》(데이비드 베일즈, 테드 올랜드 지음, 루비박스, 2012)라는 책에 나오는 실험 이야기다. 이 실험을 놀이에 비유해 보자. 아이의 놀이는 망설임이 없다. 마음이 이끄는 대로 하고 싶으면 바로 행동으로 옮긴다. 잘하려 애쓸 때도 있지만 더 중요한 것은 재미기에 자신도 모르는 사이 수없이 같은 행동을 반복하며 기술이 향상된다. 블록을 만들었다 허무는 수많은 과정은 도자기 50개를 빚는 과정과 유사하다. 이것이 바로 놀이다. 배움의 의미에서 보는 놀이는 이런 효과를 가져온다. 노는 것 따로 배우는 것 따로 생각하지 말자. 아이에게는 놀이가 곧 배움이다.

문제는 놀이를 가장하여 학습을 강요하는 것이다. 놀이를 통해 저절로 배우게 되는 것과 목적을 가지고 노는 것은 완전히 다르다. 아이가 원하는 대로 따라가자. 보드게임을 하면서 놀면 수학적 감각에 도움이 되지만, 아이를 더 연습하게 해야 한다는 목적으로 자꾸 점수

계산을 강요하면 어느새 놀이의 재미는 없어지고 만다. 그것도 모르고 부모는 아이가 놀이를 즐거워하지 않는다며 멀쩡한 아이를 의구심 가득한 눈으로 바라보는 것이 아닌가.

많은 아이들이 주말과 방학에 뭘 하고 놀았고, 놀아서 재미있었는지 물으면 부모와 상반되는 의견을 말한다. 엄마 아빠는 많이 놀았다고 말하고, 아이는 하나도 못 놀았다고 말한다. 이런 경우 안타깝지만 배움도 놀이도 물 건너갔다.

놀잇감 없는 놀이

아이에게 중요한 것은 즐거움 그 자체다. 소박한 놀이로 즐겁게 놀아 본 아이는 비싼 장난감을 갖고 싶은 마음도 잘 조절할 수 있다. 어떤 아빠가 아이들과 눈 감고 잡기 놀이를 했다. 아이들은 손뼉을 치며 술래인 아빠에게 신호를 보내며 도망치고, 아빠는 눈을 수건으로 가리고 아이들을 더듬더듬 찾는다. 저녁 내내 아이들의 웃음소리가 가득해 모처럼 행복감을 느꼈다고 말한다. 종이 한 장을 머리에 이고 살금살금 목표물까지 옮기는 놀이도 좋다. 머리 위에서 자꾸 종이가 떨어지지만, 다시 올리고 한걸음 걷는 모든 과정이 즐거운 놀이가 된다.

한 유치원 교사가 아이들과 아무 장난감 없이 기차놀이도 하고 동대문 놀이도 했다. 강강술래도 하고 얼음땡 놀이도 했다. 장난감을 서로 갖겠다고 싸우는 일 없이 모두 신나게 놀았다. 이렇게 한껏 놀아 본 아이들이 말한다.

"아무것도 없이 노니까 정말 좋다. 내일은 또 무슨 놀이를 하고 놀까?"
"집에서도 이렇게 놀았으면 좋겠다!"

아무것도 없는 상태에서 상상만으로 놀이가 시작되는 것, 그 순간의 기쁨과 성취감을 아이에게 제공해 주기 바란다. 놀이는 새미와 즐거움을 느끼고 또 다른 놀이를 상상하면서 비로소 진짜 놀이가 된다.

빨간색 찾기 놀이

집에서 빨간색 물건 찾기 놀이를 해 보자. 엄마 아빠와 아이가 차례로 빨간색 물건을 찾아 이름을 말하는 것이다. 이렇게 하면 그동안 무심코 보던 많은 물건에 빨간색이 포함되어 있다는 사실을 깨닫게 된다. 5~10분이라는 짧은 시간 동안 자신이 발견한 빨간색 물체의 이름도 묻고 대답하고, 더 관찰력을 발휘해 숨은 빨간색을 찾아낸다.

이 놀이는 걷거나 산책하거나 차를 타고 움직일 때도 얼마든지 할 수 있다. 이 놀이를 응용해 보자. 색깔 이름만 바꿔도 열 가지 이상의 놀이로 변형할 수 있다. 삼각형 물체, 사각형 물체 찾기도 좋다. 눈에 보이는 많은 사물의 특징을 찾아 찾으며 이름을 말하는 것만으로도 아이의 언어적 경험은 풍부해진다.

스무고개 놀이

스무고개 놀이를 기억하는가? 1950년대 영국 BBC 라디오 프로그램 「트웬티 퀘스천스」로 유행했고, 우리나라 방송국에서 모방 프로그램을 만들면서 퍼지기 시작했다. 예전에는 아이들이 비가 와서 뛰어놀지 못할 때, 교실의 쉬는 시간에 하던 놀이다. 한 사람이 어떤 물건을 마음속으로 생각하거나 따로 메모를 해 둔다. 다른 사람이 20번까지 질문해서 그것을 알아맞히는 방식이다. "예.", "아니요."로만 대답할 수 있다. 그러니 질문도 "예.", "아니요."로 대답할 수 있는 것이어야 한다. 처음 놀이에 참여한 아이들은 무턱대고 질문한다.

"어디 있어?"
"큰 거야 작은 거야?"
"먹는 거야?"
"살았어?"

"고래야?"

그러다 이런 식의 질문으로는 답을 찾기 어렵다는 사실도 깨닫는다. 자신의 질문이 "예.", "아니요."로 답하지 못하는 질문이었음도 깨닫고, 찍어 맞추기 방식으로는 20번 안에 답을 찾기가 어렵다는 사실도 알아 간다. 가장 결정적으로 언니, 오빠, 형 등 놀이 선배들의 세련된 질문을 들으며 어떻게 논리적으로 질문해 가야 하는지 배운다.

"생물입니까? 무생물입니까?"
"동물입니까? 식물입니까?"

사고력과 논리력은 이렇게 배울 수 있다. 이런 놀이를 요즘은 논술 학원에서 배운다는 사실이 씁쓸하다. 스무고개 놀이는 놀이성 배움이라는 사실을 기억하자. 부모와 아이가 잠자기 전에 불 끄고 누워서 진행해도 무척 좋다.

가족이 함께 보드게임을

유아라면 상상 놀이가 가능하기에 조금만 놀아 주어도 쉽게 놀이 속으로 몰입한다. 하지만 초등학생이 되어 점점 학년이 올라가면 상상 놀이보다는 좀 더 발달에 맞는 인지적 자극과 즐거움이 함께하는 놀이를 찾는다. 집에서 가족이 함께할 놀이로는 보드게임이 최고다. 보드게임은 아이들 모두가 좋아한다. 정서적 만족과 인지적 충족감 둘 다 원하는 초등학생 아이에게 보드게임은 아주 특별한 느낌으로 다가온다. 적당히 운이 좋아야 하고, 전략을 잘 짜야 하며, 계산을 잘 하고, 감정 조절도 잘해야 한다. 규칙을 잘 지켜야 함은 물론이고 자신이 원하는 새로운 규칙을 만들기 위해서는 게임 참가자를 설득시키고 협상할 줄도 알아야 한다. 보드게임에서 요구하는 능력이다. 서툴게 시작한 아이도 반복하면 할수록 서서히 이 능력을 갖추어 간다.

아이와 '할리갈리' 게임을 해 보자. 유아용 게임처럼 보이지만, 초등학생들도 무척 좋아한다. 순서대로 카드를 내려놓다가 같은 과일 그림이 5개가 되면 가운데 있는 종을 먼저 치는 게임이다. 공정하게 종을 먼저 친 사람은 놓여 있던 카드를 다 가져간다.

간단한 게임에서 아이는 다양한 모습을 보인다. 카드를 내려놓는 순서를 잊어버리고 계속 다른 사람 차례에 카드를 내려놓는 아이도 있다. 카드를 보지 않은 상태에서 내려놓아야 하는데 먼저 살짝 자기 카드를 확인하는 아이도 있다. 가장 먼저 종을 치기 위해 오른손으로는 카드를 내려놓고 왼손은 종 가까이에 두고 준비하는 아이도 있다. 모든 것이 아이가 일상에서 보이는 행동 패턴과 닮아 있는 것이 신기하다. 게임이 진행될수록 즐겁고 재미있다. 물론 규칙을 어기려는 유혹을 느끼는 아이에게 때로는 제지하고 때로는 잘한다고 격려하며 진행한다. 아이의 나이를 고려하지 않고 엄마 아빠가 너무 열심히 해서 늘 이겨 버리면 재미가 없다. 아이가 눈치채지 못할 정도로 적당히 져 주면서 격려하는 놀이가 되는 것이 좋다.

초등학생들은 좀 더 생각하며 전략을 구사하는 게임이나 수학 관련 보드게임을 활용하는 것이 좋다. 게임을 하면서 점수 계산하기를 싫어하는 아이는 없다. 실제로 학습에 도움이 될 뿐 아니라 집중력, 조절력, 순발력 등에 고루 도움이 된다. 인터넷에서 수학 놀이, 언어 놀이, 전략게임 등의 키워드로 '초등 보드게임'을 검색해 보자. 아이와 함께 고르고 집에서 설명서를 읽어가며 놀이를 배워 보자. 아마도 예전에는 경험하지 못한 일이 벌어질 것이다. 보드게임을 통해 놀이의 즐거움, 인지적 자극, 좋은 가족 관계를 모두 다 얻을 수 있음을 다시 강조하고 싶다.

혹시 아이가 규칙을 지키지 않는다면 규칙을 지키도록 말하고 기다려 주면 된다. 졌다고 화를 낸다면 마음이 가라앉도록 기다리면 된다. 이때 부모의 전문용어 "이기고 싶었구나. 잘하고 싶었구나."를 말해 보자. 아이의 마음 조절에 가장 탁월한 효과가 있음을 확인할 수 있다.

시간 감각을 만들어 주는
엄마의 질문법

평가 목표일까?
학습 목표일까?

우리 아이는 어떤 목표로 공부할까? 자신이 능력 있음을 증명하고 싶을까? 아니면 새로운 것을 배우고 싶을까? 컬럼비아대학교 캐럴 드웩 교수는 배움의 목표를 크게 평가 목표와 학습 목표로 제시한다. 이는 학교와 학습 등 성취와 관련한 상황에서 아이가 가질 수 있는 서로 다른 두 가지 형태의 목표를 말한다.

평가 목표란 자신의 능력을 증명해 보이고 얼마나 똑똑한지 나타내고자 하는 경우다. 평가 목표를 가진 아이는 자신이 얼마만큼 잘 아는지, 그래서 내가 얼마나 능력이 뛰어난 사람인지 남에게 평가받기 위해 배우고 공부한다. 언뜻 보면 별문제가 없는 것 같지만 배움의 목표가 나 자신이 아닌 남의 평가에 초점이 가 있으니 정작 자기 마음은 돌보지 못한다. 그래서인지 평가 목표를 가진 아이는 실패 상황에서 눈에 띄게 자신감이 없어진다.

반면 학습 목표는 새로운 것을 배우고 싶고 도전을 통해 좀 더 잘 익히려는 목표를 말한다. 학습 목표를 가진 아이는 좀 더 어렵고 새로운 과제에 도전하고 고민하는 것이 즐거워 더 공부하려 한다. 배우는 것에 초점을 두니 쉬운 것보다는 어려운 과제를 선택하며, 실패할지라도 그것을 통해 새로운 원리를 깨닫고 다시 해결하는 방법을 배우려 한다. 한마디로 늘 도전하고 노력하는 아이가 되는 것이다. 중요한 점은 우리 아이가 어떤 목표를 가졌는가에 따라 학습에 임하는 태도도 크게 달라진다는 점이다.

100조각짜리 퍼즐을 유아와 초등학생들에게 제시했다. 확실히 어떤 목표를 가졌는가에 따라 아이의 말과 행동에서 확연히 차이가 났다. 나이와는 전혀 관계가 없었다. 5살밖에 안 된 아이가 "나 할 수 있는데."라고 말하며 시작하는가 하면, 보자마자 "싫어요. 어려워요. 나 못 해요."라며 피해 버리는 아이도 있다. 초등학생이라면 100조각은 쉽게 느껴질 수도 있을 텐데 어떤 아이는 "헉! 100조각이요? 너무 많아요."라고 말하고, 어떤 아이는 "이런 건 식은 죽 먹기죠." 하며 "좀 더 조각 수 많은 건 없어요?"라고 질문한다.

시작하기도 전에 태도에서 차이가 나니 아이들이 가진 목표가 어떤 것인지 쉽게 짐작이 된다. 제대로 놀아 보지 않은 아이, 놀 때마다 부모가 평가하는 말에 상처받았던 아이는 이제 모든 행동에서 평가 목표를 갖게 된다. 아이의 놀이에 대해 부모가 어떻게 반응해야 할지 많은 생각을 하게 한다. 평가 목표를 가진 아이는 퍼즐을 선택할 때 이미 잘 맞추는 퍼즐만을 선택하려 한다. 어려움 앞에서 쉽게 포기하고, 몇 번을 물어도 쉬운 과제를 선택한다. 자기 수준보다 높은 많은 조각 수의 퍼즐로 도전하면 자신의 능력이 완전하지 않다는 것이 드러날 수 있기 때문이다. 능력을 칭찬받았지만 스스로 그 능력을 확신하지 못한다. 부모나 선생님을 실망시키는 것도 두렵다. 자신의 능력이 그렇게까지 뛰어나지 않음을 남들이 알게 되는 순간 모든 것을 잃게 될까 괴롭다. 심지어 몰래 남의 도움을 얻어서라도 실망시키고 싶지 않다. 아이가 충분히 할 수 있는 있음에도 포기하며 자신감 없는 모습을 보인다. 작은 실패조차도 너무 크게 절망하며 다시 도전하기를 거부하는 모습을 갖게 된다.

반면 학습 목표를 가진 아이는 이미 맞춘 것보다 새롭고 어려운 것을 더 재미있어하는 특징을 보인다. 실패 상황에서도 낙관적이고 자신감 있는 태도를 유지한다. 학습 목표를 가진 아이는 무언가를 배울 때 학습 자체에 몰입한다. 새로운 것에 도전하고 배우는 과정 자체가 목표가 되기 때문에 결과에 연연하지 않는다. 과정에서 최선을 다했다면 아주 만족한다. 무언가에 몰입해 있을 때 발그스레해지는 아이의 모습을 본 적이 있는가? 학습 목표가 있는 아이는 책 읽기, 그림 그리기, 만들기, 퍼즐 등의 활동에서 쉽게 몰입한다. 누가 불러도 모를 만큼 몰입해 있는 아이의 모습은 정말 사랑스럽다.

평가 목표를 갖게 된 아이들은 어쩌다 그렇게 된 것일까? 물론 처음부터 평가 목표를 갖고 태어나는 것은 아니다. 어쩌면 부모의 무심한 질문에서 평가 목표를 갖게 된 건 아닌지 점검해 보자.

"그렇게 하지 마. 이렇게 해. 다시 해."

"몇 점 받았니?"

"친구는 몇 점이니?"

"100점 받은 사람이 모두 몇 명이니?"

"몇 등이니?"

"왜 또 실수했어?"

"그러니까 정신 차리고 똑바로 했어야지."

이런 질문과 대화는 아이가 평가 목표에 집착하게 한다. 게다가 자신의 능력을 의심하게 한다. 평가 목표에 길든 아이는 실패를 두려워한다. 그래서 실패하지 않는 과제를 선택한다. 이미 자신이 아는 것, 잘할 수 있는 것만 하려고 한다. 새로운 도전과 시도에서 스스로 부덮혀 볼 생각은 전혀 하지 못한다. 누군가 가르쳐 주지 않으면 배우지 못한다고 생각하는 것이다. 무서운 일이다. 인간이 새롭게 배우는 것을 두려워한다면 어떻게 될까? 우리 아이가 이런 모습을 갖게 되기 바라는 부모는 한 명도 없을 것이다.

학습 목표를 세우고
기꺼이 노력하게 하는 부모의 대화

진리는 의외로 단순하다. 학습 목표를 가진 아이로 키우기 위해 부모가 해야 할 일은 다행히 거창하지 않다. 아이의 거듭된 실수와 실패에 대해 원인을 어떻게 해석하게 하는가의 문제일 뿐이다. 아이가 자신의 능력이 부족하다고 생각하는 것이 아니라, 노력이 부족하다고 생각하도록 도와주면 된다. 이번에 선택한 방법이 잘못되었으니 다음에는 다른 방법을 선택하면 된다고 생각하도록 이끌어 주자. 아이의 생각을 이끄는 대화는 의외로 단순하다. 결과에 상관없이 아이가 선택한 전략과 노력을 칭찬해 주면 다음에 과제를 선택할 때 90퍼센트 이상의 아이는 더 어려운 과제에 도전한다. 이제 아이가 공부할 때 문제를 제대로 읽지 않는다면, 어떻게 말해야 아이의 잘못된 습관을 바꿀 수 있는지 살펴보자.

A. "문제를 안 읽으니 또 틀리지. 넌 왜 맨날 그러니?"

B. "전에 알던 문제와 같다고 생각했구나. 매번 문제가 달라지는데. 어떡하면 좋을까?"

A는 아이가 문제를 읽지 않는 것이 원래 타고난 것처럼 생각하게 한다. "내가 그렇지 뭐."라는 탄식이 절로 나오는 대화다. 이에 반해 B는 좀 다르다. 아이가 전에 알던 방식으로 문제를 풀었음을 인정해 주었다. 하지만 매번 문제가 달라지므로 앞으로 어떻게 할지 질문한다. 대화에 따라 전혀 다른 마음이 생겨나는 것이 느껴지는가? 이 대화의 기본 형태는 부모의 전문용어 중 이유가 있었음을 알아주는 것과 어떻게 하면 좋을지를 물어본 대화다.

 "아, 틀린 이유가 있었구나. 그래서 그랬구나. 그런데 앞으론 어떡하지?"

아이를 비난하는 것이 아니라 아이가 앞으로 다양한 문제를 접할 때 어떤 노력을 하고 싶은지 질문하는 것이니 아이도 질문을 받고 생각하기 시작한다. 또 하나, 아이가 학습 목표를 갖게 하는 좋은 방법은 부모의 전문용어 중 아이의 긍정적 의도를 찾아내어 읽어 주는 아이의 노력을 칭찬하고, 아이가 선택한 방법의 좋은 점을 칭찬하는 것이다.

"수업이 지루했는데도 잘 참으려 노력했구나."

"좋은 방법을 선택했구나. 어떻게 그런 생각을 했어? 대단하다."

이런 말로도 충분하다. 잘 참으려 노력했다는 말을 들은 아이는 '다음에도 잘 참아야지. 난 더 잘 참을 수 있어.' 하고 생각한다. 좋은 방법을 선택한 데 대해 칭찬을 들은 아이는 다음에도 더 좋은 방법을 생각해 내고 선택하기 위해 예쁜 두 눈을 반짝이며 고민하고 또 고민한다. 학습 목표를 위해 자신이 발전하는 행동을 선택하기를 배운 아이는 시간이 갈수록 더욱더 잘 성장해 간다. 부모만큼 아이의 실패를 두려워하는 사람이 또 있을까? 시험 성적 하나에 인생을 걸고, 그날 받아쓰기나 쪽지시험 성적만 나빠도 걱정이 태산이다. 왜 부모는 아이의 실패를 못 견뎌 할까? 어쩌면 성적때문에 자신의 인생에 아쉬움이 크기 때문일 수도 있다.

성적이 나빠서라기보다 원하는 것을 추구하거나 탐구하며 제대로 놀아 보지 않았기 때문이라는 생각은 들지 않는가? 앞으로 우리 아이가 살아갈 시대는 정말 놀이가 넘치는 배움을 경험한 아이가 잘 살게 될 것이다. 무언가에 마음을 쏟고 거기서 즐거움을 느끼고 탐구하고 몰입하는 과정을 거쳐 성취하며 성장하게 될 것이다.

아이가 자신의 하루를 계획하게 하자

주말과 방학을 어떻게 보내는가에 따라 아이의 삶의 질이 많이 달라진다. 가족과 행복하게 놀고 소통하는 아이와 그렇지 않은 아이, 책을 즐겨 보는 아이와 그렇지 않은 아이, 숙제를 충실히 하는 아이와 그렇지 않은 아이, 뭔가를 경험하고 터득하는 아이와 게임이나 TV로 시간을 보내는 아이가 있다. 이 시간이 모여 아이 삶의 방향을 결정한다. 부모가 아이의 주말과 방학 시간을 질적으로 도와주는 정도에 따라 아이의 삶이 풍요롭고 행복해질 수 있다.

주말이나 방학에도 아이가 수행해야 할 과제가 있다. 과제를 얼마나 잘하는가보다 어떤 마음으로 과제를 수행해 내는지가 더 중요하다. 두 눈을 반짝이며 몰입해서 숙제를 할 수 있게 도와주어야 한다. 과제를 하는 동안 열심히 하는 자신에게 스스로 대견함을 느끼고, 힘든 과제도 거뜬히 해내는 자신을 뿌듯하게 느끼는 시간이 되어야 한다. 그러므로 아이의 주말과 방학에 하루의 시간을 계획하는 일은 매우 중요하다.

아이가 오늘 해야 할 일은 무엇이고 하고 싶은 일은 무엇인가? 부모 뜻대로 해도 안 되고 아이가 원하는 것만 해서도 안 된다. 아이의 의견을 최대한 존중하면서도 아이가 잘할 수 있도록 도와야 한다. 그러기 위해 부모가 꼭 알아야 할 양육 기술 중 하나가 아이의 하루를 계획하는 일이다. 정확하게 말하면, 아이가 자신의 하루를 계획하도록 도와주는 일이다. 부모가 계획해서 아이에게 시키는 것이 아니라, 아이가 주도적으로 계획하고 실천할 수 있도록 도와주는 역할이다. 많은 경우 부모가 주도적으로 계획해서 아이를 시켜야 한다고 착각하지만, 그게 아니다.

"숙제 해."

"책 읽어."

"독서록 써."

"일기 써."

"넌 주말(방학)인데 놀기만 하니? 다른 애들은 주말(방학)이라고 학원도 더 다니고, 공부도 많이 하는데 넌 왜 TV만 보고 있어?"

이런 말을 주로 하고 있다면 이제 멈추는 것이 좋겠다. 어린아이일수록 부모의 지시와 명령의 말에 복종하는 것으로 보이겠지만, 사실은 부작용만 쌓아 가고 있다. 지금 당장 나타나지는 않지만 시간이 갈수록 그 부작용은 아이의 삶을 전혀 다른 방향으로 이끌고 간다. 고학년이 되면서 문제가 나타나는 아이들 대부분이 부모의 명령과 지시, 강요에 찌든 아이들이라 해도 과언이 아니다.

이래서는 절대 자기 주도적 학습자는 되기 어렵다. 이제 아이에게 주말과 방학을 제대로 계획하도록 도와주자. 아이가 오늘 하루 동안 해야 할 일과 하고 싶은 일의 목록을 모두 적게 하고, 해야 할 일을 먼저 점검해 보자. 아이가 혼자 할 수 있는 일, 엄마 아빠의 도움이 필요한 일도 구분한다. 목록은 작은 메모지에 하나씩 쓰고 A4 용지를 반으로 접어 윗부분에 두 가지 제목을 적는다. 그다음 써 둔 메모지를 '혼자 할 수 있는 일', '도움이 필요한 일' 칸에 갖다 붙이면 한눈에 볼 수 있어 매우 효과적이다. 옮겨 가며 순서를 정하기에도 좋다.

그다음에는 어떤 순서로 언제 어떻게 할지에 전적으로 아이에게 결정권을 준다. 이렇게 구분해서 계획을 세우고 체크하면 아이는 스스로 계획한 오늘 하루를 잘 보낼 수 있다. 물론 하기 싫어하는 것도 있지만 아이와 협상하면 된다. 이기고 지는 협상이 아니라, 아이가 잘 해낼 수 있도록 도와주는 방법을 찾는 협상이다.

다음으로, 아이가 하고 싶은 일은 가능한 한 실행할 수 있게 도와주자. TV와 게임이 포함될 수 있으므로, 아이는 원하지만 부모는 원치 않는 항목도 협상이 필요하다. 중요한 한 가지가 더 있다. 부모가 제안하는 항목이다. 아이가 새로운 체험을 하기를 바라고 도서관에도 가기를 바란다면 이때 제안하면 좋다. 다만 강요가 아니라 왜 그런 활동을 하기를 바라는지 아이가 알아들을 수 있도록 잘 설명하고 결정할 수 있게 대화를 이끌어 가야 한다. 아이가 자신의 생활을 주도적으로 계획할 수 있다면 주말과 방학이 무척 알차고 신나고 뿌듯

혼자 할 수 있는 일	도움이 필요한 일

한 시간이 된다. 아이의 삶의 방향이 달라지는 아주 중요한 순간이다.

이렇게 할 일을 계획하다 보면 부모는 자꾸 아이가 해야 할 일에 무게 중심을 두게 된다. 이때는 중요한 일과 급한 일에 대한 개념을 정리하면 도움을 얻을 수 있다.

아이에게
급한 일과 중요한 일은?

아이가 해야 할 일 중에 중요한 일은 무엇인가? 그리고 급한 일은 무엇인가? 아이에게 급한 일은 날마다 해야 하는 숙제가 맞다. 과제와 공부는 그날그날 해야 할 분량이 있어 늘 급한 일이다. 그런데 과제를 하는 아이가 마음속으로 생각하는 진짜 중요한 일은 무엇일까? 아이에게 중요한 일이란 결국 엄마 아빠, 친구와 함께 즐겁게 노는 것이다. 그렇다면 급한 과제를 먼저 하는 것이 좋을까, 아니면 중요한 일부터 하는 것이 맞는 걸까? 헷갈린다면 좀 더 생각해 보자. 어른들은 일상의 급한 일을 처리하느라 정작 인생에서 중요한 일은 미루며 산다. 건강을 위해 해야 하는 운동도 미루고, 언젠가 꼭 따고 싶은 자격증도 나중으로 미룬다. 하고 싶은 공부도 당장 해야 할 업무 때문에 또다시 뒤로 미룬다. 우리는 마음속으로 늘 이렇게 생각한다. '급한 일이 끝나면 중요한 일을 준비해야지.'

경험해 봐서 알겠지만 급한 일이 끝나는 경우는 거의 없다. 오히려 날마다 급한 일이 쌓이고 밀려서 더 정신을 못 차리게 된다. 안타깝게도 인생의 방향을 결정하는 중요한 일은 서서히 잊혀 간다. 그러면서도 다른 사람이 그런 고민을 하면 주저 없이 충고한다. 지나고 나면 전혀 중요하지 않은 급한 일 때문에 인생에서 정말 중요한 일을 미루며 살지 말라고. 이 충고를 자신에게 적용해 보자. 그리고 아이에게도 적용하자.

아이에게 중요한 일은 분명 사랑하는 사람과 행복한 시간을 보내는 것이다. 그런데 급한 숙제 때문에 중요한 일을 미루며 살고 있다면 아이가 잘 성장하기 어렵다. 아직도 아이에게 가장 중요한 일은 숙제와 공부라고 생각한다면, 왜 행복한 시간을 갖는 것이 중요한지 좀 더 살펴보는 것이 좋겠다.

위스콘신대학교 심리학과 세스 폴락 교수 연구팀이 미국 〈생물정신의학 저널〉에 게재한 논문에 의하면, 유아기에 스트레스를 받으면 성장 과정에서 두뇌발달의 저해를 초래한다. 만 2~4세 때 만성적이고 강도 높은 스트레스는 성인이 될 때까지 악영향을 미친다.

연구팀은 유아 시절 스트레스를 경험한 12세 전후의 어린이 128명을 모집해 면밀히 관찰했다. 이 아이들 중 상당수는 유아 시절에 신체적 학대를 당했거나 방치된 경험이 있었고, 일부는 사회경제적으로 좋지 않은 집안 환경에 노출되었다. 연구팀은 이 아이들과 유아 시절에 학대 경험이 없는 아이들의 두뇌 사진을 비교했다.

그 결과 학대 경험이 있는 아이들의 해마와 편도체가 작은 것으로 나타났다. 편도체는 해마의 끝부분에 달린 아몬드 모양의 뇌 부위다. 편도체는 기억에 정서라는 색깔을 입힌다. 감정을 조절하고, 공포에 대한 학습과 기억에 중요한 역할을 한다. 해마와 편도체가 작다는 것은 결국 학습 능력이 일반 아이들보다 뒤처질 수 있다는 것이다.

이 연구는 부모의 양육 행동이 아이에게 어떤 종류의 경험이 되는지 관심을 가져야 함을 말해 준다. 연구팀은 아이의 미래는 만들어지는 것이라고 강조했다. 어떤가? 그렇다면 아이에게 중요한 일은 무엇인가? 아이의 하루를 계획할 때 부모가 중요하다고 생각해서 시키는 것이 아니라, 아이에게 중요한 것이 무엇인지 이해하고 공감하여 중요한 것을 이룰 수 있게 도와주는 태도가 필요하다. 혹시 아이가 세운 계획을 지금 당장 하라고 다그치는 건 아닌가?

아이에게 중요한 일은 자신이 좋아하는 곤충을 제대로 키워 내는 일일 수 있다. 키우는 애벌레를 위해 먹이를 구하고 잠자리를 보살펴 주는 일이 아이의 인생에서는 더 중요할 수 있다는 말이다. 좋아하는 친구를 만나 함께 축구공을 차는 것이 중요한 아이는 그 시간 속에서 꿈을 키우고, 스포츠 정신을 배우고, 약속과 규칙을 배운다. 그러니 부디 아이를 위한다는 명목으로 아이 인생에서 더 중요한 일을 뒤로 미루지 말자.

아이의 하루 계획을 세울 때 가장 중요한 일은 아이가 하고 싶어 하는 일이다. 컴퓨터 게임 같은 비생산적인 일, 누군가를 골탕 먹이는 일 등은 제외한다. 아이 자신에게 도움이 되고 건설적이고 기왕이면 남에게도 도움이 되는 일이면 좋겠다. 앞에서 세운 계획을 아이가 잘 지키지 못한다면 가장 쉬운 방법은 아이에게 다시 질문하는 것이다.

 "숙제 언제 하고 싶어?"
"놀이는 언제 하고 싶니?"
"어떤 순서가 너에게 제일 효과적일까?"

아이가 당당하고 솔직하고 주도적이며 밝은 모습으로 자라기를 바란다면, 아이에게 물어보고 아이의 의견을 최대한 존중해서 하루 계획을 세워야 한다. 아이가 중요하게 생각하는 일과 꼭 해야 하는 일을 적고 순서만 아이가 원하는 대로 정해도 충분하다. 분명히 예전보다 계획을 더 잘 실천하는 아이의 모습을 볼 수 있을 것이다.

스마트폰보다
자기 조절이 먼저입니다

**아이가 스마트폰과
게임에 집착한다면**

    요즘 육아의 강적은 아무래도 스마트폰일 것이다. 전문가들은 24개월 이전에는 스마트폰을 보여 주지 말고, 이후에도 분명한 교육적 목적 아래 제한적으로만 사용해야 하며, 아이가 쉽게 손댈 수 있는 곳에 두어선 안 된다고 입을 모은다. 하지만 현실 육아에서 부모가 잠시 한숨 돌리는 순간이 간절할 때 어쩔 수 없이 스마트폰이나 미디어에 아이를 맡기게 된다. 잠시 보기만 하고 후유증이 없다면 별문제가 없을 수도 있다. 하지만 이놈의 디지털 미디어 기기는 한 번 보기 시작하면 아이의 영혼을 앗아가 버리는 느낌이다. 멈추어지지도 않고, 계속 그것만 찾는 현상이 아이의 발달에 문제가 생기게 한다. 만약 아이가 스마트폰으로 영상을 보고 있는데 "스마트폰 그만하고 엄마한테 돌려줘."라고 말하면 어떤 아이가 엄마 말을 더 잘 들을까?

- 스마트폰을 계속하고 싶은 아이
- 엄마가 무섭고 화내는 게 싫은 아이
- 스마트폰을 안 해도 괜찮은 아이

스마트폰을 너무 하고 싶은 아이는 이런저런 핑계를 대며 계속한다. 엄마가 무서운 아이는 멈추겠지만 머릿속으로는 계속 그 상상을 하고 있거나, 종일 어떻게 하면 더 많이 할 수 있을지 궁리하고 있다. 초등학생만 되어도 엄마 잘 때 몰래 스마트폰을 가져 가는 아이가 생기기 시작한다. 그러니 지금 현재 우리 아이가 스마트폰에 대해 어떤 심리 상태인지 알아보아야 한다. 그래야 무엇을 어떻게 가르치고 이끌어 갈지 방향과 방법을 찾아 갈 수 있다.

당연히 우리 아이는 스마트폰을 안 해도 되는 심리적 여유가 있는 아이, 스마트폰을 유용하게 활용할 줄 아는 아이로 키워야 한다. 혹시 지금 우리 아이가 '스마트폰 과의존 상태'인지 알아보려면 다음의 세 가지 사항을 점검해 보자.

> ① **현저성**: 다른 어떤 것보다 스마트폰을 갖고 놀기 좋아하고, 하루에도 수시로 스마트폰을 찾거나 항상 가지고 놀고 싶어 하는 현상이 뚜렷이 나타난다.
> ② **이용 조절력**: 스마트폰을 목표에 맞게 활용하는 능력이다. 감각적 재미에 빠져 사전에 약속했던 이용 시간을 지키지 못한다면 조절력이 부족하다는 의미다.
> ③ **문제적 결과**: 전보다 짜증을 많이 내고, 자신이 해야 하는 일도 제대로 하지 않으면서 놀기보다 스마트폰을 계속 사용하려는 태도를 보인다.

이 세 가지는 거의 순서대로 진행된다. 현저성이 나타나면 자기 조절력이 떨어지고 문제적 결과들이 나타난다. 그러니 현저성이 나타나기 전에 미리 조절력을 키우는 것이 가장 바람직하다. 이미 문제적 결과가 나타났다면 좀 더 섬세한 노력과 긴 시간이 필요하다.

초등 1학년 태준이는 어릴 적부터 스마트폰 사용에 노출되었다. 떼쓰고 울 때 부모는 태준이를 가만히 앉히거나 달래 주기 위해 스마트폰을 태준이 손에 쥐어 주었다. 태준이는 이제 밥을 먹을 때조차 스마프폰을 찾는다. 시간이 흐르고 어느덧 초등학생이 된 태준이는 전보다 더 산만하고 충동적인 아이로 변해 있었다. 짜증과 화내기, 떼쓰기와 던지기 등의 문제 행동이 더 심해진 것이다. 학교에서도 이런 행동이 나타나 선생님의 지적을 자주 들으니 엄마 아빠는 걱정이 태산이다. 이런 태준이를 좋은 방향으로 변화시키기 위해서는 많은 노력과 시간이 필요했다. 다음은 태준이를 위해 부모가 노력한 점들이다.

- 엄마 아빠는 아이가 보는 앞에서는 절대 스마트폰을 사용하지 않았다.
- 엄마는 2G폰을 하나 더 장만해 통화용으로 사용하였다.
- 정서적 안정감을 위해 스마트폰 없이도 엄마 아빠와 즐겁게 노는 시간을 만들었다.
- 아이 스스로 해야 할 일을 해낼 수 있게 하여 뿌듯함을 느끼게 했다.

이런 노력을 3개월 이상 지속하니 조금씩 문제 행동이 줄어들기 시작했다. 그런데 말이 쉽지 이 모든 과정은 절대 쉽지 않다. 처음 한두 주는 뒹굴고 소리 지르고 집어 던지는 저항이 너무 심해 아이를 병원에 입원시켜야 하는 건 아닌지 고민할 정도였다. 미디어가 아이를 유혹하고 충동을 자극하는 힘은 너무 강력하기 때문이다. 그러니 태준이처럼 어려운 과정을 거치기 전에 미리 스마트폰 조절력을 키우도록 도와주어야 한다.

사실 태준이처럼 심하지는 않아도 대부분의 아이들이 스마트폰으로 대표되는 디지털 미디어 사용 문제로 부모가 골머리를 썩이고 있다. 그렇다고 해서 전혀 사용하지 못하게 하는 것도 바람직하지는 않다. 앞으로의 세상에서 아이는 부모 세대와는 전혀 다른 스마트한 세상에서 살아갈 테니 말이다. 무엇보다 스마트폰 조절력을 가진 아이, 스마트폰을 지혜롭게 사용할 줄 아는 아이로 키워야 한다. 그러기 위해 어떤 방법과 부모의 말이 필요할까?

디지털 시간, 통제가 아닌 조율로 접근하세요

부모가 목적이 있을 때만 스마트폰을 사용하는 모습을 보여 주자. 궁금한 걸 알아보기 위해, 사전을 찾기 위해, 도움되는 영상을 보기 위해서 등 스마트폰을 사용하는 진정한 의미를 가르치는 것이다. 아이의 정서와 인지 발달에 도움되는 앱을 찾아 아이가 활용할 수 있게 도와주는 것도 좋다.

"10분만 해."는 적절한 표현이 아니다

영상을 10분 보게 해 주면 9분이 되었을 때 아이는 1분이 아까워 영상 1개를 더 보다가 결국 시간을 넘기게 된다. 게임을 할 때는 사실 시간 약속이 무의미할 정도를 시간을 못 지킨다. 이미 시작한 게임을 멈추지도 못하고, 친구들과 함께 하는 게임이라면 더더욱 빠져나오기 힘들다. 혼자 나가 버리면 오히려 친구들과의 약속을 지키지 못했다고 비난받기도 한다. 부모는 부모대로 아이가 약속을 지키지 않는다고 화를 낸다. 그야말로 악순환이다. 그렇다고 아이가 약속 시간이 다 되기 전에 미리 멈추기를 바라는 건 무리다. 그럴 수 있는 아이는 거의 없다. 아이에게는 '○○를 검색해 알아보기', '게임 한 판', '동영상 1개' 등 구체적 수량으로 표현하고 거기에 대략 시간 설정을 하는 것이 더 적절하다. 이렇게 미리 정해야 아이도 행동 기준이 생기고 바로 그 지점부터 아이에게 조절력이 생겨나기 시작한다.

이동 중에는 스마트폰을 가방에 넣어 두자

요즘은 길에서 스마트폰을 보는 아이들이 너무 많다. 위험한 행동이다. 아이에게 필요할 때만 멈춰서 꺼내 보고 다시 집어넣어야 함을 가르치고, 본보기도 보여 주어야 한다. 무심코 보여 준 부모의 행동이 아이의 안전에 영향을 끼칠 수 있다는 점을 늘 염두에 두자.

아이 스스로 절제하지 못하고 스마트폰을 사용하고 있다면

> "엄마가 잘 몰라서 실수한 게 있어. 잘 들어 봐."
> "밥 먹을 때 스마트폰 보면 안 되는 건데 엄마가 허락을 했어. 미안해. 나쁜 습관이 들기 전에 이제 규칙을 바꿀게."
> "아침에는 스마트폰 사용하면 안 되는데 그동안 엄마가 잘못 생각했어. 미안해. 앞으론 정해진 시간에만 하는 걸로 약속하자."

새로운 규칙에 저항할 때

물론 아이는 저항한다. "한 번만 할게요. 다시는 한다고 안 그럴게요."라는 말로 부모를 설득하기도 하고, "왜 안 돼요? 친구들은 다 한단 말이에요."라며 따지고 떼를 쓰기도 한다. 이때는 새로운 원칙을 더 단단하게 세워야 한다. 무섭게 하라는 말이 아니다. 힘든 마음은 따뜻하게 돌봐 주며, 원칙은 단호하게 말해야 한다.

> "못 하게 하는 게 아니야. 약속한 시간에만 사용하도록 하자. 참기 힘들 수 있어. 실컷 울어도 돼. 하지만 아무리 울어도 안 되는 건 안 돼."

약속을 잘 지켰을 때

엄마의 전문용어 다섯 가지를 활용하자. 아이가 스마트폰을 사용하기 전에 물어보자.

> 👩 "너도 약속 시간 잘 지키려 노력하는 거 알아."
> "만약 네가 계속하고 싶은 마음이 들면 그땐 어떻게 하는 게 좋을까?"

엄마가 설명하기 아이 스스로 말하는 것이 훨씬 더 효과적이다. 이렇게 물어보면 약속을 어기겠다고 말하는 아이는 거의 없다. 아이의 대답에 "그러면 되겠구나." 하고 감탄해 주고, 약속을 잘 지켰을 땐, "멋지다! 어떻게 이렇게 약속을 잘 지켰니? 더 하고 싶었을 텐데 참는 힘이 대단하구나."라며 칭찬해 주자. 바로 이런 마음이 아이 마음속 긍정적 의도이며, 아이를 성장하게 하는 힘으로 작용한다. 혹시 아이가 약속을 어기더라도 이렇게 말해 주자.

> 👩 "네가 약속을 어긴 건 이유가 있을 거야. 이유를 말해 줄 수 있어?"

이렇게 이유가 있음을 믿어 주고 대화하면 아이는 다음엔 절대 그러지 않으리라 결심하게 된다. 이처럼 엄마의 전문용어는 긍정적인 행동의 변화로 이끌어 낼 수 있다. 아이의 스마트폰 사용을 통제가 아닌 자율적 조절의 힘을 키운다면 아이는 스마트폰을 지혜롭게 사용하는 디지털 세대로 성장할 수 있을 것이다.

에필로그

아이를 바꾸는
엄마표 대화법

"많이 의젓해졌어요."

"요즘은 정말 기특해요."

상담을 시작하고 일정 기간이 지나면 담임 선생님들이 하시는 말씀입니다. 수업 시간에 계속 이상한 소리를 내고, 자기 물건을 크게 빙빙 돌려 친구들에게 피해를 주고, 화나면 친구를 밀치고 물던 아이, 음악 시간에는 리듬을 무시한 채 마구 악기를 두드리고, 심지어 수업 시간에 벌떡 일어나 교실을 나가 버리던 아이가 서너 달 만에 완전히 달라졌다고 감탄하는 말을 전해 줍니다.

어떻게 이런 마법 같은 변화가 가능할까요? 엄마는 마음이 더 아파집니다. 이렇게 멋지게 달라지고 잘할 수 있는 아이를 자기가 망쳐

온 건 아닌가 싶어 아이에게 너무 미안하니까요. 이런 마음이 들 땐 그 생각을 멈추세요. 미안한 만큼 지금부터 잘하면 됩니다.

지금 우리 아이에게 어떤 말이 필요한지 살펴보세요. 아이의 좋은 변화는 상담사의 능력이 좋아서가 아니라 아이가 꼭 듣고 싶었던 상담사의 말이 아이 마음에 변화를 일으켰기 때문입니다. 상처받고 억울한 마음을 치유하고, 아이가 가진 잠재력과 강점을 잘 살려 주면 아이가 저절로 달라집니다. 그렇게 강력한 힘을 발휘하는 상담사의 말을 엄마가 활용하면 됩니다. 깊은 심리학적 지식을 다 알지 못해도 괜찮습니다. 심리 이론을 적용한 엄마의 전문용어만 잘 활용하면 되니까요.

지금 이 순간에도 아이는 사랑하는 엄마로부터 자신을 사랑한다는 확신을 얻고 싶고, 엄마가 자신을 믿어 주기 바라고, 자신에게 어떤 잠재력과 강점이 있는지 알고 싶습니다. 그래서 자신을 잘 키워 주는 엄마의 말을 기다리고 있습니다.

아이가 엄마를 떠올릴 때 위로가 되고 힘이 나고 기분 좋아지면 좋겠습니다. 어렵지 않습니다. 하루 한마디 좋은 엄마의 말을 전해 주세요. 아이가 엄마를 생각할 때마다 더 좋은 사람이 되고 싶은 마음이 샘솟게 될 것입니다. 그 아이들의 마음속에는 '세상에서 제일 좋은 우리 엄마'가 존재합니다.

　이 책을 다시 쓰면서 어두운 표정이 환히 밝아진 아이들의 얼굴이 하나하나 떠올랐습니다. 우리 아이도 그렇게 더 빛나게 자랄 수 있도록 함께 힘을 보태 주시기 바랍니다.

엄마의 말이 아이 마음에 힘이 되기를 바라며
이임숙 드림

50만 부모의 육아 패러다임을 바꾼
엄마 전문용어의 힘
엄마의 말 공부

초판 1쇄 발행 2025년 9월 3일

지은이 이임숙
펴낸이 민혜영
펴낸곳 카시오페아
주소 서울특별시 마포구 월드컵로14길 56, 3~5층
전화 02-303-5580 | **팩스** 02-2179-8768
홈페이지 www.cassiopeiabook.com | **전자우편** editor@cassiopeiabook.com
출판등록 2012년 12월 27일 제2014-000277호

ⓒ이임숙, 2025
ISBN 979-11-6827-321-4 03590

이 책은 저작권법에 따라 보호받는 저작물이므로 무단 전재와 무단 복제를 금지하며,
이 책의 전부 또는 일부를 이용하려면 반드시 저작권자와 (주)카시오페아 출판사의
서면 동의를 받아야 합니다.

- 잘못된 책은 구입하신 곳에서 바꿔 드립니다.
- 책값은 뒤표지에 있습니다.